KB040767

이제는
IT서비스
기획이다

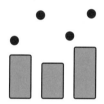

이 시대 혁신과 성장의 열쇠

이정우

박영사

IT서비스 기획으로 미래를 개척한다.

인터넷 시대로 진입한 지 이제 30여 년. 우리의 생활은 인터넷과 인터넷을 통한 서비스 없이는 생활을 영위하기 쉽지 않은 시대가 되었다. 많은 교육이 인터넷으로 옮겨갔으며, 검색 엔진을 통해 지식을 얻고 사람들 간의 소통도 인터넷을 통해 이루어진다. 이제는 버스와 전철에서 모바일을 읽고 쓰는 사람들이 넘친다.

인터넷이 발달하면서 기존의 시스템 중심에서 플랫폼 중심으로 전환되었다. 예전에는 좋은 프로그램을 개발하는 것이 관심의 대상이었지만, 이제는 좋은 서비스를 제공하는 것이 더 중요해졌다. 역사적으로 보면, 실제 IT서비스를 구축하는 데 있어서 초점이 프로그래밍에서 사용자 인터페이스(UI)로, 사용자 인터페이스에서 사용자 경험(UX)으로, 사용자 경험에서 서비스 기획으로 옮겨왔다. 좋은 프로그램이나 IT서비스를 만드는 데 있어서 이제는 서비스의 기획을 얼마나 잘 하느냐가 성패를 가르는 중요한 요소가 되었다.

IT서비스와 플랫폼의 역할이 중요해지면서, 기존의 단순한 프로그램 개발을 넘어서 사용자에게 유용하고 매력적인 서비스를 제공하는 것이 핵심 과제가 되었다. 이는 사용자 인터페이스와 경험을 넘어 서비스 기획 단계에서부터 사용자의 요구와 기대를 충족시키기 위해 노력해야 함을 의미한다. 결국, 성공적인 IT 서비스는 기술적인 완성도뿐만 아니라 사용자의 만족과 경험을 최우선으로 고려하는 기획과 설계에서 시작된다.

그동안 서비스는 보통 사람이 수행하고 일회성으로 소비되는 무형의 자원으로 정의되어 왔다. 예를 들어, 음식점이나 미장원에서 제공되는 서비스가 대표적이었다. 반면에 상품이나 제품은 자원을 투입하여 원재료를 가공하여 만들어내는 유형의 자원으로서, 사고파는 거래의 대상으로 구분하여 정의되어 왔다.

최근 들어 IT서비스가 '프로덕트'라고 불리기 시작했다. IT서비스를 기획하고 관리하는 사람을 이제 '프로덕트 매니저'라고 부른다. 이는 개발하고 구축하면 끝나는 일회성 서비스 구축 프로젝트가 아니라, 지속적으로 활용되고 관리되는 제품의 성격을 강조하고자 하는 변화이다. IT서비스를 일회성으로 소비되고 마는 전통적인 서비스로 보기보다는, 냉장고나 자동차처럼 지속적으로 활용되며 애프터 서비스가 필요한 제품으로 보는 시각인 것이다.

이런 맥락에서 '프로덕트 오너'라는 직군도 생겨나고 있다. 네이버나 유튜브와 같은 IT서비스는 매일 수많은 사람들이 반복적으로 사용하며, 지속적으로 업데이트가 이루어지고 있다. 고객들에게 지속적으로 서비스를 제공해야 하는 일종의 제품 성격을 띠기 시작한 것이어서 누군가 주인의식을 가지고 지속적으로 관리할 필요가 있다.

이 책에서는 IT서비스 시대에 그 중요성이 더욱 부각되고 있는 서비스 기획의 다양한 측면을 다루었다. 기획의 배경과 세부 과정을 실제 사례들을 중심으로 설명하고 있다. 실무에서 응용할 수 있는 방법론을 본질적인 배경과 함께 제시하며, 기존에 쓰이고 있는 템플릿들도 사례로 활용하여 설명하였다. 단순히 기술적 지식을 나열하는 것을 넘어, IT서비스 기획이 지닌 의미와 중요성을 생각해 보고 탐구할 수 있도록 정리하였다.

1장에서는 전성시대를 맞이하고 있는 IT서비스들이 우리에게 미치는 직접적

영향을 중심으로 정리하였다. 빨라지는 소통의 속도, 바뀌고 있는 생활의 무대, 일하는 방식의 변화 등을 사례 중심으로 다루었다. 또한 변화하는 IT서비스 생태계와 최근 등장하고 있는 스타트업 현상이 기존의 비즈니스 창업과 어떻게 다른지도 살펴보았다.

이어지는 2장에서는 그 숫자가 늘어나고 있는 IT서비스 기획자들이 어떠한 역할을 하고 있으며, 그 역할들이 변화함에 따라 프로덕트 매니저나 프로덕트 오너로 명칭이 바뀌고 있는 이유를 설명하였다. 이어서 서비스 기획의 초기 활동들을 정리하였고, 퍼소나와 고객 여정지도를 활용해서 시장을 보는 관점과 이를 분석하는 방법을 다루었다.

3장에서는 IT서비스의 아이디어가 어느 정도 구체화된 후 필요한 전략적 분석을 다루고 있다. 전략적 분석은 그 결과에 따라 서비스의 전환이 필요하며, 또한 비즈니스 모델링으로 연결된다. 마케팅 전략의 분석부터 서비스의 전환, 비즈니스 모델링, 그리고 피벗과 MVP(최소 가능 프로덕트)의 역할과 형태에 대해 설명하고 있다. 이어서 IT서비스 개발이 자주 실패하는 원인들을 분석하고, 기술과 서비스의 관계를 논의하고 있다.

4장은 실제 IT서비스 개발을 위한 방법론들의 상세를 다루고 있다. 크게 워터폴과 애자일로 나누어진 방법론의 근본 사상이 어떻게 다른지부터 시작하여, 각각 역사적으로 어떻게 변화되어 왔는지를 간단하게 설명한다. 그리고 애자일로 가면서 서비스 기획이 어떻게 하여 프로덕트 오너나 프로덕트 매니저의 직군으로 변화하고 있는지도 설명한다.

5장에서는 IT서비스 기획의 최종 단계로서 시스템을 어떻게 모델링하는 것이 좋은지, 그리고 실제로 어떤 모델링을 하는지에 대해 다룬다. 일반적인 서비스들과는 달리 IT서비스는 실제로 구현되어야 하기 때문에, 기획자는 시스템의 구성과 구조를 그려서 디자이너와 개발자에게 전달해주어야 한다. 이러한 이유로 IT서비스에서는 모델링이 일반적인 서비스보다 더 강조된다. 이런 면에서 IT서비스 기획의 최종 산출물은 스토리보드이다. 이 안에는 전략과 방향성뿐만 아니라 실제 인터페이스와 그 안에서의 작동에 대한 정보도 포함된다. 디자이너는 이를 기준으로 디자인을 하고, 개발자는 이를 근거로 프로그래밍을 하게 된다.

IT서비스 기획은 단순한 프로젝트 관리 이상의 의미를 지닌다. 이는 혁신과 창의성, 그리고 고객 만족을 실현하는 중요한 도구이다. 기획은 서비스의 성공 여부를 좌우하는 핵심 요소로, 철저한 준비와 체계적인 접근이 필요하다. 오늘 날과 같은 빠르게 변화하는 디지털 시대에, 철저한 기획과 준비는 성공적인 서비스 제공의 필수 요소이다. 그만큼 시간이 투입되어야 한다.

IT서비스 기획은 고객의 요구를 충족시키고, 그들의 기대를 뛰어넘는 가치를 제공하는 것을 목표로 한다. 이를 위해서는 시장의 변화와 기술 발전에 대한 지속적인 관심과 학습이 필요하다. 또한 팀원 간의 협력과 소통이 원활하게 이루어져야 하며, 다양한 이해관계자의 의견을 존중하고 반영하는 과정이 중요하다.

기획의 중요한 점은 해당 IT서비스의 미래 모습을 그려서 보여준다는 점이다. 찾아낸 기회를 실제적으로 풀어나갈 방법을 찾아내고 아이디어를 구체화하며 관련 전략을 분석하고 방향을 설정하면 그 방향으로 IT서비스가 새로 구축된다. 기획이 의도한 바는 디자인과 개발에도 반영되어야 하고, 최종적으로 IT서비스에 반영이 되어 고객들을 만나게 된다.

앞으로도 IT서비스 기획 분야는 지속적으로 발전할 것이다. 기술의 발전과 함께 새로운 도전과 기회가 끊임없이 나타날 것이다. 이에 대비하기 위해서는 지속적인 학습과 혁신이 필요하다. 기술이 빠르게 변화하는 시대에 발맞춰, 우리는 끊임없이 배우고 성장해야 한다. 변화에 유연하게 대응하며, 새로운 기회를 포착하고, 더 나은 서비스를 제공하기 위해 노력해야 한다. 여러분의 노력과 열정이 더해져야, 이 책에서 그리고 있는 IT서비스 기획의 미래가 더욱 밝고 희망차게 될 것이다.

이 책은 IT서비스의 전성시대 속에서 급속하게 넓어지고 있는 IT서비스 기획의 배경과 본질에 대해 이야기하고 있다. 또한 IT서비스 기획의 상세한 방법과 구현 전략, 그리고 다양한 사례들을 다루고 있다. 이 책이 앞으로 무한히 생성될 IT서비스 기획에 직접적인 도움이 되길 바라며, 새로운 세상이 더 빠르게 열리기를 희망한다. 독자 여러분께서도 이 책을 바탕으로 더욱 혁신적이고 창의적인 기획자가 되기를 바란다. 기획자가 아니라 발주 측에 있는 사람이면 더욱 더 이 책을 읽어 볼 것을 권한다. IT서비스에 있어서, 기획에 왜 시간이 많이 들어가는지를 이해하고 이를 위해 자원을 투여해야 하기 때문이다. IT서비스를 개발해 나가는 프로세스를 일목요연하게 볼 수 있을 것이다.

이 책을 집필하는 과정은 저자에게도 많은 배움과 성장을 가져다 주었다. 기존의 지식을 다시 한번 되돌아보면서 새로운 사례와 지식을 습득하는 소중한 시간을 가질 수 있었다. 특히, 실무에서 수집한 다양한 도전과 문제들을 해결해 나가면서 얻은 통찰과 교훈을 독자 여러분과 나눌 수 있게 되어 기쁘게 생각한다. 독자 여러분과 그런 지식을 공유할 수 있다는 것에 큰 보람을 느낀다. 또한 이 책을 통해 많은 사람들이 IT서비스 기획에 대한 이해를 높이고, 더 나은 결과를 얻기를 기대한다. 개인적으로 IT서비스 기획 분야에 몸담으며 쌓아온 경험과 지식을 체계적으로 정리하고 공유할 수 있는 기회가 되어 매우 뜻깊다. 이 책이 여러분의 업무와 프로젝트에 작은 도움이 되기를 진심으로 바란다.

마지막으로, 이 책이 나오기까지 도움을 주신 많은 분들께 깊은 감사를 드린다. 기획 및 출판 과정에서 아낌없는 지원과 조언을 해준 동료들과 가족들에게 감사의 인사를 전한다. 출판 과정에서도 출판사 관계자들의 많은 도움이 있었다. 특히 박영사 편집팀의 노력이 없었으면 지금의 모양으로 나오기 어려웠을 것이다. 이 책의 완성은 저자 혼자만의 노력이 아니라, 많은 분들의 협력과 지원 덕분에 가능했다.

또한, 이 책을 통해 새로운 지식을 배우고자 하는 독자 여러분께도 감사의 말씀을 드린다. 여러분의 관심과 열정이 큰 힘이 되었다. 앞으로도 여러분의 성장을 응원하며, 함께 더 나은 IT서비스들을 만들어 나갈 수 있기를 바란다.

목차

⊙ 여는 말   i

⚙1   지금은 IT서비스 전성시대이다   1

1.1 소통의 속도는 광속, 폭은 광폭이 됐다   4
1.2 생활의 무대가 온라인으로 옮겨졌다   6
1.3 일과 일하는 방식이 변하고 있다   11
1.4 변화의 속도는 점점 더 빨라지고 젊어지고 있다   15
1.5 IT서비스들의 생태계가 진화하고 있다   29
1.6 IT서비스가 스타트업의 시대를 열었다   35

⚙2   새로운 IT서비스의 개발은기획에서 시작한다   41

2.1 서비스 기획은 누가 하나?   45
2.2 서비스 기획자의 역할   48
2.3 서비스 기획의 시작은 문제를 찾아내는 것이다   56
2.4 시장은 개척하는 게 아니라 우선 침투하는 것이다   64
2.5 고객 그룹들의 퍼소나를 생성한다   71
2.6 고객 여정지도를 작성한다   80

3 서비스 그림이 그려졌으면 이제 전략 분석을 해보자　87

3.1 서비스의 성패는 마케팅 전략에 많이 달려있다　90
3.2 전략적 방향의 전환은 서비스의 전환으로 이어진다　100
3.3 이제 비즈니스를 모델링 해보자　107
3.4 비즈니스 가설을 검증하고 필요하면 피벗한다　115
3.5 IT서비스 기획에서 방점은 기술이 아니라 서비스에 있다　124
3.6 IT서비스 개발 구축 프로젝트, 많이 실패한다　129

4 IT서비스 기획 및 구축의 방법론은 워터폴과
애자일 두 가지로 크게 나뉜다　135

4.1 소프트웨어 엔지니어링은 워터폴이다　141
4.2 애자일은 작게 쪼개서 조각조각 만들어 합치는 방법이다　146
4.3 워터폴과 애자일이 만나서 워터스크럼폴이 된다　154
4.4 서비스 기획자에서 프로덕트 매니저, 프로덕트 오너로　158

5 IT서비스 기획의 최종 모델링은 어떤 것들이 있어야 하는가?　165

5.1 서비스 전략은 서비스의 설계로 이어진다　174
5.2 데이터와 프로세스들 간의 관계는 정보구조도로 그려낸다　175
5.3 프로세스는 플로우차트를 그린다　178
5.4 화면은 와이어프레임으로 모델링하고 기능 명세를 첨부한다　180
5.5 이들을 종합한 것이 스토리보드이다　183
5.6 애자일에서는 스토리지도를 그려서 스토리티켓으로 쪼갠다　188
5.7 개발로 넘어가면서 무슨 일이 일어나는가?　191
5.8 문제가 주어질 때도 있다　196

맺음말　199
미주　205
부록　209

지금은 IT 서비스
전성시대이다

01

지금은 IT서비스
전성시대이다

발전된 기술은 마법과 구별하기 어렵다.

- 아서 C. 클라크(작가, 스페이스오디세이)

눈 뜨면 휴대폰부터 확인하는 세상. 음식 배달부터 업무, 부동산까지 IT서비스를 활용하지 않는 영역이 없다. 기업들은 생활과 밀착된 새로운 IT서비스들을 지속 출시하는 중이다. 애플 앱스토어는 2008년도에 500개의 앱으로 시작했다. 이제는 애플, 구글, 그리고 아마존을 합치면 앱이 700만 개가 넘는다. 중국의 앱스토어들까지 포함하면 1,000만 개가 넘을 것으로 추산된다. 매년 100만 개 이상의 앱이 새롭게 출시되고 또 그만큼 퇴출된다. 앱, IT서비스의 생태계가 살아 움직이고 있다.

앱 다운로드의 숫자는 2021년에 숫자상으로 100조를 넘어섰고 2025년에는 200조에 달할 것으로 추정된다.[1] 세계인구 70억 중 스마트폰 사용자가 약 50억이니 200조를 50억으로 나누면 일인당 평균 다운로드가 연간 200번에 이르는 것이다. 이 숫자는 공식적인 앱스토어만 포함한 숫자이고, 실제 앱스토어 채

3

널을 통하지 않고 배포되는 앱들까지 포함하면 훨씬 더 많을 것이다. 기업들이 자체적으로 개발 보급하고 있는 앱들도 있기 때문이다. 완전히 새로운 서비스를 기획하여 IT서비스로 구현하는 사례들도 많지만 기업들의 경우 기존에 있는 서비스를 디지털 트랜스포메이션의 일부로서 IT서비스로 전환하고 있다.

IT서비스의 실제적인 시작을 애플이 아이폰을 출시하고 앱스토어를 개장한 2008년으로 본다면 이제 16년 남짓 되었다. 지금은 IT서비스의 전성시대이다. 플랫폼들이 고도화되면서, 그리고 기술들이 발달하면서 보다 더 섬세하게 디자인이 되고 유용하게 쓸 수 있는 IT서비스들이 등장하고 있고 앞으로 이 현상은 줄어들지는 않을 것이다. 어딘가에 숨어있던 니즈가 IT서비스로 끊임없이 구현될 것이다.

본 장에서는 어떤 IT서비스들이 있고 어떻게 진화를 해왔는지, 그리고 미래는 어떨지 사례들을 중심으로 찾아서 분석해 보았다.

1.1 소통의 속도는 광속, 폭은 광폭이 됐다

전 세계 평균 모바일폰을 쓰는 시간이 하루에 3시간 15분이라고 한다. 횟수로는 하루에 58번 폰을 들어서 본다고 한다.[2] 24시간 중에 3시간 남짓이니 별것 아니라고 할 수도 있지만, 자는 시간을 제외하고 거의 20분마다 핸드폰을 들어서 보는 것이다. 한번 들면 3분 남짓 본다. 20분에 3분이라면 우리 인생의 15%이다. 굉장한 수치가 아닌가? 볼 때마다 단어 하나씩 외운다면 일년에 21,170개를 외울 수 있다. 일인당 인터넷 이용 시간이 매일 평균 6시간 41분이라고 하는데 이 중에 거의 반을 모바일로 이용하고 있다.

당연한 얘기지만 유선전화는 고정식이고 핸드폰은 이동식이다. 고정식일때는 사람들이 메시지를 남기고 시간을 두고 응답이 오기를 기다렸다. 2~3일 정도 기다리는 것도 비일비재했다. 집집마다 자동응답기를 구매해서 오는 전화를

이제는 IT서비스 기획이다

자동으로 받아 메시지를 녹음했고 통신사들은 음성사서함 서비스를 운영했다.

이동식에서는 전화를 안 받으면 왜 안 받았느냐고 추궁을 한다. 인내하고 기다리지 않는다. 이메일을 보낼 때는 바로 답이 오리라고 기대하지 않고서 보내지만 문자를 보낼 때는 바로 답을 해주리라 기대를 한다. 메신저로 메시지를 보내고서 읽었는지를 계속 확인한다. 읽었다는 표시가 나면 왜 답을 안하고 있는 지 전전긍긍 궁금해한다. 읽씹(읽고 씹기)은 상황에 따라서 여러가지 의미로 해석될 수 있다. 이는 일종의 비언어적 의사소통이다. 핸드폰은 전화기가 아니라 스타트렉에 나오는 컴배지처럼 바로바로 응답하고 소통하는 무전기처럼 사용한다.

소통을 할 수 있는 채널도 많이 늘었다. 이메일이 처음으로 쓰이기 시작한 디지털 소통 도구지만 이제 이메일은 고전이다. 왓츠앱, 라인, 카톡, 위챗, 텔레그램 등 나라마다 쓰는 메신저가 여러가지이다. 페이스북, 유튜브, 트위터, 인스타그램, 링크드인 등 소셜 네트워크 서비스도 종류가 나날이 늘어나고 있다. 여기에 카페, 블로그, 거기다 이들을 서로 연결해주는 링크트리에 이르기까지 소통의 채널이 늘어나고 있다. 리서치게이트나 아카데미아와 같이 특정 직업들을 위한 소셜네트워크도 생겨났고 직업을 구하는 소셜서비스들도 생겨나면서 웹페이지와 소셜네트워크의 경계가 없어지고 있다. 그 안에서 소통의 형식이 진화하면서 소통의 내용도 채널별로 특성을 반영하는 행태가 나타나고 별도의 문화가 진화하고 있다.

디지털노마드들을 포함한 원격근무자, 하이브리드형 근무자들은 전화나 이메일도 쓰지만 많은 경우에 시스템과 IT서비스들을 통해서 의사소통을 한다. 본인의 업무시스템에도 로그인을 하지만 협업을 위한 도구들, 소통을 위한 도구들에 종일토록 로그인 해놓고 지속적으로 확인한다. 이들은 모두 인터넷 기반이다. 집에도 인터넷, 직장에도 인터넷, 가게에도 인터넷, 길거리, 버스에도 인터넷이 연결된다. 이제 인터넷 연결은 기본 서비스다.

이제는 오히려 전화를 하면 불편하고, 화상회의나 문자, 메신저로 소통을 해달라고 요구하기도 한다. 비동기적인 소통 방식에 비하면 전화는 바로 받아야 하니 개인생활의 침해 정도가 높다고 인식된다. 사전에 메시지를 보내지 않고 바로 전화를 하면 놀라는 사람들도 많아졌다. 전화 통화는 사적인 영역인 반면에 화상 통화는 공적인 영역으로 보기도 한다.

1.2 생활의 무대가 온라인으로 옮겨졌다

당신은 출근 시간의 만원 지하철 안이다. 사람들에 꽉 끼어서 옴짝달싹하기도 어려운 상황이다. 바로 옆에 서 있는 젊은 회사원의 모바일폰 스크린이 바로 눈앞에 보일 정도로 만원이다. 그 젊은 회사원은 그 와중에 한 손으로 모바일폰을 잡고 엄지손가락으로 열심히 스크린을 올리고 내리고 버튼을 누르고 있었다. 보려고 본 것은 아니지만 가만히 보니 해외 여행 비행기 예약을 하고 있다. 그 복잡한 온라인 비행기 예약을 만원 지하철에서 하고 있는 것이다.

그 옆의 젊은 여성은 저녁장을 보고 있다. 서 있기도 어려운데 돈을 다루어 결제를 해야 하는 인터넷 쇼핑을 하고 있다. 식료품들을 장바구니에 넣고 모아서 결제를 한다. 전철이 흔들릴 때 버튼 하나 잘못 누르면 어떻게 하지? 점심에 만난 동료한테 이런 얘기를 했더니 그게 뭐가 이상하냐고 한다. 자기도 한다고 한다. 세대가 바뀌었다고도 한다. 요새 IT서비스 UI가 좋아서 그런 실수는 충분히 방지가 된다고 말한다.

쇼핑의 38%가 온라인, 온라인의 73%가 모바일이다

2023년 11월 우리나라 온라인 쇼핑액은 20조 8,422억 원이다. 여행과 관광도 포함한 금액이다. 그 달 소매판매 총액이 54조 8,303억 원이니 온라인이 그 중 38%이다. 온라인 20조 8,422억 원 중에서 모바일이 15조 2,449억 원으로 온라인의 73.1%를 차지한다. 시니어들이 모바일 거래를 상대적으로 잘 하지 않는다는 것을 감안하면 젊은 층의 경우에는 그 비중이 훨씬 더 높을 것이다.

통계를 자세히 보니 이 숫자에는 광고와 같은 서비스 거래는 포함되어 있

이제는 IT서비스 기획이다

지 않다. 또 새로이 시작되는 SNS경제도 포함되어 있지 않은듯 싶다. 우리나라 SNS경제의 규모가 2021년 기준 1조 5,780억 원으로 추정되는 것을 고려하면 실제 온라인 경제가 차지하는 비중은 더 클 수도 있다.

우리나라 온라인시장은 데이콤의 사내 벤처로 시작한 인터파크가 1996년 6월에 처음으로 오픈했다. 이어서 대형몰들과 백화점들이 연달아 전자상거래 웹사이트를 열고 온라인으로 물건을 팔기 시작했다. 초기에는 사람들이 여러모로 전자상거래에 대한 저항감이 있었다. 어떻게 눈으로 직접 보지도 않고 믿고 사느냐 하는 불신의 정서가 팽배했었다. 기업들 입장에서는 온라인과 오프라인의 가격을 어떻게 차별화할지가 새로운 고민으로 등장했다.

온라인쇼핑이 서서히 성장을 하다가 5년 후인 2001년에 연간 3조 원이 넘으면서 통계청에서 별도의 통계를 내기 시작했다. 2001년 온라인쇼핑 총액이 연간 3.3조 원이었다. 2017년 11월에는 월 거래액이 7조 원을 넘었고 2023년 11월에 드디어 20조가 넘었다. 20년 사이에 6배가 넘게 증가한 것이다.

소비자의 편의가 무한정 확장되고 있다

IT서비스는 사실 우리가 가지고 있는 편하고자 하는 욕망을 찾아내어 이를 구현하고 있다. 이전 산업사회에서는 물리적인 세계의 제한조건 때문에 어쩔 수 없이 눌려 있던 우리의 편하고자 하는 욕망들이다.

장보러 가는 것을 즐기는 사람이 얼마나 될까? 먹고 살아야 하니 정기적으로 장을 보러 가지, 갈 때마다 즐거워서 가는 사람은 얼마 안 될 것이다. 물론 쇼핑을 즐기는 사람도 있지만 바쁜 일상에 안 가고 싶을 때, 집에서 주문하고 가고 싶을 때만 가면 얼마나 좋을까? 이렇게 억눌려 있던 귀차니즘을 이커머스가 해결했다. 컴퓨터 앞에서 클릭, 버스 타고 가면서 클릭, 길 걸어가면서 클릭. 장보러 먼 길 걸어가지 않아도, 무거운 보따리 끙끙대고 들고 오지 않아도, 몇 시간 후면 집 앞에 배달이 된다. 가격 비교도 내가 돌아다니면서 할 필요가 없고 거의 자동적으로 알아서 모아서 나에게 보여준다.

빨래는 또 얼마나 귀찮은 일인가? 물론 냇가에서 빨래판을 두들기던 시절보다는 편해져서 세탁기가 빨래를 해준다고는 하지만, 매일 세탁기에 넣고, 돌리고, 널고, 말리고, 개서 서랍에 넣고 정리해야 한다. 하루 종일 신경을 써야 한다. 세탁특공대, 런드리고와 같은 IT서비스는 문 앞의 빨래를 가져가서 빨고, 말리고, 개서 다시 문 앞에 배달해준다. 비용은 물빨래 30L에 만원 남짓, 더하기 배달료이다. 드라이크리닝 몇 개를 같이 보내면 배달료도 무료다. 물론 드라이크리닝 가격도 동네 세탁소보다 싸거나 비슷하다. 밤 10시 전에 보내면 두 밤 지나 새벽에 문 앞에 배달해준다. 체감상으로는 하루만에 돌아온다. 자주 이용하는 사람들에게는 조금 더 저렴한 월 구독형 서비스도 있다. 숨어있던 니즈를 찾아서 해결해주는 편리한 IT서비스다. 부가적인 서비스들도 지속적으로 개발하고 있다. 중고의류 구매도 하고 세탁용품이나 주방용품도 같이 배달해준다.

우버나 카카오택시는 수요가 몰리는 시간에 차를 잡기 어려운 시민들을 위한 IT서비스다. 전화로 부르는 콜택시도 그 전에 이미 있었지만 IT서비스에 의한 방식과는 그 실제에 있어서 운영방식이 완전히 다르다. 우버나 카카오택시는 실시간으로 많은 정보가 오가고 실시간으로 경쟁을 하기 때문에 저렴하다. 콜택시 모델이 전화를 통한 중앙집중형이라고 한다면 이들은 모바일 IT서비스를 통한 플랫폼 모델이다.

콜택시 모델에서는 승객들과 오가는 정보가 아주 제한적이었던 반면에 IT서비스 모델에서는 가능한 모든 정보를 플랫폼에 모아놓고 필요할 때 충분히 공급한다. 고객의 위치는 GPS로 자동으로 파악하고, 지금 고객 근처에 몇 대가 있고 가는 곳까지의 교통 상황은 어떻고, 차종과 기사도 알려준다. 심지어 기사의 평점도 찾아볼 수 있다. 쓰면 쓸수록 분석해줄 수 있는 데이터의 양은 늘어난다.

실제로 카카오택시 승객들을 인터뷰해 보면 택시기사에게 자세한 정보를 안 줘도 되는 것을 중요한 편의 사항 중의 하나로 꼽는다. 예전에는 일일이 복잡한 길을 설명해 주었어야 했는데 이제는 타고 나서 아무런 얘기를 하지 않아도 목적지 바로 앞까지 데려다 준다. 사실 택시운전사는 생면부지의 낯선 사람이라서 대화를 하는 것이 쉽지 않다. 더군다나 요구사항이 복잡할 경우에는 더 문제였다. 숨어있던 고객의 니즈가 IT서비스로 구체화된 것이다.

일본의 신혼부부 4쌍 중 한 쌍은 매칭앱으로 만났다고 한다.[3] 미국은 더 높아서 기혼 부부의 35%가 매칭앱을 통해서 만났다.[4] 만나서 안 된 경우까지 포함하면 실질적인 매칭은 더 많이 일어나고 있을 것이다. 우리나라에서도 매칭앱의 선호도가 점차 올라가고 있다. 상위 10개 매칭앱의 월간 순 이용자 수가 중복을 제외하고 78만 명에 이른다.[5] 아마도 영화 접속이나 유브갓메일에서처럼 매칭 플랫폼을 통하지 않고 다른 온라인채널을 통한 만남까지 포함하면 훨씬 더 많을 것이다.

장점도 있다. 개인에게 소개를 받을 때는 사실 아주 제한적인, 그리고 소개하는 사람의 편견이 들어간 정보만 전달이 된다. 로맨틱한 사랑도 사실은 정보에 의거한 판단이 많이 좌우하는데, 인터넷을 통하면 만나기 전에 이미 많은 정보를 알 수 있다. 사람들이 정보를 찾고자 하는 이상 매칭앱 선호도는 점점 더 높아질 수밖에 없고 SNS에 정보를 올리는 것이 필수가 되고 있다.

소유의 시대에서 공유의 시대로 진화한다

우리 집 남는 방에 낯선 사람을 들이고 (코자자, 에어비앤비)

애지중지하는 반려견을 모르는 사람에게 맡기고 (펫글, 로버)

생전 처음보는 사람들과 같이 식사를 하며 (같이먹자, 피스틀리)

모르는 사람에게 집을 빌려주고 (아워플레이스, 스페이스클라우드)

옷장의 안 입는 정장을 다른 사람에게 입혀주며 (열린옷장)

길가다 아무 자전거나 킥보드를 집어 타고 가고 (스윙, 씽씽)

모르는 사람과 같이 출근해서 나란히 일을 하고 (위워크, 패스트파이브)

가보지도 않은 음식점에 배달해달라고 주문한다. (배달의 민족)

오늘날 공유 경제의 시나리오다. 생판 모르는 사람들에게 내 귀중품과 자산을 쓰도록 빌려주고 나의 개인적 경험을 좋게 해달라고 의뢰한다. 예전 같았으면 말도 안 되는 일들이 매일 일어나고 있고 새로운 서비스들이 하루가 다르게 개발되어 나오고 있다.

낯선 사람을 어떻게 믿고 나의 소중한 동산, 부동산을 맡길 수 있을까? 이 서비스들은 모두 IT서비스로 구현이 되어 있다. 실시간으로 평가 댓글이 달리고 평가 점수가 나온다. 바로 확인할 수 있다. 평점이 낮으면 쳐다보지도 않고 댓글에 이상한 얘기가 하나라도 있으면 고객들은 바로 외면한다. 친분 관계에 의한 믿음이 아니라 IT서비스를 통해서 제공되는 정보를 통한 간접적 믿음이다. IT서비스가 우리 생활 방식을 이미 많이 바꾸었고 앞으로 더 바꾸어 나갈 것으로 예상된다.

하지만 공유경제는 이제 시작이다. 앞으로 다양하고 혁신적인 모습으로 진화할 가능성이 높다. 우선 공유경제 플랫폼들이 서로 연계하여 시너지를 낼 것이다. 여러 가지 서비스를 하나의 플랫폼을 통해 이용할 수 있게 한다. 차량 공유 서비스인 쏘카는 숙박시설도 함께 균일가로 이용할 수 있는 서비스를 개발했다.

현재는 주로 숙박, 교통 등의 서비스가 주를 공유경제의 주를 이루지만, 노동력, 기술, 지식 등 공유할 수 있는 다양한 자원으로 확대가 될 것이다. 이미 공유 주방이나, 공유창고, 밀셰어링 등의 서비스들이 등장하고 있다. IoT 네트워크의 발달은 이런 서비스들의 반응속도를 높일 것이고 6G 통신망은 공유경제 관리채널을 넓히고 늘어나는 데이터량을 소화할 것이다. 블록체인과 스마트 계약 등의 기술은 공유경제 거래의 신뢰성을 높이게 될 것이다.

아직 상상 속의 계획이지만 자율자동차가 실현되고 거기에 공유경제모델이 붙으면 우리나라 도로와 주차장의 많은 부분들의 용도를 전용할 수 있게 될 것이다. 매연도 줄어들고 물론 우리의 생활도 좀 더 효율적으로 바뀔 것이다. 하루 종일 개인의 자동차가 움직이지 않으면서 차지하고 있는 면적이 도대체 얼마나 될까? 도로의 면적도 획기적으로 줄어들게 될 것이다. 혁신적이고 유연한 형태의 공유경제는 미래 경제 생태계에서 중요한 역할을 하게 될 것이다.

1.3 일과 일하는 방식이 변하고 있다

최근에 인류에게 아주 급격하게 일어났던 일의 변화는 산업혁명이 그 계기였다. 가내수공업과 농업처럼 개인들이 개별적으로 자기 힘으로 노동을 하던 세상에서 기계 주위에 모여서 분업을 하는 세상으로 바뀌었다. 증기기관이건 전기기관이건 간에 기본적인 기술은 에너지와 물질을 교환하는 기술이었다.

물질을 에너지로 교환해서 움직이기 힘들었던 것들을 움직이고 사람의 힘으로 하기 어려웠던 일들을 가능하게 한 것이다. 현대 사회에서 작동하는 기술은 정보통신기술이다. 지식정보화시대라고 하는 지금은, 디지털화된 정보를 물질 세계와 어떻게 연계하여 활용할지가 새로운 변화의 동력으로 우리 앞에 등장했다.

인간의 노동력에서 기계의 노동력으로 옮겨온 것이 에너지와 물질의 변환 기술이었다면, 컴퓨팅 초기 모델은 인간의 계산 능력을 대치하는 역할을 했다. 이제는 플랫폼의 데이터와 함께 이를 처리할 수 있는 생성형 인공지능이 등장하면서 인간의 지적 노동을 IT서비스화 하려는 움직임이 나타나고 있다.

지식근로화는 전 분야 전 직종에서 일어나고 있다

그동안 우리는 직종을 크게 생산직과 사무직으로 분류해왔다. 블루칼라와 화이트칼라다. 하지만 IT서비스가 발달하고 기업의 운영에 깊숙이 침투하면서 생산직과 사무직의 분류가 무의미해지고 있다. IT가 모든 직군에 침투하면서 지식근로화가 되고 있다. 생산직도 사무직도 모두 IT서비스의 대상이다. 일차적으로 IT의 운영원리와 방법을 습득해야 한다. 생산현장에서도 수치제어기기나 로보틱스가 도입되면서 직접적·물리적으로 생산과정에 참여하기보다는 IT서비스를 활용하는 기기 오퍼레이터가 많아졌다. 자동차 생산라인에도 사람이 조립하는 부분보다 로봇이 조립하는 부분이 많아지면서 생산직의 일은 생산의 관리, 로봇의 관리와 운영으로 바뀌었다.

이차적으로는 IT가 모아오는 정보의 범위가 넓어지고 깊이가 깊어지기 때문에 자연스럽게 정보를 습득, 활용하게 되어 일반 직군들에 있어서도 지식근로화가 일어난다. 직군, 직급에 상관없이 이제 고용하면 바로 컴퓨터를 지급한다. 얼마 전까지만 해도 컴퓨터는 부서에 몇 대 지급되는 정도였지만 이제는 개인별 지급이 표준이다. 무슨 일을 하건 컴퓨터는 필수 지급품이다.

보험세일즈의 경우 예전에는 한 회사에 고용되어 그 회사의 상품만 팔았다. 이제는 여러 보험사에서 제공하는 여러가지 종류의 보험들을 광범위하게 분석해서 고객에게 맞추어 주는 비즈니스로 바뀌었다. 정보가 한군데 모이면서 보험 세일즈의 신디케이션이 일어나게 되었다. 아는 사람 기반 세일즈가 아니라 지식 기반 세일즈가 된 것이다.

이렇게 지식근로화가 되면 꼭 출근을 해서 일하지 않아도 되는 직군들이 생겨난다. 보험세일즈맨들도 이제 아침 조회나 저녁 조회가 없어졌다. 태블릿에서 계약을 하면 바로 본사로 보고가 되고 커미션도 바로바로 계산이 된다. 원격근로가 일반화되고 있는 것이다.

미국의 경우 직원의 12.7%가 원격근무를 하고 있고 28.2%는 원격과 출근을 같이 하는 하이브리드형 근무를 하고 있다.[6] 더 놀라운 것은 미국의 기업 중 16%가 물리적인 사무실이 없이 전원 원격근무를 하고 있다는 사실이다. 워드프레스를 개발하고 운영하는 Automattic사는 2,000여 명의 직원이 97개국에 퍼져서 원격근무를 하고 있다. 각 지점으로 출근하는 것이 아니라 원격근무만으로 일을 하고 있다.

새로운 형태의 유목민들이 등장하고 있다

이렇게 모든 업무를 원격으로 할 수 있는 것은 모든 일을 온라인에서 정보시스템과 IT서비스로 처리할 수 있기 때문이다. 집에 봉투를 가져가서 붙여오는 재택작업과는 다른 형태의 재택근로이다. 지식을 활용하는 지식 근로이다. 이러한 디지털을 활용하는 원격근무가 이상적으로 미화된 것이 디지털노마드다. 디지털노마드라면 수영복 차림으로 해변에서 노트북을 두들기거나 외국의 거리를 거닐면서 카페에서 노트북을 두들기는 모습이 연상된다. 부작용도 있다고 하지만 언론에 비치는 이미지들은 부작용보다는 이상적인 모습으로 그려진다.

디지털노마드라는 용어는 1997년 쓰기오 마키모토와 데이비드 매너스가 동일한 제목의 책을 발간하면서 쓰이기 시작했다. 2023년 현재 전 세계적으로 약 3,500만 명 이상의 사람들이 디지털노마드의 형태로 일을 하고 있다고 한다.[7] 그중 반이 조금 못되는 1,700여만 명이 미국인이고, 58%가 남성이다. 디지털노마드가 선호하는 여행지는 스페인, 태국 및 미국으로 나타났다. 그리고 디지털노마드의 과반수 이상은 종교가 없다. 현재 전 세계적으로 48개국의 나라에서 디지털노마드 비자를 발급하거나 발급을 추진하고 있다.[8]

시니어노마드도 유행이다. 나이가 들어서 은퇴하고 귀향을 하거나 시니어홈으로 들어가는 것이 아니라 디지털 노마드의 삶을 사는 사람들을 가리킨다. 시니어노마드는 크게 두 부류이다. 하나는 은퇴 후에 집을 팔고 에어비앤비를 활용해서 전 세계를 돌아다니면서 사는 사람들이다.[9] 은퇴 후 생활방식을 바꾸어 전 세계를 여행하는 활동적이며 비교적 부유한 시니어들이다.

두번째는 은퇴를 했으나 재능을 살려서 파트타임으로, 프리랜서로 일을 하면서 디지털노마드를 하는 시니어들이다. 올더디지털노마드[10]라고 불리기도 하는데 나이 들어서 디지털 작업들을 원격으로 하는 시니어들을 가리킨다. 은퇴 후 일을 한다는 것도 파격적인데, 디지털노마드까지 한다는 것은 IT서비스가 시니어들의 생활양식까지도 바꾸고 있다는 사실을 방증한다.

권위의 원천이 바뀌고 위계질서가 바뀌고 있다

예전의 병원에서는 엑스레이를 찍고 하루 이틀 기다려야 판독을 할 수 있었다. 필름을 현상해야 했기 때문이다. 필름이 현상되어 나오면 형광등이 비추는 판에 끼워 놓고 판독하면서 환자 면담을 했다. 환자 입장에서는 두 번에 걸쳐서 의사를 방문하고 진단을 받아야 했다. 일차 진료받고 엑스레이를 찍는 첫날, 그리고 엑스레이가 현상되어 나와서 판독하고 진단을 내리는 두 번째 날. 지금은 찍자마자 의사 앞의 모니터에 결과가 바로 뜬다. 필름으로 현상해야 할 필요성이 없어지고 전부 디지털로 프로세스가 된다. 진료받으러 두 번 가지 않아도 된다. 이제 모든 의사의 책상 앞에는 판독기가 아니라 컴퓨터와 모니터가 있다.

그 시절에는 진료 차트나 처방전을 봐도 휘갈겨 써 있어서 환자는 해독할 수 없었다. 이를 잘 해독하는 것이 간호사의 역량이었고, 휘갈겨 쓰는 것이 의사의 권위의 상징이었다. 물어봐도 잘 설명도 안 해줬다. 난해한 처방전을 가지고 약국에 가면 약사가 알아서 약을 조제해주었다. 많은 경우에 무슨 약인지 이름을 알기 어려웠다.

이제는 의사들이 컴퓨터 자판을 두들기면서 진료 및 상담을 한다. 진료 기록을 타이핑해서 넣고 처방전 역시 타이핑해서 간호사에게 보내고 간호사는 이를 인쇄하여 환자에게 준다. 처방전에 약 이름이 또박또박 타이핑이 되어 있다. 처방전의 약 이름을 인터넷에서 검색하면 효과와 용량, 부작용까지 자세하게 쉬운 말로 설명이 되어 있다. 일반인들도 내가 무슨 약을 먹고 있는지 전문용어를 배우고 기억하기 시작했다.

이제는 증상이 있으면 환자들이 병원에 오기 전에 인터넷에서 미리 검색을 해보고 온다. 진료받으면서는 의사의 말을 검색 내용과 비교하면서 의사를 평가한다. 예전에 비해서 의사의 권위가 많이 낮아졌다. 의사는 권위를 내려놓고 서비스의 질을 섬세하게 높여주어야 한다. 그렇지 않으면 환자들이 병원 평점을 낮게 주고 다시는 오지 않는다. 환자에게 초점이 더 맞추어지고 무게중심이 의사에서 환자로 옮겨가는 구조적 변화이다. 환자는 단순히 지시를 받는 대상이 아니라 이제는 평가를 하는 고객이 되었다.

출근이 불규칙한 유연근무제도가 상시화되고 스마트워크 시스템들이 도입되면서 자연스럽게 많은 기업들이 고정좌석제에서 자율배석제로 이행하고 있다. 스마트워크라고 한다. 예전에는 상급자는 창가 회전의자에 앉고 하급자는 상급자 앞에서 대기하는 것처럼 앉았다. 그 모습이 사라지고 있다. 엑셀에서 뭐가 안 된다고 아래 직원을 불러서 시키는 시절은 지나갔다. 타자는 여직원이 치는 것도 이제 호랑이 담배 피던 시절의 얘기다. 말단 직원은 정시에 퇴근하지만 팀장은 남아서 잔무 정리를 하고 새로운 업무 지시를 받고 내일의 일을 구상한다.

중앙집중적인 의사결정방식이 이제 불편해지고 네트워크 기반의 수평적 의사결정방식으로 변화하고 있다. 정보의 흐름이 빠르기 때문에 병목현상이 줄고 시간이 절약된다. 왜 이런 현상이 나타나는가? 이제 누구나 동시에 정보를 공유하고 IT서비스를 통해서 볼 수 있게 되었기 때문이다. 정보를 독점하고 있는 상급자가 결재를 해주는 중앙집중 위계형에서 수평적 의사결정으로 바꾸어도 문제가 되지 않는 것이다. 왜냐하면 예전에는 위계질서의 상위계층이 독점했던 정보들이 이제 공동의 데이터베이스에 저장이 되고 누구나 쉽게 접근을 할 수 있기 때문이다. 정보 은닉의 시대에서 정보 개방의 시대로 가면서, 조직 구조가 수평화되고 있다.

1.4 변화의 속도는 점점 더 빨라지고 젊어지고 있다

새로 나오는 IT서비스들을 보면 아주 작은 구석의 아이디어들을 혁신적으로 발전시킨 것들이다. 세탁특공대나 런드리고는 이미 동네마다 많이 있는 세탁소들을 대신하는 IT서비스를 만들어냈다. 음식의 주문과 배달을 전화에서 플랫폼으로 이행시킨 '배달의 민족'은 독일의 딜리버리히어로에게 5조 원에 인수되었다. 대한항공의 기업가치가 약 7.5조이고 LG디스플레이가 약 5조인 것에 비하면 놀라운 수치이다. 이들은 모두 자본과 자산이 많이 필요한 전통 산업이 아니라 아이디어 산업이다.

1인창업도 유행이다. 젊은 직원들은 항상 투잡과 1인창업을 바라보고 있다. 회사에 목매고 윗사람한테 아부하면서 진급에 목을 매고 있는 것보다는 나가서 1인창업을 하겠다고 한다. 그러려면 정시에 퇴근해서 공부를 해야 한다. 대학원을 가는 것이 아니라 집이나 카페에서 스스로의 시스템을 구성하여 인터넷을 통하여 공부를 하는 것이 훨씬 더 현실적이고 빠르다.

정보 수집을 위해서는 관련 카페 활동도 필수적이다. 월수입이 천만 원 단위를 넘어가는 인플루엔서 얘기가 매일 한두 건씩 지상에 보도된다. 젊을 때 창업

해서 성공한 파이어(FIRE, Financially Independent Retired Early)족의 얘기는 남의 얘기가 아니다. 바로 내 옆의 동기일 수 있다. 임원들에게 잘 보일 필요성이 옛날 같지 않다. 전통적인 권위가 실추하고 있다. 가부(父)장의 시대에서 가녀(女)장의 시대로 넘어가고 있다.[11] 가녀장이란 돈을 잘 버는 딸이 아버지를 고용하는 모양새를 빗댄 소설 제목이다. 모두 인터넷 덕분이다. 정보의 플랫폼과 새로운 IT서비스 기술 덕분이다.

대학 중퇴자의 시대가 열리고 있다

> 틸재단은 교실에 앉아 있기보다
> 새로운 것을 세우고자 하는 젊은이들에게 십만달러를 주겠다.
>
> - 틸 장학재단 홈페이지[12]

페이팔 창립자 중의 한 사람으로 투자회사를 운영하고 있는 피터 틸 장학재단의 방침이다. 단, 선발되면 학교를 중퇴하는 것이 조건이다. 이 프로그램이 배출한 창업자들이 부지기수다. 이 프로그램에서 지원한 유명한 사례로 루미나테크놀로지의 창업자 오스틴 러셀이 있다. 스탠포드 물리학과에 입학한 지 3개월 만에 중퇴하고 루미나를 설립하여 자율주행차용 고성능 센서 라이다를 개발한다. 2023년 기준으로 루미나 시가 총액은 25억 달러를 넘는다. 오픈AI의 샘 올트먼, 우버의 트래비스 캘러닉, 피그마의 딜런 필드 등도 틸장학금의 수혜자이고 중퇴자이다.

산업사회에서는 역량을 학력으로 증명했다. 입시에서 높은 점수를 받아 대학에 진학하고 역량이 있음을 더 증명하기 위해 대학원에 진학을 했다. 학위를 받으면 고소득 직업과 지위가 어느 정도 확보되었다. 대학이 사회적 기회의 배분을 주도했던 것이다. 인터넷 시대는 이를 바꾸고 있다. 상위 역량평가의 기회를 포기하고 중퇴를 할 정도로 좋은 기회들이 나타나기 시작한 것이다. 무엇이 달라졌는가? 왜 바뀌고 있을까? 젊은 세대가 이전 세대를 뛰어 넘어 더 똑똑해졌나?

더 용감해졌나?

젊은 세대가 스마트해지고 용감해진 근본적인 원인은 IT와 관계가 있다. 인터넷으로 인하여 대학의 지식독점권이 무너지기 시작한 것이다. 박사까지 공부한 대학교수들이 가지고 있던 지식의 독점권이 인터넷으로 인하여 무너졌다. 도제식으로 마당을 쓸면서, 수업시간에 졸아가면서 배우던 지식들이 이제 정형화되고 문자화되고, 더 나아가서 온갖 형태의 미디어로 기록이 되어 인터넷상에서 제공된다. 뇌공학에서부터 가드닝, 요리, 생활의 지혜에 이르기까지, 많은 경우에 무료로, 인터넷에서 배울 수 있다.

예전에는 조직에 들어가야 제공받던 교육훈련을 이제 스스로, 그것도 온전하게 할 수 있는 것이다. 고루한 어른들은 가끔 한탄을 하는 현상이지만, 많은 경우에 젊은 세대들에게는 유튜브가 선생이고 블로그가 부교재이다. 인터넷카페에 가면 경험 있는 전문 조교들이 다수 있다. 모르면 그들에게 물어보면 된다. 답이 주르륵 여러 관점에서 순식간에 달린다. 기업들도 신입사원을 선발할 때 학력이나 가능성을 보고 선발하는 것이 아니라 지금 무엇을 할 수 있는지, 지원자의 소셜미디어를 통해서 여러가지 분석을 해보고 역량을 평가한다.

제품 개발 이전에 고객 개발이 우선이다

고객은 찾는 것이 아니라 개발하는 것이다.

– 스티브 블랭크

스타트업계에서는 고객은 찾는 것이 아니라 개발[13]하는 것이라 한다. 생산 중심사고에 근거한 전통 산업형 비즈니스에서는 혁신 기술이 나오면 일단 쓸만한 제품을 만들어 놓고 이에 맞는 고객을 찾는다. 제품개발이라고 한다. 스타트업계에서는 실제 프로덕트를 개발을 하기 전에 고객을 개발한다. 제품 개발부터 하는 전통산업과는 생각하는 방식이 거꾸로다. IT서비스는 숨어있는 욕망을 찾아내 실현해주는 것이라서, 프로덕트를 먼저 완전하게 개발하는 것이 아니라 숨어있는 욕망을 찾아내는 과정을 먼저 해보는 것을 권장한다. 고객들은 보기 전까지 뭘 원하는지 모르고 있으니 미래상을 보여주고 욕망을 찾아내어 고객을 개발하는 것이다.

스탠포드대학의 스티븐 블랭크교수는 실리콘밸리의 많은 스타트업들에 관해서 연구를 했고 본인도 여덟 번의 창업을 성공적으로 실행했다. 그 경험을 살려 고객 개발에 관한 이론을 개발하여 출판했는데, 고객 개발의 과정을 고객 발견, 고객 검증, 고객 창출, 기업 구축의 4단계로 아래와 같이 설명하고 있다.

☞ 그림 1 **고객 개발 4단계**

고객 발견	고객 검증	고객 창출	기업 구축
문제와 해결책 적합성	프로덕트 시장 적합성		조직 규모 확장
최소 가능 프로덕트	비즈니스 모델	규모 확장 실행	
고객획득 깔때기	판내와 마케팅 로드맵		운영 규모 확장

우선 고객을 발견하는 것이 첫 단계이다. 이 단계에서의 주요 임무는 현재 문제가 무엇인지를 파악하고 이의 해결책을 강구하고 어디에 고객이 있는지를 찾는 것이다. 발견한 문제가 실제로 문제로 존재하고 있는지, 그리고 이 해결책이 작동을 할지, 이 두 가지가 서로 맞는지에 관한 가설을 형태로 만들어 예상 고객들을 대상으로 테스트를 하는 단계이다. PSF라고도 하는데 문제와 해결책의 적합성(problem-solution fit), 즉 해결방안이 문제를 실제로 해결하는지를 본다.

이 과정에서 최소 가능 프로덕트(MVP, minimum viable product)를 만들어 테스트를 한다. 경우에 따라서는 개념 모델만으로 테스트를 하기도 하는데 MVP는 고객을 찾아내기 위한 최소한의 프로토타입이다. 실제로 작동을 하지 않더라도 아이디어를 이해할 수 있도록 만든 것이다. 여기서 아이디어를 비즈니스 모델 상의 가설로 만들어 테스트를 해보고 필요한 경우 방향성을 바꾸는 것이다. 스타트업의 경우 이를 축을 움직이지 않고 방향성을 바꾼다고 해서 피벗(pivot)이라고 한다. 이의 상세는 뒤에서 다시 자세히 설명한다.

사 례 당근 마켓

[1단계 고객 발견]

  당근마켓은 판교장터로 시작했다. 스타트업들이 많이 위치한 판교에서 기업들의 특성상 혼자 사는 직원들이 많고 이동이 잦아 직원들이 게시판을 통해서 중고생활물품을 거래하는 것에 착안하였다. 사내 게시판에서 이뤄지는 거래들은 신원이 확인된 직원들끼리의 직거래여서 신뢰도가 높았다. 2주 만에 앱을 만들고 중고거래를 웹으로 이전할 수 있는지를 테스트했다. 출근 길목에 드론을 띄워서 광고를 했다. 해결하려는 문제는 이동이 잦은 직장인들의 중고품 거래의 확대였다. 해결책은 각 사의 게시판에 있는 증고거래를 통합된 웹사이트로 옮겨오는 것이었다. 예상 고객은 판교의 직장인들이었다.

  두 번째 단계는 고객 검증인데, 첫 단계에서 문제와 해결책의 적합도(PSF, problem-solution fit) 테스트가 완료된 후, 실제 예상 고객들에게 프로덕트가 팔리는지, 그 시장이 있는지, 프로덕트와 시장의 적합도(PMF, product-market fit)를 테스트하는 단계이다. 목표 시장을 명쾌하게 판별하는 것이 초점이다. 해결책을 어느 정도 확정을 했으니 이를 제품화해서 실제 어떤 시장에서 시작할지를 찾는 단계이다.

  실제 시장이 어디에 있는지를 찾아내는 과정이다. 이게 작동을 안 하면 첫 번째 단계로 돌아가서 비즈니스 모델의 해당 요소를 수정하여 다시 반복적으로 테스트를 한다. 이 과정에서 비즈니스 모델의 피벗이 일어나게 되는 것이다.

[2단계 고객 검증]

　판교 장터의 경우 직장인 대상이라 회사 이메일 주소로 회원가입을 하도록 만들었다. 두번째 단계의 프로덕트 시장 적합도 테스트 중 근처 주부들에게서 열렬한 반응이 나왔다. 육아용품은 사용 주기가 짧아서 동네 주민끼리 사고 팔기 좋은 품목이었다. 회사 메일 없이도 이용하게 해달라는 요청이 빗발친다. 회사 메일이 아니라 사는 동네를 등록하도록 변경하자 맘카페 회원들 700여 명이 한꺼번에 회원등록을 했다. 처음에는 혼자 사는 직장인들을 목표 고객으로 잡았는데 세대를 이루고 살고 있는 주부들이 아주 강력하게 새롭고 두터운 고객층으로 등장했다. 고객 가설 검증 중에 새로운 고객들이 나타나면서 피벗을 한 것이다.

　세 번째 고객 창출의 단계는 검증된 비즈니스 모델을 기반으로 고객층을 넓혀 나가고 서비스를 심화하는 단계이다. 마케팅 및 판매 촉진비용 지출을 증가시켜 수요를 창출하고 사업을 확장하기 시작하는 단계이다.

[3단계 고객 창출]

　판교장터는 설립 석 달 만인 2015년 10월, 당근마켓으로 서비스명을 변경하고 판교 외의 다른 지역으로 확장을 시작한다. 판교가 아니라 〈당신 근처 마켓〉이라는 기치를 내세우고 전국으로 확장을 시작한 것이다. 일반 회원의 범주도 넓히기 시작했고 동네의 직거래를 전국적으로 활성화하기 시작했다. 고객들을 새로이 창출해내고 사업을 확장한 것이다.

　마지막 단계는 기업 구축이다. 이제까지 테스트 모드였다면 이제 여기서부터 실질적인 운영 모델을 만들고 기업형으로 비즈니스를 키우는 것이다. 성공적인 비즈니스 모델을 기반으로 이제 스타트업에서 탈피하여 기업 규모를 확장하고 조직을 구축하여 지속 가능한 성장을 추구하기 시작한다. 지금까지 테스트 모드로 운영하던 비즈니스 모델을 체계화시키고 조직화해서 정규화된 운영 조직을 만드는 단계이다.

[4단계 기업 구축]

　당근 마켓은 2022년 누적 사용자 3,200만 명, 월간 사용자 1,800만 명, 직원 수 380여 명, 연 매출 500억으로 성장하며 기업의 형태를 갖추고 확장하기 시작하였다. 2019년부터는 영국, 미국, 캐나다, 일본으로 진출한다. 2023년 7월에는 아예 이름을 〈당근〉으로 바꾸어 마켓을 넘어서 동네의 다른 서비스들도 광고하고 공급할 수 있도록 분야도 확장한다.

　정리하자면 스타트업은 우선 아이디어를 비즈니스 모델로 만들고 그 모델이 작동할지를 가설 형태로 만들어 예상 고객들을 대상으로 테스트를 한다. 예상 고객의 피드백에서 비즈니스 가설이 잘못되었음이 발견되면 새로운 가설을 만들어 비즈니스 모델을 시장에 맞도록 피벗(pivot)을 한다. 모델이 검증되면 그제서야 제품을 개발하고 비즈니스를 실행하면서 조직을 구축한다. 고객 개발의 각 단계는 반복적으로 수행이 되어야 한다. 가상의 실패를 먼저 해보는 것이다. 숨어있는 욕망을 아주 잘 찾아내서 고객층을 개발하여 치고 들어가야 한다.

새로운 비즈니스 모델들이 많이 나오고 있다

비즈니스 모델은 하나가 아니고, 디지털 콘텐츠 유형도 하나가 아니다.
정말 많은 기회가 있고 많은 선택지가 있어서
우리는 단지 그것들을 발견할 뿐이다.
- 팀 오라일리(창업자, 오라일리출판)

　비즈니스가 온라인으로 옮겨가면서 그 운영의 형태가 바뀌고 있고 이에 따라서 비즈니스 모델도 다양해지고 있다. 상품과 서비스를 팔고 거기에 마진을 붙이는 것이 전통 비즈니스 모델이었다. 당시에는 거의 유일한 비즈니스 모델이었고 따라서 비즈니스 모델이라는 얘기는 따로 언급할 필요도 없었다. 정보 세상에서는 소비자의 선호와 제공·소비되는 정보의 형태와 구성에 따라 다양한 형태의 비즈니스 모델들이 새로이 나타나고 있다.

IT서비스의 형태에 따라서 수익을 내는 모델이 달라지고 있는 것이다. 실제로 비즈니스 모델이라는 용어는 인터넷 비즈니스가 태동하는 1995년경에야 언론에서 언급이 되기 시작했고 그 이후에 언급되는 횟수는 기하급수적으로 늘어나고 있다.[14]

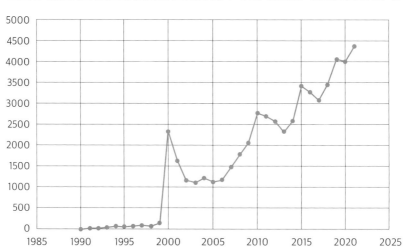

그림 2 비즈니스 모델이 신문에 언급된 횟수 추세 (KISTEP 뉴스트렌드 분석)

하버드 경영대학원의 마크 존슨 교수는 새로운 비즈니스 모델들[15]을 [그림3]에서처럼 20가지로 분류하고 있다. 여기서는 마크 존슨의 목록을 재구성하여 (1) 제품의 변화, (2) 가격의 변화, (3) 프로세스의 변화, (4) 모아놓기의 네 가지 카테고리로 분류를 해보았다. 정보와 정보시스템을 활용하여 제품 자체를 변화시킬 수도 있고 가격을 변화시킬 수도 있다. 고객 프로세스를 변화시키기도 하고 정보의 특성상 모아서 시너지를 발휘시키기도 한다.

[그림 3]의 맨 왼쪽, 제품을 변화시켜서 비즈니스 모델을 바꾸는 경우는 전통 산업에서도 많이 쓰이던 방법이다. 크게 다섯 가지로 나누어 볼 수 있다. 제품의 서비스화, 제품을 나누기, 제품이나 서비스를 묶어서 팔기, 기기를 저렴하게 파는 방법, 소모품을 저렴하게 파는 방법의 다섯 가지이다.

🖐 그림 3 비즈니스 모델틀 (Johnson, 2018에서 재구성)

제품의 변화	가격의 변화	프로세스 변화	모아묶기
제품 서비스화 (Servitization) 제품 대신 그 서비스 제공 예. 쏘카, 정수기	**저렴화 (Low-touch)** 고급제품의 저렴화 예. 무인텔, 저가항공	**자동화 (Automation)** 프로세스 자동화 예. Betterment(투자자동화), RPA	**사용자공동체 (User Communities)** 공동체 참여권 부여 (회비, 광고) 예. 오늘의 집
나누기 (Fractionalization) 제품이나 서비스 부분 소유 예. NetJets, 콘도,	**미끼 (Freemium)** 기본서비스 무료제공 예. 드롭박스, Gdrive	**표준화 (Standardization)** 저렴한 표준화된 해결책 제공 예. Minute Clinic	**친목회 (Affinity Club)** 친목 회원에게 로열티 지급 예. 연계 카드사
묶기 (Bundling) 제품이나 서비스 묶어 팔기 예. iPod/iTunes, 쿠팡/쿠팡플레이	**리스 (Leasing)** 구매 대신 재무적으로 대여 예. 복사기, 산업용 기계	**중개 (Brokerage)** 중개하고 수수료 예. 야놀자, 에누리 닷컴	**데이터 자산화 (Data-into-assets)** 데이터 접근권/소유권 확보 예. Waze, 카카오택시
저렴한 기기 미끼 (Razor/blades) 기기가 저렴, 소모품 고가 예. 프린터, 칼면도기	**사용량 지불 (Pay-as-you-go)** 사용한 만큼만 지불 예. 마일리지 자동차 보험	**중개배제 (Disintermediation)** 중개상을 없애고 직거래 예. 아마존, 월마트	**크라우드 소싱 (Crowd sourcing)** 대중이 참여하여 (수익)공유 예. 에어비엔비, 위키피디아
저렴한 소모품 (Reverse Razor) 기기가 고가, 소모품이 저가 예. iPod, Amazon Kindle	**구독 (Subscription)** 월구독료 부과 예. 넷플릭스	**재고 없애기 (Negative operating cycle)** 재고없음, 수입 이후 지출로 변화 예. 아마존 책 판매	**디지털 플랫폼 (Digital Platform)** 생산소비자 간 개방 참여 예. 에어비엔비, 우버, 인터파크

NetJet이나 공유형 콘도처럼 제품을 새롭게 나누거나 아니면 아이폰과 아이튠즈처럼 묶어서, 번들링해서 판다. 프린터처럼 기기를 싸게 팔고 토너와 같은 소모품을 비싸게 공급한다. 아니면 기기를 비싸게 팔고 콘텐츠를 싸게 대량으로 판다. 서비타이제이션은 제품을 그 본연의 서비스로 파는 것이다. 자동차를 구매하는 것이 아니라 필요한 순간에만 탈 수 있는 쏘카나 물을 마시게 해주고 요금을 받는 정수기와 같은 서비스들의 경우가 제품을 변화시키는 형태이다.

가격을 변화시키는 경우도 다섯 가지 정도가 된다. 고급 제품을 저렴하게 새로 개발하는 저렴화, 기본 서비스를 무료로 제공하는 후리미엄(freemium)*, 구매 대신 재무적 형태로 대여하는 리스, 사용량에 따라서 지불하게 하는 사용량 모델, 그리고 매월이나 매주 정해진 금액을 지불하는 구독 모델의 다섯 가지이다.

드롭박스처럼 무료로 기본 용량을 제공하고 어느정도 이상이 되면 비용을 내도록 하는 것이 후리미엄 모델이다. 사용량만큼만 지불하도록 하는 사용량 지불 모델이 있는 반면에 월정액을 내고 정기적으로 제품이나 서비스를 받는 구독모델도 여기 속한다. 이 두 가지는 활용할 수 있는 정보의 양과 정보의 소비 행태를 고려하여 전략을 결정하면 된다. 제품을 저렴화하거나 재무적으로 리스를 하는 모델은 전통 산업에서도 활용하는 모델이다. IT기술을 활용하여 인건비를 절약하여 무인으로 고급형 호텔서비스를 하는 무인텔이 가격 저렴화의 사례이다.

제품의 변화나 가격의 변화 전략은 전통 산업에서도 쓰였던 모델들이다. 이에 비해서 프로세스 바꾸기와 모아놓기는 IT서비스를 적극적으로 활용해서 만들어내는 새롭게 나타나는 대표적인 비즈니스 모델들이다.

프로세스를 변화시키는 비즈니스 모델도 역시 다섯 가지 정도가 되는데, 자동화, 표준화, 중개 없애기, 새로운 형태의 중개, 그리고 재고 없애기다. 자동화하기 어려웠던 투자 프로세스를 AI시스템을 활용하여 자동화한 베터먼트나 간호사가 전문화된 정보시스템을 활용하면서 슈퍼마켓 같은 공공 장소에서 최소한의 의료서비스를 제공하는 미닛클리닉이 자동화와 표준화의 사례이다. 플랫폼 네트워크를 이용해서 기존의 중개상을 배제하고 직거래를 하도록 한 것은 월

---

* 후리미엄: 고급 제품을 무료로 제공한다고 해서 free + premium을 줄여서 쓴 말

이제는 IT서비스 기획이다

마트나 아마존이 전형적인 사례이다. 반면에 새롭게 모인 정보를 활용해서 기존에는 없었던 중개를 새로이 시작한 사례로는 우리나라의 경우 다나와, 에누리닷컴 같은 정보중개자들과 모텔서비스의 새로운 중개자인 야놀자와 같은 사례가 있다.

재고를 없애는 모델은 재무적인 면에서의 변화에 초점을 맞춘 모델이다. 기존의 거래에서는 판매자가 선금을 주고 원자재나 제품을 확보하고 나서 판매하는 모델인데, 정보통신 네트워크를 통해서 공급자 재고관리 시스템과 바로 연계를 해놓으면 재고를 쌓아 놓을 필요없이 주문이 들어오면 직접 발송을 하면 된다. 이 경우 판매자는 사실 판매 대금을 미리 받고 다음 지불 사이클까지 자금을 활용할 수 있게 된다. 그래서 이 모델을 마이너스 작동 사이클(negative operating cycle)이라고도 한다.

모아놓기 모델은 사용자 공동체, 친목회, 데이터 자산화, 크라우드 소싱, 디지털 플랫폼의 다섯 가지로 분류된다. 사용자 공동체는 오늘의 집처럼 사용자들이 서로 모여서 정보를 공유하기 위해 회비를 내는 공동체형 모델이다. 친목회모델은 다른 클럽과 공동으로 제품을 개발하여 수익을 공유하는 모델인데, 신용카드사들이 많이 쓴다. 페이스북이나 링크드인과 같이 데이터를 모아놓고 이를 활용해서 새로운 비즈니스 모델을 만들어내는 데이터 자산화 모델이 있고, 직접적으로 대중의 참여를 유도하는 크라우드 소싱도 모아놓기의 일종이다. 그리고 사용자와 공급자를 한군데 모아놓고 교환이 일어나게 하는 디지털 플랫폼 모델까지 총 다섯 개이다.

비즈니스 모델들의 명칭은 구독과 같은 몇몇 귀에 익은 용어들 말고는 아직은 비유적 표현이 많이 쓰이고 있다. 이는 비즈니스 모델들이 아직 고유명사로 불릴 만큼 역사가 오래되지 않았다는 뜻이다.

마크 존슨의 비즈니스 모델은 운영하는 기업의 관점에서 분석을 한 것이다. 하버드 경영대학원의 다른 교수 탈레스 테이셰이라는 새로운 비즈니스 모델들은 사고의 초점이 기업이나 기술이 아니라 고객에게 맞추어져야 한다고 분석하고 있다. 고객 소비 활동의 연결고리 중에서 고객이 불편해하는 단계를 찾아내서 이를 디지털로 바꾸는 디커플링(끊기, decoupling)의 관점을 강조한다.

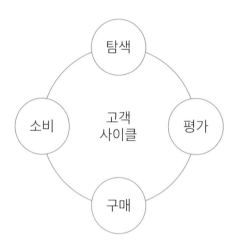

그림 4 **고객 소비 활동의 사이클**

　　테이셰이라는 디지털 파괴의 견인차가 기업 운영의 혁신보다 소비자를 중심으로 하는 사고로 바뀌었다고 강조한다. 고객의 소비는 제품과 서비스의 탐색, 평가, 구매, 소비로 이어지는 고리의 형태로 되어 있는데 이 중에서 약한 부분을 끊어내고 디지털로 이 부분을 대체하여 새로운 비즈니스 모델을 만들어 넣는 것이다.

　　우버는 콘서트가 끝난 뒤 택시가 부족한 부분에 착안하여 고객의 탐색, 평가, 구매, 소비로 이어지는 택시 서비스에서 탐색 부분을 끊어내어 사람들이 빠른 시간에 택시(다른 사람의 차)를 확보할 수 있도록 앱을 만들어 디지털화 했다. 이전까지 주목을 받지 못했던 고객들에게 새로운 수단을 가지고 다가간 것이다. 택시를 운영하는 기업처럼 이미 운영되고 있는 비즈니스 네트워크에서는 더 이상 수용을 못하고 있는 고객들에게 새로운 탐색의 기회를 제공한 것이다.

　　에어비앤비는 큰 행사가 있는 도시의 호텔들이 만실이 되는 점에 착안하여 구매 부분의 고리를 끊어내고 거기에 숨어있는 공급자들을 찾아내어 디지털로 구매할 수 있도록 대체했다. 직접 경쟁보다는 우회적 접근으로 경쟁자들이 서비

이제는 IT서비스 기획이다

스하지 못하고 있는 부분을 찾아내서 디지털화한 것이다. 호텔들이 에어비앤비가 경쟁자라는 것을 깨닫게 되기까지는 시간이 걸렸다. 호텔의 보안과 깨끗한 서비스에 대한 자신감이 호텔의 시야를 가렸던 것이다. 그 사이에 에어비앤비는 호텔 비즈니스의 잠재적 네트워크를 활용하여 급속하게 성장했다. 이렇게 다른 기업들의 비즈니스를 활용하는 것을 OPN(other people's network)이라고 부른다. 이제는 호텔들이 에어비앤비의 네트워크에 들어오려고 경쟁하고 있다.

우리나라의 경우에도 에누리닷컴은 제품의 탐색을 끊어내고 한군데로 모아서 가격 비교사이트를 런칭했고, 쿠팡과 인터파크는 구매 부분을 공략했다. 실제 소비의 단계를 끊어내서 디지털로 대체한 비즈니스는 쏘카와 열린 옷장 같은 공유경제 서비스들일 것이다.

넷플릭스도 재미있는 사례이다. 1998년에 넷플릭스가 CD나 DVD를 고객에게 배송하는 서비스를 시작했을 때 통신사인 컴캐스트에게는 경쟁자가 아니었다. 컴캐스트의 비즈니스와는 크게 관련이 없는 것처럼 보였다. 하지만 2007년에 스트리밍 서비스를 시작하면서 컴캐스트의 트래픽을 관장하는 인프라가 영향을 받기 시작했을 뿐만 아니라 직접적으로 컴캐스트의 셋톱 박스 주문형 비디오의 시장을 잠식하기 시작했다. 하지만 그때만 해도 컴캐스트에게는 주문형 비디오 시장 침식은 무시할 수 있는 수준이었다.

이후 넷플릭스의 스트리밍이 급격하게 늘어나자 컴캐스트는 넷플릭스에게 네트워크 사용료를 요구한다. 인프라 제공업자는 고객들의 인터넷 서비스 사용료가 주 수입원이었는데 넷플릭스 스트리밍으로 인프라 대역폭에 대한 투자가 늘어나게 되니 그 비용의 분담을 요구한 것이다. 이러한 전례가 없었던지라 넷플릭스는 이를 거절하였는데 2014년에 컴캐스트는 넷플릭스의 대역폭을 제한한다. 서비스 품질이 저하되고 고객 이탈이 발생하자 넷플릭스는 인터넷 사용료를 지불하기 시작한다.

하지만 이후 넷플릭스가 시장의 움직임을 살펴보니, 30달러 정도의 요금을 내고 인터넷을 쓰던 사람들이 초고속 인터넷 서비스에 가입하기 시작하는 현상이 나타났다. 넷플릭스 서비스로 인하여, 사람들이 컴캐스트의 월 100달러짜리

초고속 서비스를 가입하기 시작한 것이다. 넷플릭스 입장에서 보자면 넷플릭스의 서비스가 컴캐스트의 서비스 가치를 높여주는 원인인 것이다. 따라서 두 기업은 다시 협상에 들어갔고, 서로 비용을 지불하지 않기로 합의하게 된다.

이는 새롭게 나타나는 가치의 개념을 보여주는 사례다. 전통적으로는 기업이 제품을 구입하여 부가가치를 붙여서 팔 때, 누가 원 제품의 비용을 지불해야 하는지가 확실하게 정해져 있었다. 제조기업이 원 재료를 구입할 때는 돈을 내고 재고를 확보해야 했다. 하지만 지금은 누가 더 많은 가치를 제공하는지 그에 따라 누가 돈을 받아야 하는지를 분석할 필요가 생겼다. 이것은 인터넷 시대, 디지털 비즈니스 모델이 가져온 새로운 측면이다.

기술은 변화를 가능케 할 뿐이고 실제 변화의 동력은 서비스의 변화이며 이에 따른 새로운 비즈니스 모델의 실현이다. 마차 기술이 자동차 기술로 바뀌면서 서비스 운영 방식이 바뀌고 비즈니스 모델이 변화하고 관련 산업들이 바뀌었다. 변속기, 타이어, 핸들의 공급망이 개발되고 주유소들이 곳곳에 만들어졌다. 비즈니스의 패러다임이 바뀌게 된 것이다. 디지털, IT서비스에 있어서도 이러한 패러다임의 변화가 일어나고 있다.

어떤 기술이든 서비스 운영의 형태가 바뀌고 비즈니스 모델이 적절하게 변화되지 않으면 작동하기 쉽지 않다. 새로운 서비스들은 새로 나온 기술들을 기반으로 하지만 중요한 성공 요인은 서비스의 상황을 분석하여 비즈니스 모델을 적절하게 조정하거나 만들어 내어야 하는데, 이것이 서비스 기획의 역할인 것이다.

1.5 IT서비스들의 생태계가 진화하고 있다

"진화는 지속적인 가지치기와 확장이다"

- Stephen Gould[15]

플랫폼들이 자리를 잡고 IT서비스 생태계 구축이 시작된 시기를 2008년 앱스토어의 시작으로 보면 이제 16년 정도 되었다. 그동안 IT서비스의 숫자는 700만개 이상으로 막대하게 늘어났다. 그냥 늘어나는 것이 아니라 매년 100만여 개씩 퇴출되고 또 그만큼씩 새로 들어오고, 생태계가 새롭게 진화하면서 지금도 늘어나고 있다.

슈퍼앱들이 나타나고 있다

인도네시아에 사는 Rama씨의 하루는 고젝(Gojek)에서 시작해서 고젝에서 끝난다.

> 고젝(Gojek) 앱을 켜고
> 그 안의 고푸드(Gofood)로 아침 식사를 주문하고
> 고젝 오토바이 드라이버가 배달해 준 음식으로 아침 식사 후
> 다시 고라이드(GoRide)로 택시를 불러 출근을 위해 집을 나선다.
> 출근 중 앱 내 고클린(GoClean)에 들어가 집 청소 서비스를 신청하고,
> 고틱스(GoTix)를 통해 주말 공연 관람 티켓을 구매한다.
> 티켓은 고페이(GoPay)로 빠르게 결제했으며,
> 쉬는 시간엔 다시 고젝 앱을 열어 고플레이(GoPlay)로 영화를 감상한다.

고젝 앱 하나에 20여 개가 넘는 서비스가 연결되어 있다. 앱 하나로 모든 생활이 가능하다. '슈퍼앱'의 출현이다. 고객의 입장에서는 고젝에만 가입하면 되고 각각의 세부 서비스에 회원가입을 하고 다운로드해야 하는 불편이 없다. 앱

제공자의 입장에서는 고객이 서비스에서 서비스로 넘어가는 경로에 대한 데이터를 확보하고 고객의 체류 시간을 늘리니 이익이다. 고객 데이터를 다양하게 더 많이 축적을 하고, 수익 창출의 면에서도 서비스 간 상호보완이 일어난다. 확보한 데이터를 활용하여 서비스를 개인화 하여 맞추어 주는 것이 쉬워진다.

슈퍼앱 안에 수용되어 있는 각종 서비스들을 미니앱이라고 부른다. 미니앱은 슈퍼앱상에서 구동되는 서비스로 개별 다운로드와 별도의 설치 과정 없이 바로 이용할 수 있는 미니 프로그램들이다. 인도네시아에 기반을 둔 고젝(GoJek)은 2010년 승차 공유 서비스로 시작했으나 지금은 음식 배달, 모바일 결제 등 20개 이상의 통합 서비스를 제공하고 있다. 베트남, 태국, 필리핀 등 동남아시아의 여러 국가로 확장한 슈퍼앱이다.

일상 생활에 필요한 서비스를 하나의 앱에서 원스톱으로 처리하는 슈퍼앱은 우리나라에서도 벌써 익숙한 모습이다. 포탈서비스인 네이버에 들어가 전체 서비스 목록을 클릭하면 114개가 뜬다. 물론 나눔글꼴이나 네이버의 로고를 다운받는 간단한 서비스들도 있지만 쇼핑이나 각종 사전과 같은 복잡한 서비스들도 있다. 필자도 한동안 에누리닷컴과 같은 가격비교 사이트를 많이 썼었는데 언제부터인가 네이버에서 검색해서 나오는 추천 쇼핑리스트를 클릭해서 쇼핑을 하게 되었다. 그리고 어느 사이에 생각지도 못했는데 내 크레딧카드가 네이버페이에 등록이 되어 있었다. 어느 사이트에서인가 자동적으로 넘어간 것 같다.

카카오톡도 2010년 3월에 실시간 메신저로 시작을 했지만 이제는 카카오스토리, 쇼핑, 캘린더, 패션, 맵, 멜론, 멜론티켓 등의 서비스들을 미니앱으로 제공하고 있다. 126개의 카카오 자회사들의 서비스도 대부분 미니앱으로 카카오톡에 들어와 있다.

당근마켓은 2015년 10월에 지역 중고거래 특화 서비스로 시작을 했으나 2018년부터 전국 서비스로 확대했다. 지역 확대와 더불어 서비스도 확대하고 있다. 이제 편의점, 청소, 반려동물, 부동산 등 지역 상권 서비스를 다양하게 연결해서 미니앱으로 제공하고 있다. 이름도 마켓을 떼어 버리고 당근으로 바꾸었다. 앱 내 송금과 결제 기능을 담은 당근페이를 신한은행과 협력하여 출시했다.

이제는 IT서비스 기획이다

중고차 직거래, 당근 모임, 당근 알바 등으로 거주지역 근처의 서비스들로 영역을 확장해 간다. 당근의 브랜드 인지도가 높아지면서 동네 사람들의 참여범위를 확대한 것이다. 거주 지역 기반 교육 서비스도 선보였는데, 우선 사용자 간 거래 형식으로 연결된다. 모두 다 미니앱이다.

2015년 2월에 최초의 간편송금 서비스인 토스가 출시되었다. 토스도 우선 송금서비스를 성공시켜서 일차 고객을 모집한 후에, 마찬가지로 추가 서비스들을 속속 개발하여 미니앱으로 토스앱 안에 올리고 있다. 하루가 다르게 서비스를 추가하고 있다. 오픈뱅킹의 규제가 풀린 2019년에는 다른 금융기관과 연계한 통합 계좌조회, 토스 카드발급, 중고차 매매 등 다양한 금융서비스를 추가적으로 개발했다. 이어서 신용등급 관리, 부동산 정보, 대출 찾기, 공문서 발행, 공과금 납부, 정부지원금 찾기, 자동차 시세 정보에 이르기까지 금융을 넘어서 생활편의성을 위한 서비스들도 늘려가고 있다. 급속하게 슈퍼앱으로 진화하고 있는 것이다.

미니앱은 중국의 위챗이 2017년에 제일 먼저 도입한 것으로 알려져 있다. 현재 서비스 중인 미니앱은 350만 개 이상이다. 그런 맥락에서는 위챗이 최초의 슈퍼앱이라고 할 수 있다.

슈퍼앱은 사실 다양한 서비스들이 융합되어 가는 일종의 플랫폼이다. 트위터를 인수한 일론 머스크가 회사명과 로고를 'X'로 바꾸고 '에브리씽앱'으로 전환하겠다는 계획을 밝혔다.[17] 메시징, 이미지, 동영상, 커머스, 결제, 뱅킹까지 가능한 슈퍼앱 구축 계획이다. 에브리씽앱이라하면 사실상 IT서비스인 앱과 플랫폼의 경계를 없애고 통합하겠다는 것이다. 그동안은 플랫폼이 자리를 잡고, 그 위에서 IT서비스들이 데이터를 불러서 쓰고 이어서 쌓으면서 에코시스템을 구성한다고 생각해왔으나 실제로는 서비스들을 수평적으로 늘려가면서 플랫폼이 구성된다.

슈퍼앱이 플랫폼으로 진화하면서 전에 없던 융합된 시장을 만들고 있다. 기술 또는 영역의 경계나 한계를 허물고 넓혀가면서 거대 생태계의 중심이 되고 있다. 가트너는 '2023년 상위 10가지 전략 기술 동향(Top 10 Strategic Technology Trends for 2023)' 중 하나로 슈퍼앱을 선정했다.[18] 2027년까지 전 세계 인구의 50% 이상이 수많은 슈퍼앱의 일일 활성 사용자가 될 것으로 예측했다.

수많은 미니앱으로 구성되는 슈퍼앱의 경우 개방형·유동형·모듈형 플랫폼으로 기획이 된다. 성장의 여지를 항시 가지고 있는 플랫폼이다. 세부적인 미니앱들의 디자인도 그렇고, 정책이나 방향성이 슈퍼앱과 동기화 되어야 한다. 기획이 더욱 더 중요해지는 이유이다. 매크로와 마이크로의 기획은 서로 방향성이나 UX에서 일관성이 있어야 한다. 전체적으로 큰 그림을 그리는 기획이 없이 마이크로 세상을 개발하기는 어렵기 때문이다.

IT서비스들의 생성과 소멸이 빨라지고 있다

IT서비스들은 앱스토어를 통해서 제공된다. 플랫폼이라는 아이디어를 처음 들고 온 애플의 iOS앱스토어가 플랫폼의 시초이다. 그리고 안드로이드 앱들을 제공하는 구글의 구글플레이도 대표적인 앱스토어로 자리잡고 있다. 안드로이드의 경우에는 개방형 정책을 취하고 있어서 여러 개의 앱스토어들이 운영되고 있다. 중국의 경우 300여 개가 넘는 안드로이드 앱스토어가 있고 iOS앱스토어도 6개가 넘는다.

비공식적인 앱스토어들, 그리고 개별 기업들이 별도로 제공하는 앱들까지 포함하면 전 세계적으로 사용되고 있는 IT서비스들이 몇 개나 되는지 통계를 내기가 힘들 정도이다. IT서비스의 생태계가 만들어졌고 그 안에서 많은 IT서비스들이 생성, 소멸되고 있다. [표 1]은 iOS앱스토어의 최근 통계이다.

2023년도에 iOS앱스토어에는 485만여 개의 앱이 있었는데, 그중 43만여 개가 2023년에 새로이 등록된 앱이다. 10%에 가까운 숫자이다. 총 앱의 개수를 전년과 대비해 보면 약 4만여 개가 차이가 나는데, 신규로 등록된 앱 43만여 개와 비교하여 역산을 해보면 약 39만여 개가 없어진 것이다. 2022년에는 17만여 개가 없어지고 41만여 개가 새로 등록되었고 21년에는 21만여 개가 없어지면서 41만여 개가 새로이 등록되었다.

표 1 iOS앱스토어 앱 추세[19]

연도	총 앱(개, A)	새 앱(개, B)	전년대비증가(C)	차이(B-C)
2019	3,965,730			
2020	4,377,551	455,040	411,821	43,219
2021	4,580,252	412,740	202,701	210,039
2022	4,814,315	412,000	234,063	177,937
2023	4,856,833	430,560	42,518	388,042

iOS 앱스토어의 최근 추세를 보면 새로 나오는 앱의 숫자는 어느 정도 안정화가 된 반면에 없어지는 앱의 숫자는 변화가 많은 것으로 보인다. 2020년대에 들어오면서 총 앱의 숫자는 4백만에서 5백만 사이로 안정화가 되었다. 이는 모바일 앱을 활용하는 IT서비스로의 전환이 어느 정도 완료가 된 것이 이유이다. 1990년대는 80년대에 상용화되기 시작한 데이터베이스 기술의 안정화가 이루어져서 기업들마다 중앙집중형 대형 데이터베이스들을 설치하는 기간이었다. 2000년대에는 인터넷 웹 기술이 새로 들어오면서 기업들의 홈페이지와 상거래 페이지들을 급속하게 구축하여 10여 년 사이에 안정화가 되었다. 2010년대는 모바일 기술이 새로 등장해서 앱서비스 – IT서비스의 구축이 활발하게 이루어졌으나 이제 웬만한 기업들의 웬만한 프로세스들은 웬만큼 구축이 마무리 되었다.

2022년 11월 30일 오픈AI가 챗GPT를 발표하면서 생성형AI가 IT업계를 휘몰아쳤다. 이전에도 그랬듯이 새로운 기술 진화가 일어나면서 IT서비스 시장에도 AI 바람이 불어왔다. 새로운 기술이 등장하면서 IT서비스 진화 가지치기가 시작된 것이다.

AI 알고리즘 발전으로 새로운 AI 앱들이 속속 등장하고, AI 기능을 기존 앱에 추가하는 등 AI 시장은 빠르게 성장하고 있다. 센서타워라는 데이터 분석기업에 의하면 2023년 상반기 AI 앱 다운로드 수는 지난해 같은 기간보다 114% 성장해 3억 건[20]을 돌파하며 2022년 전체 수준을 넘어섰다. 렌사 AI(Lensa AI),

챗GPT(ChatGPT), Chat with Ask AI 등 점점 더 많은 AI 앱들이 등장하고 있어서 2023년도 상반기에만 200개 넘는 앱이 새로 등록되었고 다운로드는 1억 7천만 건을 넘어섰다. 경제적 효과도 막대해서 2023년 상반기 AI 인앱 구매 수익은 4억여 달러였다.

현재 AI 기술은 챗봇과 이미지 생성/처리에 제일 많이 쓰이고 있다. 2023년 상반기 상위 100개 AI 앱 가운데 50개가 넘는 앱이 AI챗봇이었고 전체 다운로드의 반을 차지했다. 또 30개 가까운 AI 이미지 앱도 포함되어 있었고 다운로드 점유율도 31% 정도였다.

'DALL+E' 및 '스테이블 디퓨전' 모델이 성숙하면서 'AI+이미지' 앱 시장도 급성장하고 있다. 2023년 상반기에만 150개 이상의 앱이 출시됐으며, 다운로드도 1억 건을 돌파했다. 2022년 말 렌사 AI는 '스테이블 디퓨전' 모델을 기반으로 '매직 아바타' 프로필 사진 생성 기능을 출시했다. 수많은 이미지 편집 앱이 AI 기능을 탑재하기 시작했다.

2020년대는 생성형 AI가 새로운 기술로 등장하였고 이를 위한 하드웨어를 생산하는 엔비디아의 주가가 상승하고 있다. 관련된 반도체 생산 기술들도 각광을 받고 있다. 인터넷이나 모바일이 실제 구축으로 이어지기까지 지연된 기간이 한 2~3년 정도 되는데, 생성형 AI가 자리를 잡고 IT서비스들에 본격적으로 적용되는 데에도 그 정도의 시간이 필요할 것으로 보인다. 생성형AI와 이를 위한 하드웨어들 – 반도체나 NPU등 – 의 생산이 안정화되면 다시 또 새로운 형태의 디지털 전환의 시대가 올 것이다. 그러니 지금이 바로 서비스 기획에 대해서 연구하고 검토하여 준비해야 할 시점이다.

1.6 IT서비스가 스타트업의 시대를 열었다

> 스타트업은 미래를 구축하기 위한 계획을 가진 사람들이다.
>
> - 피터 틸

스타트업은 창업이나 벤처와는 어떻게 다른 걸까?

창업, 벤처, 스타트업은 어떻게 다를까? 우선 각각의 용어들이 쓰이기 시작한 시기가 다르다. 위의 세 가지 중에서 창업이 제일 일반적인 용어이고 제일 먼저 쓰이기 시작했다. 사업을 새로이 시작하는 것을 창업이라고 하는데 동네 음식점을 개업하는 것까지 포함하는 아주 포괄적인 용어이다. 중소벤처기업부의 창업기업실태조사에 의하면 2020년 기준으로 우리나라 창업 기업은 307.2만 개이고 그중 기술 기반 창업이 67.6만 개라고 한다.[21]

이에 반해 벤처라는 용어는 위험도가 높다는 영어에서 유래했다. 80년대와 90년대에 주로 쓰인 용어이다. 우리나라에서는 벤처의 1세대 기업이라고 하면 1980년대에 설립된 삼보컴퓨터, 큐닉스, 비트컴퓨터, 한글과 컴퓨터, 휴맥스, 핸디소프트 등을 가리킨다. 이 1세대가 중심이 되어 1995년에는 벤처기업 협회를 발족했다. 1996년에 벤처 활성화를 위하여 코스닥 시장이 개설되었고 1997년에는 벤처기업 육성을 위한 특별법이 발효되었다. 벤처기업 수는 98년 2,042개에서 불과했지만, 3년 뒤인 2001년 1만 1,392개로 무려 5.6배나 급증했다. 하지만 2000년 3월 2,834.4를 찍었던 코스닥 지수는 2001년 9월에 460.5까지 추락한다. 부풀려진 버블이 깨진 영향이었다.

그 후로 인터넷이 활성화되고 디지털 시대가 클라우드, 빅데이터, 소셜네트워크, 모바일, 사물인터넷, 인공지능 등 새로운 형태로 진화하면서 IT기술의 세상이 되었다. 플랫폼의 개념이 나오면서, 그리고 동반 IT서비스 관련 기술들이 발전하면서, 이제 진입장벽이 예전과는 비교 불가할 정도로 낮아졌다. 노트북과 스마트폰만으로도 IT서비스 창업을 할 수 있는 시대가 도래한 것이다. 플랫폼의 데이터를 사용하고 플랫폼이 제공하는 API*를 사용할 수 있게 되었다. 아이디어만 가지고 그 가치를 인정받아 투자를 받는 다른 형태의 창업모델이 등장한 것이다. 그렇게 스타트업이라는 용어를 쓰기 시작했다. 창업 초기의 측면을 강조한 용어다.

스타트업이라는 용어는 우리말로 초기 창업자라는 개념으로 2016년에 개정된 벤처기업육성에 관한 특별조치법에 정의되어 있다. 초기 창업자란 중소기업을 창업하여 사업을 개시한 날로부터 3년이 지나지 않은 자를 칭하는데 보통 스타트업이라고 한다.

창업이나 벤처는 초기 사업 비용에 주안점을 두었다. 벤처 투자라고는 하지만 담보를 통한 보증이 주였던 시절이었다. 스타트업은 우선 벤처와는 달리 자기 자본을 많이 투여해서 하는 창업보다는 아이디어와 새로운 기술에 근거해서 투자를 받으면서 시작하는 창업의 아주 초기 기업들만 가리킨다. 우리나라의 경우 스타트업얼라이언스가 2013년에 결성되었고 K-Startup 사이트가 2013년에 오픈했다.

스타트업은 어떻게 시작하고 성장을 할까?

이전의 벤처기업은 현대, 삼성 등의 대기업들처럼 키우는 것을 목적으로 하였고 도전 정신과 성공을 앞에 내세웠다. 하지만 스타트업은 작은 아이디어로 시작을 하고 자금을 회수하기 위하여 빠른 시간 내에 더 큰 기업들에게 인수되거나(엑시트라고 한다) 상장(IPO라고 한다)을 하는 전략을 구사하는 기업들이다. 영속적인 기업을 운영하려는 목표보다는 신속하게 새로운 기술을 반영한 서비스 비즈니스모델을 테스트하고 플랫폼 기업들에게 양도를 하거나 IPO를 한다. 그리고 나서 스타트업 창업자가 다시 연쇄 창업자로 변신을 하는 사례들도 많다. 농담 삼아서 이를 스타트업 열병에 걸렸다고도 한다. 이렇듯 비즈니스의 방향성이 달라졌고 운영의 방법이 달라졌다.

스타트업은 씨앗(seed) 단계부터 시리즈 A, 시리즈 B, 시리즈 C, 시리즈 D, E,

---

* API: Application Programming Interface의 약자이다. 컴퓨터 프로그램끼리 서로가 소통할 수 있도록 만들어주는 방법이다.

F 등으로 이어지는 투자 라운드를 거친다. 자기 돈이나 빌린 돈으로 투자를 해서 모험(벤처)을 하는 방식이 아니다. 투자를 유치하고 성장하여 사업을 확장해 나가는 것이 목적이다. 빠른 속도로 변하는 IT서비스 시장 특유의 비즈니스 모델이다.

여기서 투자 라운드라고 하는 것은 스타트업에서 필요로 하는 투자를 기업의 성장 단계별로 규모를 달리해서 구분을 해 놓은 것이다. 단순하게 말하자면 자금을 투자 받은 순서를 뜻한다.

☞ 그림 5 **스타트업 자금조달 주기**[22]

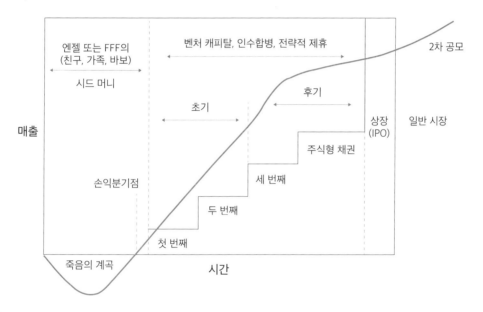

위 그래프는 스타트업들의 자금조달 주기를 도식화 한 것이다. 색 선이 시간에 따른 스타트업의 매출 변화를 나타낸다. Y축이 매출이고 X축이 시간이다. 맨 왼쪽이 스타트업이 시작을 해서 시작 자금(seed funding)을 받는 시기이다. 초기 개발 및 시장 진입을 위한 자금을 조달한다. 여기엔 엔젤투자자가 주로 참여한다. 농담 비슷하게 이 단계에는 FFF가 투자한다고 하기도 한다. Friends, family and fools(친구, 가족, 바보)의 약자이다. 이 단계의 투자는 바보나 투자할 정도로 위험부담이 크지만 성공하면 돌아오는 성과도 크다.

2020년초 배달의 민족이 딜리버리히어로에게 4조 7,500억 원에 팔리면서, 국내외 투자자들이 잭팟을 터뜨리게 되었다. 그중에 배달의 민족의 가능성을 제일 먼저 알아본 본엔젤스라는 엔젤투자자는 아주 초기에 3억을 투자하여 8년만에 3,000억이라는 수익을 거두었다. 투자 8년 만에 원금 대비 약 1,000배의 투자 수익을 기록한 셈이다.

이러한 사례도 있기는 하지만 시작을 할 수 있는 자금을 받는 초기가 스타트업으로서는 제일 어려운 시기이다. 90% 이상이 이 시기에 사업을 접는다. 이 시기를 [그림 5]에서와 같이 죽음의 계곡이라고 부른다. 매출이 하나도 없는 상태로 투자도 받기 어렵고 매출을 새로 일으키는 것도 쉽지 않은 것이 죽음의 계곡 시기이다. 이 죽음의 계곡을 지나서 매출이 생기기 시작하면 이러한 초기 성과를 바탕으로 시리즈 A, B, C등의 순서로 단계별 성과에 따라 사업을 확장할 자금들을 투자받게 되는 것이다.

우리나라 정부는 2020년 스타트업 창업 숫자가 12만 개에 달했다고 밝혔다. 연간 투자 금액은 7조 원을 웃돌고 있다. 스타트업은 이제 일상에서도 흔하게 사용하는 용어가 되었다. 21년에 발간한 「창업 생태계 30년의 변화 분석」 보고서에서는 지금이 제2의 벤처붐이라고 선언하고 있다. 2000년부터의 제1벤처붐에는 연 6여만 개의 법인이 설립되었는데 2020년에는 12만 개로 2배를 돌파하였다. 투자액도 90년대의 2조 원에서 2019년에는 4조 원을 돌파했다.[23]

그림 6 '00~'20 연도별 신설 법인 추이

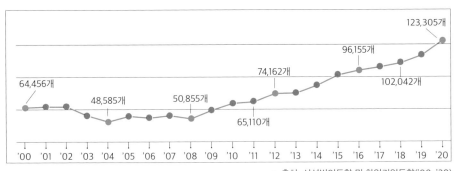

* 출처: 신설법인동향 및 창업기업동향('00~'20)

이제는 IT서비스 기획이다

언젠가는 생산 자본의 시대로 들어가겠지?

2016년에 설립된 카카오뱅크는 시중 은행보다 기업가치가 높다. 네이버와 쿠팡의 거래액은 롯데, 신세계를 넘어선 지 오래다. 외식 업계에서는 배달의 민족이, 모빌리티 업계에서는 카카오가 사실상 대기업이다. 외국에 FAANG(페이스북, 아마존, 애플, 넷플릭스, 구글)이 있다면, 국내에는 '네카라쿠배(네이버, 카카오, 라인, 쿠팡, 배달의 민족)'가 있다. 이들 기업가치의 계산식은 전통 기업과는 다르다.

2021년 3월 뉴욕 증시 상장에 성공한 쿠팡이 투자 유치로는 1위다. 지금까지 총 9조 3,992억 원 누적 투자 유치를 했다. 누적 투자액 2위와 3위는 모두 해외 기업 매각에 성공한 케이스다. 배달의 민족을 운영하는 우아한 형제들(4조 6,389억 원), 영상 메신저 앱 아자르를 운영하는 하이퍼커넥트(1조 9,452억 원)가 쿠팡의 뒤를 이었다.

이러한 기업들에 대한 가치평가가 물리적이나 재무적인 근거가 약하다는 얘기도 나온다. 반도체를 생산하거나 화장품을 만들거나 하는 전통기업에서는 자연, 노동, 자본이 생산의 3요소였고 기업가치의 평가에 매출을 비롯한 비즈니스 성과뿐만 아니라 보유한 동산, 부동산도 같이 평가를 했다. 하지만 지금의 인터넷 기업들은 자연, 노동, 자본의 투여 비율이 예전과 많이 다르다. 동산과 부동산의 가치가 상대적으로 형편이 없고 실제 제품이라고 하는 것들이 보이지 않는 무형의 소프트웨어들이다.

그럼에도 이렇게 높은 가치를 인정받는 것은 투자되는 자본의 성격이 다르기 때문이다.[24] 생산을 위해서 자본이 투자가 되는 것이 전통산업의 특징이다. 생산 라인 기계를 사고 공장 부지를 확보해서 생산을 하기 위한 목적의 자본은 투기성보다는 장기적인 투자를 목적으로 한다. 생산원가에 적절한 이윤을 붙여서 지속적인 비즈니스를 운영하는 것을 목적으로 한다. 이러한 자본을 생산 자본(production capital)이라고 한다.

반면에 인터넷 비즈니스의 대부분에서는 생산원가에 이윤을 붙이는 계산이 어렵다. 새로운 형태의 기업이고 앞으로 시장지배자가 될 것 같아서 투기에 가까운 투자를 하는 모습이다. 산업혁명의 초기에 철도를 서로 놓으려고 경쟁적으로 투자를 하던 모습과 유사하다. 이러한 자본을 재무 자본(financial capital)이라고 한다.

재무 자본은 재무적 이익을 목적으로 하는 자본이다. 다시 말해서 치고 빠지는 형태의 투자자본이다. 스타트업은 영속적 비즈니스보다는 빨리 성장의 가능성을 보여주고 이에 근거하여 투자를 받고 회사를 매각하는 엑시트 전략을 많이 쓴다. 무슨 말인가 하면 투자자들이 빠른 자금회수를 원한다는 점이다. 카를로타 페레즈[25]가 얘기하고 있는 재무 자본의 성격이 강한 것이다.

지금 재무자본이 투여되고 있는 인터넷 비즈니스의 성격이 언젠가는 생산자본의 투여가 필요한 비즈니스로 바뀔까? 바뀐다면 언제쯤일까? 적은 이윤으로 대량 생산을 하는 패러다임이 인터넷에도 적용이 될까? 앞으로 두고 볼 만한 일이 될 것이다. 이러한 변화가 오기까지는 신속·유연한 서비스 기획의 중요성이 어느 때보다도 강조되는 시기이다.

2

새로운
IT서비스의 개발은
기획에서 시작한다

02 새로운 IT서비스의 개발은 기획에서 시작한다

우리는 IT서비스의 전성시대를 살고 있다. IT서비스를 출시하고 운영하는 것이 그 어느 때보다 쉬워졌다. 직장인 커뮤니티 블라인드에서는 퇴근 후 자신이 만들어 본 서비스를 소개하는 글을 종종 볼 수 있다. 디스콰이엇 커뮤니티에서는 자신이 만든 서비스를 공개하고 공유하고 서로 피드백을 주고 받는다. IT서비스에 기반하여 창업하는 스타트업들이 줄을 서서 투자자들을 만나고 있다. 젊은 세대들에게는 투잡의 로망이 돌고 있다. 그야말로 전 국민 사이드 프로젝트의 시대이다.

IT서비스가 대중화된 이유는 개발에 대한 진입장벽이 낮아진 데 있다. 유튜브만 봐도 3일 안에 코딩 정복이 가능하다는 영상이 수두룩하고, 전문가의 영역으로만 여겨져 왔던 디자인 관련 프로그램들 또한 발전에 발전을 거듭하여 이제 익히는 데 그리 오랜 시간이 걸리지 않는다.

서비스를 만드는 데 익숙해진 사람들은 생각하는 것을 현실로 만드는 데 주저하지 않는다.

> - 간헐적 단식이 유행인데 도와주는 앱이 있나? (패스트핏, 시몬, 쿠어놀)
> - 1인 크리에이터가 많아지는 요즘 크리에이터가 필요한 SNS 분석을 받아볼 수 있나? (미어캣아이오, 애널리즈, 스토리픽커, 글로비즈)
> - 집에서 운동을 하는 것을 도와주는 앱은? (다이어트헬퍼, 퍼스트팻, 스윗업)

우리 삶의 편리함을 추구하려는 작은 변화의 씨앗들이 IT서비스라는 결과물로 이어지고 있다. 서비스라는 단어는 우리 일상에서 꽤 친숙한 단어다. 보통은 미용이나 음식점과 같은 무형의 혜택을 일시적으로 제공하는 것을 서비스라고 한다. 상품과 대비하여 서비스라고 하는데 애프터 서비스와 같이 제품과 관련된 서비스들도 있다.

여기서는 IT서비스를 다룬다. 이 책에서 다루는 서비스는 IT기술을 활용해서 우리가 겪는 다양한 문제를 해결한다. 스마트폰과 컴퓨터 같은 일상적인 기기에 소프트웨어 프로그램을 공급하고 데이터를 조직화하여 제공하면서, IT서비스는 우리 생활 전반에 깊숙하게 침투해서 우리의 삶을 편리하게 만들어 주고 있다.

개발이 쉬워진 반면에 그 사전 단계인 기획과 디자인으로 관심의 초점이 옮겨졌다. 기획이 없는 개발, 디자인 과정을 건너뛴 개발은 설계도 없이 건물을 지으려는 것과 같다. IT서비스가 시대의 총아로 등장했는데, 이를 기획할 사람을 구하는 것이 쉽지 않다. 각 해당 도메인의 비즈니스에 능통하면서 동시에 IT를 구상하고 설계할 능력을 가진 리더의 필요성이 점점 높아지고 있는 것이다. 누구나 할 수 있을 것 같지만 아무나 성공하는 것도 아니다. 기획을 해보기로 마음먹은 순간부터 좋은 서비스를 만들기 위한 마인드셋, 그리고 습관을 가지는 것이 중요하다.

본 장에서는 우선 서비스 기획자의 역할부터 시작해서 실제 서비스 기획의 방법들을 소개하고자 한다.

2.1 서비스 기획은 누가 하나?

웹 시대로 들어오기 이전에는 소프트웨어엔지니어링의 시대였다. 시스템을 어떻게 개발할지가 중요한 관심사였던 시대였다. 현대적 의미의 데이터베이스가 개발이 되어 쓰이기 시작한 것은 1980년대나 되어서였다. 그 이전에는 데이터를 파일에 저장해 놓고 쓰던 시절이어서 이를 다루는 프로그래밍이 중요한 위치를 차지하고 있었다.

당시에는 소프트웨어엔지니어링이 컴퓨터엔지니어들이 쓰는 방법론이었고 비즈니스 IT실무에서는 시스템분석설계방법이 주요한 방법론이었다. 시스템을 분석하는, 현업과 연계하여 현업의 지식을 공급하는 분석가와 이를 받아서 설계하고 프로그래밍하는 인력들로 구분이 되었다.

분석가는 비즈니스 워크플로우를 분석하여 데이터플로우 다이어그램을 작성했다. 이 다이어그램은 시스템에서 데이터가 어디서부터 나오고 어떻게 처리되며 어디로 전달되는지를 시각적으로 보여준다. 설계 및 프로그래밍을 하는 인력은 이 데이터플로우 다이어그램을 기반으로 시스템의 구조도를 작성했다. 이 시스템구조도는 시스템에 들어갈 비즈니스 프로세스들을 적절한 규모의 모듈들로 구조화를 하는 것이다. 이렇게 모듈화된 구조가 완성되면 각 모듈을 맡아서 프로그래밍을 한다. 이것이 기본적인 작업 절차였다.

이제는 이 작업 절차가 더 분화되었다. 프로그래밍은 쉬워졌지만 전체적으로 신경을 써야 될 부분이 늘어났다. 프로그래밍 이전에 고려되고 분석에 포함되어야 하는 부분들이 늘어난 것이다. 지금은 고객, 서비스 기획자, UX/UI 디자이너, 퍼블리셔, 프론트엔드개발자, 백엔드개발자로 역할이 나누어진다.

개발하는 도구가 발달되고 쓸 수 있는 라이브러리들이 늘어나기도 했고, 많은 경우에 웹이나 앱이 클라우드상의 서버와 통신을 하면서 작동을 하기 때문에 서버사이드의 프로그래밍을 담당하는 백엔드와, 웹이나 앱에서의 프로그래밍을 담당하는 프론트엔드가 나뉘었다.

프로그래밍이 상대적으로 쉬워지고 기존의 루틴들을 활용하는 형태로 표준화가 되면서 사용자들을 직접 상대하는 인터페이스를 사용자에 맞게 디자인을 하는 것이 중요해졌다. 20여 년 전에는 프로그래머 30명당 디자이너 1명 정도가 일반적인 구성이었는데 이제는 디자이너 1명이 프로그래머 5명 정도를 맡고 있다.

인터페이스 디자인이 단순히 예쁘면 되는 것이 아니라 사용자의 행태를 반영해야 한다는 자각이 생기면서 사용자경험(UX)이 중요한 요소로 등장한다. 그리고 이 사용자 경험을 다루는 데 있어서 그 이전 단계로서 IT서비스 자체를 원래의 문제를 해결할 수 있도록 기획을 할 필요성이 높아진 것이다. 전략적 방향도 반영이 되어야 하고 고객들이 가지고 있는 문제를 해결해주려면 이에 대한 기획이 필요하게 된 것이다.

단적으로 말하자면 뒤에서 상세히 설명할 '스토리보드'를 기획자가 만들어서 디자이너와 개발자들에게 제공하는 형태로 업이 분화가 된 것이다. 이렇게 진화를 하다 보니 서비스 기획자들이 처음부터 끝까지 기획, 디자인, 개발을 총괄할 수밖에 없는 구조가 되었다. 아이디에이션부터 나중에 서비스 출시 후의 테스트까지 기획자가 관리를 하지 않으면 안되는 구조가 된 것이다.

더군다나 개발된 IT서비스가 일회성 서비스가 아니고 지속적으로 쓰이고 또 쓰이는 것이어서 오히려 프로덕트의 성격이 더 강해졌다. 계속 활용하고 애프터서비스를 해주어야 하는 프로덕트의 성격이 짙어지면서 서비스 기획자의 위상이 프로덕트 오너나 프로덕트 매니저로 그 이름이 바뀌기 시작하고 있다.

서비스 기획자란 서비스를 기획하는 사람이라는 뜻이다. 하지만 최근의 채용 공고를 보면 기획자를 지칭하는 표현이 제각각이면서 또 그 내용들도 각양각색이다.

이제는 IT서비스 기획이다

사 례 / 개발PO (프로덕트오너)

[담당업무]

– 프로덕트(서비스)의 주요 기능과 컨셉을 정의하고 주요 비즈니스 로직과 서비스 로직 설계 및 상세 기획, 화면을 설계합니다.
– 사업/운영/기획/디자인/개발 등 모든 유관 부서와 협력하여 프로젝트를 실행합니다.
– 표준 업무 프로세스의 개발, 업무 관리 및 개선 활동을 수행하며 유의미한 지표(시장-사용자 중심 데이터)를 정의하고 유효한 가설을 세워 프로덕트(서비스)를 개선합니다.

[자격요건]

– 업무 전체 경력 5년 이상 보유하신 분
– PO/PM등 프로덕트 또는 프로젝트 계획, 관리 업무 경력 3년 이상 보유하신 분
– 서비스 기획 및 정책 설계, 화면설계 업무 경력 3년 이상 보유하신 분
– 주도적으로 업무를 정의하여 리딩한 경험을 가진 분
– 모든 이해관계자와 유연한 커뮤니케이션이 가능한 분
– 복잡하고 어려운 문제를 정의하고 솔루션을 제시하여 이를 실행할 수 있는 분
– 사업 중심의 프로덕트 개발환경을 이해하고 프로젝트를 수행할 수 있는 분

사 례 / AI서비스 기획 및 제안/PM직무

[담당업무]

– AI 관련 사업 발굴 및 제안서 작성
– AI 기술 동향 탐색 및 기술 검토
– 신규 사업 및 운영 사업 프로젝트 관리

자격요건

– 관련 경력 3년 이상
– AI 관련 지식/경험 바탕의 커뮤니케이션 역량
– AI 관련 서비스 구축 및 운영 경험
– 데이터 분석 및 컨설팅 등 유관 직무 수행 경험

인터넷과 웹 시대의 IT서비스 개발에는 고객, 기획자, 디자이너, 퍼블리셔, 프론트엔드 개발자, 백엔드 개발자, DB개발관리자, 네트워크엔지니어, 운영 관리자 등으로 분화된 전문가들이 협업을 통해서 IT서비스를 개발한다. 이러한 면에서 예전처럼 고객이 의뢰하면 바로 개발자가 알아서 개발하는 것이 아니라, 고객이 기획자와 협업을 하면서 원하는 IT서비스의 모습을 기획서에 담아내는 기초 사전 작업이 너무나 중요해진다.

기획이 확정되어 작업이 시작되면 수정을 하는 것이 어려워진다. 특히 최종 프로덕트를 보고 수정을 하려 하면 프론트엔드, 백엔드, 디자인, 퍼블리싱, 그리고 기획서까지 일관되게 수정을 해야 한다.

어쩌면 앞으로는 고객이 기획을 하는 것이 성공의 지름길일 수도 있다. 최소한 기획의 결과물을 평가하고 고객의 의견을 반영할 수 있을 정도로 고객도 서비스 기획의 기본을 이해를 하고 있어야 한다. 기획자의 문서를 읽어서 검토할 정도가 되어야 한다. 기획서 안에서 서비스의 미래 모습을 볼 수 있어야 하고 수정할 수 있어야 한다. 아니면 나중에 본인이 원하지 않는 IT서비스를 구축 받게 되는 경우도 많다.

2.2 서비스 기획자의 역할

서비스 기획자는 쉽게 얘기하자면 건축에서 설계도를 작성하는 건축가와 같이 IT서비스를 개발하기 위한 설계도를 그려내는 사람이며 이때 설계도에 해당하는 것이 기획서이다. 기획, 디자인, 개발로 역할이 나뉘는데 기획은 디자인과 개발을 제외한 모든 업무를 담당하고 있다고 보면 된다. 최근에 등장하고 있는 서비스 기획자의 세련된 이름은 프로덕트오너와 프로덕트매니저가 있다. 이러한 이름의 변화는 업무 내용을 변화를 반영하고 있다. 이러한 변화를 포함하여 방법론의 상세는 2.3부터 설명하고 있으나 여기서는 이해를 돕기 위해 전체적으로 해야 하는 일과 역할들만 간략히 정리하고 넘어간다.

이제는 IT서비스 기획이다

그림 7 **서비스 기획자의 역할**

문제의 정의

서비스 기획자는 관심과 호기심을 가지고 주위를, 특히 관련 비즈니스와 관심있는 IT서비스를 들여다 보는 사람이다. 관심과 호기심을 통해 무엇이 문제이고 고객들이 어디에서 불편을 겪는지 찾아낸다. 이러한 문제와 불편을 공감하는 과정에서 아이템이나 아이디어를 도출할 수 있다. 물론 아이디어가 경영진이나 동료, 주변 사람들로부터 나올 수도 있다.

또한, 발주하는 프로젝트의 경우 발주자로부터 아이디어가 어느 정도 지정이 되어서 나온다. 하지만 거의 모든 경우에 이를 구체화하기 하기 위해서는 기획자가 문제 인식과 공감 능력을 갖추고 기획서를 정리해주어야 한다. 이런 맥락에서 서비스 기획자들은 관심과 호기심, 문제의식을 유지하고 키우기 위해 수많은 서비스를 사용해 보아야 하고, 글을 읽거나 여행하는 등 관점을 바꾸어 보고 시야를 확대하는 경험이 중요하다.

시장조사

문제를 정의한 다음, 또는 정의하는 과정에서 기획자는 시장조사를 같이 수행한다. 고객의 도움을 받기도 하고 피드백을 받아서 시장의 동태를 파악한다. 개발하고자 하는 서비스의 목표 고객, 시장의 규모, 비즈니스 생태계 유무, 경쟁사들, 그리고 이와 관련하여 해당 서비스 경쟁력을 파악하는 것이다. 개발하는 서비스의 경쟁력을 강화하고 성공 가능성을 높이기 위한 방편을 같이 궁리해 볼 수 있다. 일반적으로 데스크 리서치, 유저 리서치, 경쟁사 분석으로 이루어진다.

이 시장조사는 사실 문제 정의와 같이 얽혀있다. 시장조사를 하는 과정에서 문제 정의가 잘못된 부분을 발견하고 문제와 해결책을 수정하기도 한다. 그래서 이를 위한 방법들도 두 가지를 융합하여 시행하는 것을 많이 추천한다. 조금 뒤에 다루게 될 디자인씽킹도 이러한 피드백의 과정을 강화할 목적으로 개발된 방법이고 린 스타트업도 사실은 프로토타입을 빨리 만들어 보고 문제를 다시 정의한다는 면에서 유사한 목적을 가지고 있다.

데스크 리서치는 인터넷 검색, 기사, 통계, 논문 등을 활용하여 어디 나가지 않고 책상에서 시장 정보를 수집하는 방법이다. 유저리서치는 설문조사, 인터뷰, 포커스그룹인터뷰 등을 통해 고객의 요구사항을 수집하고 문제를 파악하며 고객을 이해하기 위한 방법들을 가리킨다. 경쟁사 분석은 경쟁사의 제품, 서비스 마케팅 전략 등을 분석하는 과정을 포함한다.

많은 경우 IT서비스를 출시하고 실패하는 큰 이유가 시장조사의 소홀함에서 기인한다. 왜곡된 데이터를 기반으로 분석을 하는 경우가 많다. 시간과 인력이 부족한 스타트업에서 부족한 리소스 때문에 시장조사를 제대로 수행하지 못하는 경우도 많지만, 스스로 개발하는 프로덕트에 관한 자부심이나 자기 서비스라는 심리적 오너십에 시야가 좁아져 데이터가 있어도 제대로 보지 못하는 경우도 종종 발생한다. 대기업에서 추진을 하는 IT서비스의 경우는 고객의 필요나 요구보다는 경영진이나 상사가 요구한 아이템이 진행될 수 있도록 왜곡하여 계획서를 작성하거나 프로젝트를 진행하는 경우도 발생하곤 한다.

이제는 IT서비스 기획이다

벤치마킹

벤치마킹은 사실 시장조사의 일환이다. 시장조사 과정에서 경쟁사를 찾아보고 경쟁사의 유사 서비스를 벤치마킹한다. 벤치마킹이라는 용어는 워크벤치에 표시(마킹)를 한다는 데서 유래한 용어인데, 측정의 기준이 되는 대상을 설정하고 이와 비교분석을 한다는 뜻이다. 이를 위해 경쟁 서비스를 찾아보고 직접 활용하며 화면을 캡처하기도 한다. 필요에 따라서는 경쟁사를 직접 찾아가기도 한다. 경쟁사를 찾아가는 것이 민감하게 생각되기도 하겠지만 어차피 나중에는 알게 될 것이니 미리 찾아가보는 것도 좋다. 같은 분야에서 일을 하게 된다는 점에서 동류 의식을 유발하면 의외의 도움을 받을 수 있기도 하다.

주의할 점은 비밀리에 찾아가거나 친분을 동원하는 것보다는 솔직하게 이야기하고 찾아가는 것이 좋다. 솔직하게 이야기하지 않고 방문하여 정보를 수집하는 경우 나중에 법적인 문제가 발생할 소지도 있다.

또 한 가지 스타트업으로서 조심해야 할 점은 스스로의 서비스가 어디에도 없는 새로운 서비스, 독자적인 서비스라 생각하고 경쟁자가 없다고 속단하는 것이다. 이는 세상을 너무 쉽게 본 접근법이다. 지금 생각하는 비즈니스모델이 언제 어떻게 변화가 될지 모르고 또 시각을 조금만 바꾸면 경쟁서비스를 볼 수 있다. 아니면 유사한 서비스라도 찾아내어 비교분석을 하는 것이 필요하다. 예를 들어 세상에 없는 심부름을 해주는 서비스라고 하면 음식배달 서비스나 호텔컨시어지 서비스를 벤치마킹할 수 있을 것이다.

퍼소나 및 고객 여정지도 작성

문제 정의, 시장조사, 벤치마킹은 사실 같이 진행되는 작업이다. 시장조사와 벤치마킹을 하면서 문제가 다시 정의되는 경우가 많고 서비스의 방향성이 수정되는 경우도 많기 때문에 서로 상호 연관성을 가지고 진행이 된다고 보아야 한다. 일방적으로 흘러가는 흐름이 아니고 역류하기도 하고 순류하기도 하는 상호 보완적인 과정이다.

위의 세 가지가 어느 정도 완료되면, 이제 사업계획서 작성을 시작할 준비가 되었다. 사업계획서는 목적이 되는 IT서비스의 필요성과 가치를 설명하고 설득하기 위한 문서다. 대상이 고객일 수도 있지만 사실 여기에 담긴 기획서는 앞으로 같이 만들어 나가게 될 관련자들에게 지속적으로 참고가 될 문서이다. 서비스의 존재가치부터 시작해서 프로젝트의 구성과 진행과정을 기획하여 담은 문서이다. 실제 프로젝트를 진행하면서 돌아와서 참고하고 체크하는 기본 문서인 것이다.

사업계획서의 앞부분에는 문제의 정의와 해결책, 그리고 시장조사 결과와 벤치마킹 자료들을 정리한다. 그리고 이를 바탕으로 퍼소나와 고객 여정지도를 작성해서 목표 고객과 목표 서비스의 모양새를 확정한다. 퍼소나는 서비스의 목표 고객을 대표하는 가상의 인물(들)을 나타내며 고객 여정지도는 고객이 서비스와 상호작용하는 과정에서 경험하는 다양한 단계를 지도로 시각화한 것이다. 또한 이 단계에서 서비스 모양새가 대충 어떻게 나올 것인지 와이어프레임을 작성하기도 한다. 자세한 내용은 다음 장의 상위 기획 상세에서 살펴본다.

스토리보드 작성

프로젝트의 진행이 결정되면 이제 서비스 정책을 결정하고 실제 기획서의 주요 결과물이 될 스토리보드를 작성하여야 한다. 스토리보드라는 용어는 영화계에서 쓰고 있는 용어인데, 영화나 텔레비전 광고 또는 애니메이션 같은 영상물을 제작하기 위해서 작성하는 문서이다. 콘티(continuity)라고도 불리는 스토리보드는 촬영을 위하여 각본을 바탕으로 필요한 모든 사항을 매 장면마다 기록한 주요 문서이다. 장면의 번호, 화면의 크기, 촬영각도와 위치에서부터 의상 소품, 대사, 액션까지 적혀 있다.

IT서비스를 개발하는 데 있어서도 프로그램의 심층구조와 더불어 사용자가 사용하는 인터페이스와 그 안에 담겨져야 할 사용자 경험의 중요성이 높아지면서 이러한 스토리보드의 개념과 형태를 가져다 쓰기 시작한 것이다. 스토리보드는 웹/앱의 IT서비스 개발을 위해 UX의 내용을 자세히 적어놓은 화면 – 시각적으로 표현한 청사진이면서 기획의 최종 결과물이다. 화면설계도라고도 하며, 완성될 예정인 IT서비스 프로덕트의 화면과 기능에 초점을 맞추어 필요한 구성 요소들과 액션아이템, 그리고 프로세스의 흐름 등의 정보를 담은 문서이다.

화면설계도들을 만드는 작업은 해당 IT서비스의 규모와 선택한 프로토타이핑 도구에 따라서 다르겠지만 파워포인트를 기준으로 수십 장에서 수백 장에 이르는 문서를 작성하는 일종의 삽질이다. 기획자의 역량이 최종적으로 나타나는 작업물이다. 앞에서 작업한 상위 기획의 내용들이 – 예를 들어 전략이나 서비스 정책 등 – 이 실제로 인터페이스에서 어떻게 나타나는지를 명시하여야 하기 때문에 단순히 스크린을 그리는 작업 이상이다.

IT서비스가 다른 분야의 기획 – 마케팅 기획, 전략 기획 또는 상품 기획 등 – 과 비교했을 때 가장 다른 점이 바로 이 부분이다. 개발자들에게 전달이 되어야 하는 시스템의 모델링이 다른 기획과는 달리 상세하게 기획되어 여기에 포함이 되어야 하는 것이다. 스토리보드를 작성하기 전에 인터페이스를 초안하는 것을 와이어프레임이라고 한다. 이 와이어프레임은 말 그대로 선을 사용하여 화면을 스케치하는 것을 가리킨다. 와이어프레임에 기준해서 디자이너들은 디자인의 초안을 잡는다. 동시에 기획자는 와이어프레임을 확장하여 거의 모든 인터페이스를 그리게 된다. 완성된 스토리보드는 개발의 기준이 되는 것이고 서비스 정책이 여기에 모두 반영이 되어야 한다.

프로덕트 매니지먼트

기획서의 작성을 마치면 기획의 내용을 관련자들에게 전파하고 확정한다. 고객은 물론이고 디자이너, 개발자들과도 내용을 공유하고 협업을 시작한다. 기획자가 초기 작업을 시작했기에 그 내용을 자세히 알고 있으므로 디자이너, 개발자 등 다양한 파트와 협력하는 데 있어서 기획자가 자연스럽게 중심적인 역할을 맡게 된다. 서비스를 개발하고 성공적으로 출시할 수 있도록 서비스의 목적, 목표,

목표 고객, 기능, 일정, 예산 등을 관리해야 한다. 따라서 다른 파트에서 근본적인 질의가 있을 때 자연적으로 기획자에게 오게 된다. 이를 위해 기획자는 서비스 기획뿐만 아니라, 개발, 디자인, 마케팅, 운영 등 다양한 분야에 대한 지식이 필요하며 커뮤니케이션 능력, 협업 능력, 문제 해결 능력, 리더십, 의사결정 능력 등 다양한 역량을 갖추고 있어야 한다.

IT서비스가 프로덕트로서 지속적인 서비스를 하게 되면 기획자는 상시로 개선하고 운영하는 작업을 맡게 되는데 이러한 역할을 프로덕트 매니저, 또는 프로덕트 오너라고 한다.

매뉴얼 및 가이드 문서작성

실제로 디자인과 개발이 진행되면 기획자는 모든 질문의 창구가 된다. 관여하는 동료들에게 기획의 내용을 설명하고 거기에서 나온 질의들을 반영하기 위한 의사결정들을 해야 하며 변경된 내용을 반영하여 정책서 및 기획서 등을 수정해야 한다. 이 과정을 거쳐서 개발에 들어가기 시작하면 기획자는 서비스나 기능의 출시를 준비하면서 서비스 정책과 도움말 등을 명시하는 운영 매뉴얼을 작성해야 한다. 이에 근거해서 사용자 가이드 문서도 기획에서 만드는 경우가 많다. 애초에 서비스 기획이 개념 도출부터 고객과 소통하면서 총괄을 했기 때문에 다른 팀에서 매뉴얼을 작성하기는 쉽지 않다.

마케팅 기획

IT서비스에서 기획을 하는 사람이 마케팅에 참여할 수밖에 없는 이유는 마케팅의 상세를 서비스에 반영해야 하기 때문이다. 이벤트를 기획하더라도 IT서비스에서 광고나 랜딩페이지를 만들어야 할 것이고 마케팅에서 중시하는 4P나 4C 전략이 그대로 IT서비스의 내용에, 버튼에, 클릭스트림에 반영이 되어야 하기 때문이다.

테스트

운영 매뉴얼을 만들면서 테스트 시나리오도 작성한다. 아이디어 도출부터 실제 개발자를 위한 모델링까지 참여한 기획자가 테스트 시나리오를 짜는 것이 권장된다. 개발자들이 하는 개발테스트는 프로그램의 테스트이고 기획자가 짜는 테스트는 사용자의 시각을 반영한 것이다. 서비스 정책에 명기된 예외 케이스들도 테스트를 해보아야 하고 일반적인 사용자가 사용하는 흐름도 테스트가 되어야 한다. 테스트 결과를 기획서와 개발에 다시 반영해야 할 경우도 발생한다.

서비스 분석

서비스가 일부라도 릴리즈가 되면 이제 사용자로부터 수집되는 사용자의 의견과 축적되는 데이터를 분석하여 실제 서비스에 피드백을 하고 개선을 해야 한다. 마케팅의 퍼널 분석, 코호트 분석, A/B테스트 등 다양한 분석 방법들이 나와 있다.

일반적으로 서비스 기획자의 업무는 위와 같이 분류를 할 수 있다. 하지만 실제에 있어서는 요구되는 역할과 업무가 기업·상황·맥락마다 다르게 나타난다. 예를 들어 기획에이전시가 발주자로부터 프로덕트 개발을 수주하는 경우 이의 전략적 방향이나 기획은 어느 정도 되어 있는 경우도 많아서 기획자의 역량이 전적으로 필요하지는 않을 수도 있다. 발주 측의 기획 인력이 기획을 이미 해 놓았을 수도 있다. 또는 그 반대로 기획을 전혀 하지 않고 발주를 하는 경우도 있는데 그런 경우에 기획의 시간이 발주서에 포함이 되어 있지 않을 수도 있다. 기획에 관하여 그 중요성이 간과된 경우이다.

2.3 서비스 기획의 시작은 문제를 찾아내는 것이다

> 사람들은 보기 전까지는 뭘 원하는지 모른다. 그래서 우리는 시장 조사에
> 의존하지 않는다. 우리의 임무는 아직 쓰이지 않은 것들을 읽는 것이다.
>
> - 스티브 잡스

스티브 잡스가 남긴 말 중에서 아마도 제일 유명한 도전적인 말이다. 해석에 따라서는 고객을 우습게 본다고 할 수도 있다. 하지만 기획의 첫 단계에서 풀어야 할 문제를 찾을 때 어떻게 찾아야 하는지에 관한 함의가 깊다. 고객에게 물어보고 거기에 제한되지 말라는 얘기다. 오히려 고객이 생각하지 못하는 부분을 찾아내서 고객으로 하여금 자연스럽게 새로운 프로덕트를 쓰도록 고객을 개발한다는 해석이 원래 의미에 가깝다.

모든 것은 아이팟과 아이폰에서 시작되었다

2001년에 처음 세상에 나온, 아이팟이 선풍적인 인기를 얻기 시작한 것은 2003년부터다. 아이팟은 1976년에 애플을 창업하고 1986년에 쫓겨났다가 1997년에 다시 애플로 돌아온 스티브 잡스가 2001년에 발표한 MP3 플레이어다. 2003년의 붐은 아이팟 자체가 아니라 아이팟에서 쓸 수 있도록 만들어진 최초의 음악 플랫폼 아이튠즈가 불러왔다. MP3를 듣기 위해서 CD를 통째 구워서 음원을 추출하는 불편함을 없애고 아이튠즈를 통해 곧바로 음악을 다운로드 할 수 있게 했다. 곡들을 모아서 음반으로 판매하는 고정관념도 허물었다. 앨범 전체가 아닌 개별 곡을 곡당 99센트라는 가격으로 다운로드 받을 수 있었다.

아이팟이 처음 나왔을 때 사람들은 너무 얇고 스위치도 없이 동그라미가 그려진 금방 찌그러질 깡통이라고 우습게 봤다. 2000년에 먼저 나온 단단하게 생긴 아이리버 imp-100에 비하면 밟으면 부서질 것 같다고 했다. 실제로 떨어뜨려서 찌그러진 사진들도 인터넷에 많이 돌았다([그림 8] 참조[26, 27]). 출시 당시 부

가 기능이 부족하고 지나치게 무거우며 가격이 높아 실패할 것으로 여겨졌으나, 2003년 아이튠즈를 연결시키고는 미국에서 2004년 말 기준으로 전체 디지털 음악 재생기기 시장에서 70% 이상의 점유율을 기록하였다. 누구도 아이팟의 매출이 아이리버를 그리 쉽사리 능가할 줄 몰랐다. 시장에 나와서 사람들이 써보고서야 그 가치를 알아준 것이다.

☞ 그림 8 **아이리버 mp3 플레이어, 아이팟, 부서진 아이팟.**

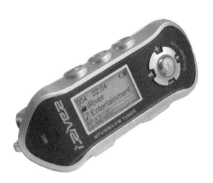

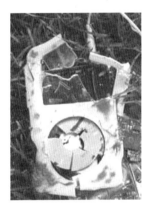

　　아이팟이 진화한 것이 아이폰이다. 이제는 누구나 음악을 아이팟처럼 생긴 핸드폰으로 듣는다. 아이폰이 출시될 때도 비슷했다. 정전식 터치스크린이라 터치 에러가 자주 나고, 배터리를 스스로 바꿀 수 없는 등 불편한 전화기라고, 그런 걸 누가 사느냐고 했었다. 그러나 지금은 아이폰을 사려고 줄을 서고 있다.

디자인씽킹으로 문제를 찾는다

하버드 경영대학원의 제럴드 잘트만 교수의 연구에 따르면 사람들이 의식적으로 말로 표현할 수 있는 욕구는 5% 밖에 안 된다고 한다.[28] 커뮤니케이션 이론에서는 말로 명시적으로 전달되는 소통이 전체의 작게는 7%에서 많아봐야 30% 밖에 안 된다고 한다.[29] 여기에 비추어 보면 제품에 관해서 시장조사를 할 때 고객한테 직접적으로 물어봐서는 적절한 답변을 얻어내는 데 한계가 있다.

디자인씽킹은 이러한 맥락에서 문제 해결을 혁신적으로 하기 위해 디자이너들처럼 생각하자는 접근방법이다. 예를 들어, 디자인을 할 때 사실 고객에게 물어보는 것이 아니라 고객이 필요한 것을 디자이너가 찾아주어야 한다는 전제에서 시작한다. 고객의 입장에서 아직 깨닫지 못하고 있는 필요를 찾아내려면 고객의 입장에서 고객과 공감하는 과정이 우선 필요하다는 것이다. 고객이 말로하지 못하는 숨어있는 욕구와 감성을 찾자는 방법이다. 어찌 보면 고객을 깜짝 놀라게 하는 것이다.

디자인 분야에서 시작되었지만 실제는 기획을 하는 방법이며, 디자이너들에게 아름다움뿐만 아니라 실제 서비스의 측면을 고려하라는 이론이다. 당초에는 IDEO에서 제안할 때는 공감(empathize), 정의(define), 아이디어 도출(ideate), 시제품 제작(prototype), 시험(test)의 다섯 단계를 제안했다. 그 후로 여러가지 변형이 나왔다. [그림 9]의 예는 7단계로 나누어져 있다.

그림 9 **디자인씽킹의 7단계**[30]

디자인씽킹의 본질은 제품 외양이나 개발에만 디자인적 사고방식과 프로세스를 적용하는 것이 아니라 기획과 마케팅의 전 과정에 걸쳐서 디자이너적인 감수성과 창의적인 작업 프로세스를 이용하라는 것이다.

여기서 첫 단계의 공감이라는 말은 우리말로는 감정을 공유한다는 의미가 강해서 고객과 비슷한 감정을 느끼는 것으로 생각하기도 한다. 다시 말해서 고객 문제 해결에서 생각이 시작되어야 함을 강조하고 있는 것이다.

영어의 엠퍼사이즈(empathize)는 사전적으로 다른 사람의 감정들을 이해하고 공유(understand and share the feelings of another)하는 것으로 되어 있다. 그만큼 필자는 이해가 우선이라는 것을 강조하고 싶다. 단순히 감정을 공유하는 것이 아니라 그 감정의 깊은 바닥에 어떤 욕망이나 필요가 숨어있는지를 찾고자 하는 것이기 때문이다.

디자인씽킹 방법에서는 공감 단계 기술로 경험, 관찰, 그리고 인터뷰를 들고 있다. 사람들의 실제 행위를 관찰해 보고 필요하면 직접 체험을 하고 그리고 면담을 해서 깊은 속을 찾아내기를 제안하고 있다. 단순히 물어봐서 고객이 원한 다고 하는 것을 해주는 일차원적 공감이 아니라 말로 못하고 있는 진짜 필요를 찾아야 한다는 것이다. 미행(shadowing)을 하거나, 미스터리 쇼핑을 하거나 행동 사진을 찍는 등 숨은 동기를 찾아내는 작업을 하는 것이다. 고객 본인도 깨닫지 못하고 있는 원인과 이유를 찾는 데 그 목적이 있다.

비유적으로 얘기하자면 우는 애한테 너 왜 우느냐고 다그쳐서는 대답이 제대 로 나올 리가 없다는 원리와 일맥상통한다. 자세히 관찰을 하고 감정을 살리는 대화를 통해서 왜 그러는지 이유를 찾아내고자 하는 것이다. 이 서비스를 쓰겠 냐고 물어보거나, 얼마면 쓰겠냐고 물어보는 것이 아니라, 지금 어떤 고충을 겪 고 있는지, 그 고충 때문에 소비되는 것이 무엇이 있는지를 관찰과 경험에 의해 서 찾아내고자 하는 것이다. 그래서 관찰, 경험, 그리고 인터뷰의 순서로 공감단 계를 실시하는 것을 제안한다.

관찰, 경험, 인터뷰를 통해서 얻게 되는 정보를 [그림 10]과 같이 분류를 해 보는 것을 공감지도라고 한다. 사람들이 말하는 것과 행동이 다르고, 또 생각이 다르고 감정이 다를 수 있다는 점에 착안한 다이어그래밍 방법이다.

[그림 10]에서는 아주 귀찮은 일인 쓰레기 버리기를 예제로 공감지도를 그렸 다. 사람들은 말로는 쓰레기를 잘 버린다고 하고 공공질서를 잘 지킨다고 하지 만 속으로는 내 책임이 아니라고 생각한다. 그러면서 밤에 몰래 버리기도 한다. 여 기서 어떤 것을 잡아내서 쓰레기 버리기를 도와주는 IT서비스를 만들 것인가?

공감지도에는 필요에 또는 상황에 따라서 들은 것, 본 것, 그리고 아픈 곳, 목 표 등을 추가해서 그리기도 한다.

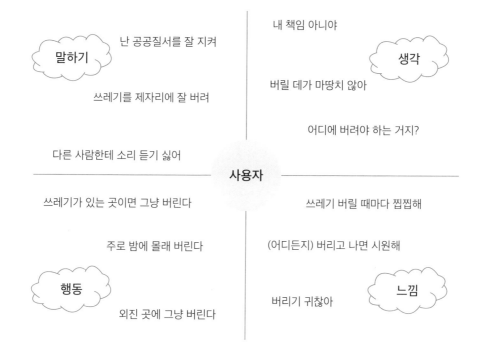

그림 10 **공감지도**

말하기
난 공공질서를 잘 지켜
쓰레기를 제자리에 잘 버려

생각
내 책임 아니야
버릴 데가 마땅치 않아
어디에 버려야 하는 거지?

다른 사람한테 소리 듣기 싫어

사용자

쓰레기가 있는 곳이면 그냥 버린다
주로 밤에 몰래 버린다

쓰레기 버릴 때마다 찝찝해
(어디든지) 버리고 나면 시원해

행동
외진 곳에 그냥 버린다

느낌
버리기 귀찮아

두 번째 정의하는 단계에서는 공감을 통해서 얻은 통찰을 바탕으로 진짜 문제를 정의한다. 퍼소나와 여정지도가 이 단계에서 작성되고 고객의 페인포인트를 이때 찾아낸다. 세 번째 아이디어 도출 단계에서는 가능성과 상관없이 상상력을 최대한 동원하여 자유롭게 해결방안들을 찾아본다. 고객의 페인포인트 개선을 중심으로 여러 사람들이 아이디어를 제시하고 발전시킨다. 브레인스토밍, 브레인라이팅 등의 테크닉들을 활용한다.

네 번째의 프로토타입 단계에서는 새로운 아이디어에 근거하여 서비스 시나리오를 만들어 보고 간단한 프로토타입을 만들어 아이디어를 구체화해본다. 다섯 번째의 시험 단계에서는 프로토타입에 대한 고객의 피드백을 바탕으로 프로토타입을 개선해본다. 이 과정에서는 반복적인 개선과 재시험을 통해서 문제점을 개선하고 완성도를 높인다. 여기서는 첫 번째 단계인 공감을 주로 다루었고 나머지 단계들은 뒤에서 다시 상세히 설명한다.

사례: 에어비앤비

에어비앤비는 2008년에 브라이언 체스키, 조 게비아, 나닉호사이안 세 창업자에 의해 시작되었으며 처음에는 자기들의 거실에 에어베드를 펴놓고 실험적으로 손님을 받았던 것으로 알려져 있다. 초기에 주당 수익이 200달러에 머물렀던 시절이 있었다.

그림 11 에어비앤비의 2008년도 초기 웹사이트

초기에 [그림 11]처럼 웹사이트를 만들어 놓고 생각보다 고객 모집이 잘 안되자 창업자들은 고객과 공감하기 위해 각 지역을 여행하면서 에어비앤비에 머

이제는 IT서비스 기획이다

물러 보았다. 결과적으로 숙소의 정보 품질이 안 좋은 것이 큰 약점으로 나타났다. 고품질 카메라에 투자하고, 여행 관찰을 기반으로 사용자가 원하는 것을 사진에 담아냈다. 몇 개의 방이 아니라 모든 방을 보여주고, 특별한 시설이 있는 경우에는 그것을 설명에 넣고, 거주지 주변이나 근처 지역을 강조했다. 일주일 후, 에어비앤비의 수익이 두 배로 증가했다. [그림 12]와 같은 지금 에어비앤비 사이트 구조의 기본이 그때 완성된 것이다.

고객층을 확대하기 위한 노력을 하는 대신 에어비앤비는 기존 사용자들이 서비스를 활용하지 않는 이유를 파악하기 위해 디자인씽킹의 첫 번째 공감의 단계로서 실제로 같이 경험을 해보는 방법을 활용했다. 실제 사용자의 입장에서 경험을 해본 것이다. 사용자의 입장에서 비즈니스 문제를 해결해야 한다는 디자인 씽킹의 적용사례이다.

그림 12 에어비앤비의 현재 웹사이트

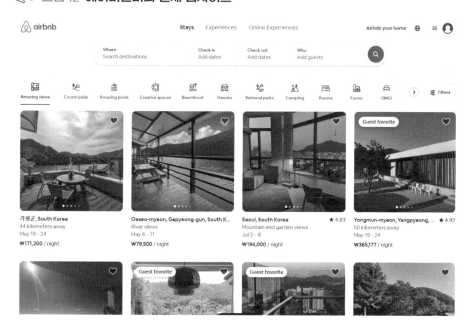

토스

토스의 경우도 실제 고객과의 공감을 통해서 서비스를 찾아낸 유명한 사례이다. 치과의사 출신인 토스 창업자 이승건 대표는 2010년부터 시작해서 소셜미디어 서비스 울라블라 등 여덟 번의 실패를 경험한다. 결국 남은 5명의 직원들이 무작정 밖으로 나가 사람들이 겪는 상황들을 관찰하면서 어떠한 고충들이 있는지를 하루 종일 관찰하고 들어와서 기록하도록 했다고 한다. 결과적으로 100개의 서비스를 찾아냈고 그중에서 간단한 문제이지만 고객 입장에서는 중요한 계좌이체의 불편함에 초점을 맞추었다.

실제 앱을 구축하기도 전에 프로토타입[31]의 일종으로 간단한 랜딩페이지를 만들어 공지를 내어보니 며칠 사이에 수많은 사람들이 클릭하고 들어와 반응을 보였다. 이에 힘을 얻어 앱 개발을 시작한 것이다. 시대에 걸맞지 않게 불편했던 인터넷송금 앱을 간편하게 만든다는 목표로 새로이 창업을 해서 성공했다.[32] 수많은 은행과 금융기관들이 못 찾아냈던 페인포인트를 찾아낸 것이다. 이제는 날카롭게 파고 들었던 송금을 중심으로 해서 여러가지 서비스로 영역을 넓히고 있다. 문제를 찾으면 답은 의외로 쉽게 나온다.

2.4 시장은 개척하는 게 아니라 우선 침투하는 것이다

만약 세계를 구하기 위해 1시간밖에 없다면, 나는 55분 동안 문제를
정의하고 단 5분 동안에만 해결책을 찾겠다.

– 알버트 아인슈타인

IT서비스를 창업하는 많은 창업자들은 새로운 시장을 개척한다는 야망을 가지기 쉽다. 새로운 아이디어이니 새로운 시장이라고 생각하기 쉬운 것이다. 하지만 새로운 기술로 새로운 서비스를 개발하는 것이라서 현재 해당 서비스를 쓰

는 시장이 아예 없다면, 그 시장의 개척은 노력이 무척 많이 든다. 전등이 없는 가스등 시절에 전구를 개발한 에디슨의 경우를 생각해 보자. 전구를 쓰는 인프라를 구축하기 위해 얼마나 많은 노력과 자본이 들었을까?

시장 개척과 시장 침투가 어떻게 다른가?

IT서비스의 경우 경험해보지 못한 새로운 서비스를 개발한다는 자부심에 눈이 가려지는 경우가 많다. 신기술 시장의 개척에는 연구, 개발 및 마케팅에 상당한 투자가 필요하다. 더 높은 보상과 장기적인 성장 기회의 가능성이 있고 경쟁자가 없으나 감수해야 할 위험의 수위가 높으며 대형의 투자를 필요로 한다. 익숙하지 않은 문화, 사회, 경제적 요인에 직면할 수도 있고 새로운 시장에서의 존재감 확보를 위하여 막대한 자원을 투여할 수밖에 없다.

따라서 시장 침투 전략이 창업 초기에는 유리하다. 내가 개발하는 것이 새로운 아이디어이고 세상에 없던 서비스를 개발한다는 생각은 일찌감치 접거나 마음속에 묻어두었다 훗날을 기약하자. 현재 시장에 있는 고객들의 페인포인트를 찾아서 그들이 지불하고 있는 비용을 가져오는 것이 초기 매출과 바로 직결된다. 환상적인 서비스는 훗날 생존이 확실해진 다음의 얘기이다.

시장 침투는 현재 시장에서 경쟁 제품이나 서비스에 돈을 쓰고 있는 고객들을 대상으로 나의 제품이나 서비스로 대체시키는 것을 가리킨다. 돈을 쓰고 있거나 다른 자원을 투자하고 있는 문제를 쉽게 해결할 수 있도록 해준다. 새로운 기술이라서 선례가 없다, 새로 시장을 만들어 내야 한다는 얘기는 많은 경우 사실이 아니다. 새로운 시장을 만들어 낸 것과 같은 획기적인 변화를 이루어 냈던 전구도 등잔의 시장에 침투했고, 자동차도 마차의 시장에 침투했다. 침투를 목표로 하면 시장 개발보다는 투자가 적게 들고 리스크가 낮다. 기존의 시장에 들어가는 것이니 과거 고객의 경험을 살려서 마케팅을 할 수 있다. 빨리 신속하게 규모의 경제를 달성하고 수익성을 높일 수 있다.

시장의 규모를 어떻게 예측하는가

아이디어가 확정되면 이제 시장규모를 예측해야 한다. 스타트업 분야에서 많이 쓰이는 시장 규모 추정 방법론은 스티브 블랭크가 제시한 전체시장, 유효시장, 그리고 수익시장으로 분류해서 추정하는 방법이다.[33]

전체 시장은 영어로 total addressable market이라고 해서 TAM이라는 약자를 쓴다. 유효 시장은 service available market이라고 하고 SAM이라는 약자를 쓴다. 수익 시장은 service obtainable market이라고 하고 SOM이라고 쓴다. 그래서 흔히 '탬쌤쏨'이라고 말한다.

전체 시장 규모를 추산하는 것이 탬이고, 그 안에서 경쟁 환경을 감안해서 새로운 비즈니스 모델이 작동될 만한 시장의 규모를 추산하는 것이 쌤, 그 다음에 실제로 당장 1년이나 6개월 정도의 단기간에 이루어 낼 수 있는 목표시장이 쏨이다.

☞ 그림 13 **TAM, SAM, SOM의 관계도**

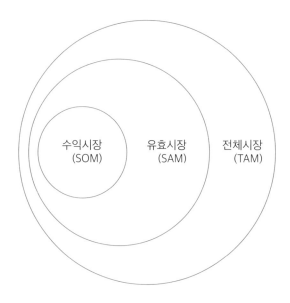

이제는 IT서비스 기획이다

MZ세대 맞춤형 올리브영 전용 기초 스킨케어 화장품

TAM: 2조원

[가설] 23년 국내 뷰티 구매 가능 인구 2,500만 명

[가설] 23년 국내 뷰티 올리브영 점유율 40%

평균 구매당 단가 200,000원

2,500만 명 * 40% * 200,000원 = 2조

SAM: 5천억원

[가설] 23년 국내 올리브영 구매 인구 1,000만 명

[가설] 23년 올리브영 기초 스킨케어 구매 점유율 50%

평균 구매당 단가 100,000원

1,000만 명 * 50% * 100,000원 = 5,000억 원

SOM: 350억원

[가설] 23년 올리브영 기초 스킨케어 구매 인구 500만 명

[가설] 23년 올리브영 내 MZ 세대 비율 70%

고객당 6개월내 1회 구매 금액 추정 10,000원

500만 명 * 70% * 10,000원 = 350억 원

탬에 대한 조사는 주로 통계청, 연구소 자료 등을 구글링을 통해 조사한다. 쌤은 탬 대비 시장의 비율로 추정하거나, 현존하는 경쟁사의 현황을 참고한다. 유사 서비스의 시장 점유율을 바탕으로 역산을 하기도 한다. 쏨은 앞으로 적절한 단기간을 산정하고 그 안에 확보한 1차 시장 점유를 추정한다. 고객 수나 판매량 등 근거가 있는 정량적 데이터를 기반으로 최대한 정확하게 추산을 한다.

[간단한 예시] 당근

TAM: 커뮤니티 모임 등 지역 기반 다른 서비스들

SAM: 중고 직거래를 하길 원하는 사람

SOM: 판교 테크노밸리에서 물품 교환 및 직거래를 하길 원하는 사람

당근은 현재 대한민국 중고 거래 플랫폼으로 자리 잡았다. 처음 시작했을 때는 '판교장터'라는 이름으로 한정된 시장인 판교 테크노벨리에서 출발했고, 이후 판교에서 분당으로 확장하면서 넓히기 시작했으며, 이제는 전 국민을 대상으로 서비스를 하고 있다. 탬으로 확장하는 측면으로는 서비스의 범위를 중고거래를 넘어서 지역기반 서비스 쪽으로 확장하고 있다. 그래서 명칭도 당근마켓에서 당근(당신근처)으로 변경을 했다.

[간단한 예시] 토스

TAM: 은행 포함, 보험 등 금융거래 하는 사람들
SAM: 송금 등 은행서비스를 이용하는 사람들
SOM: 공인인증서 없이 송금을 간편하게 하고 싶은 iOS 유저들

이제 토스는 은행, 보험, 주식 등 금융거래들을 모바일에서 하나의 앱으로 통합한 슈퍼앱이다. 처음 시작할 때는 공인인증서 없이 송금을 간편하게 하고싶은 IOS 유저들을 핵심 유저로 바이럴을 했다. 초기에는 시스템이 정비가 되지 않아서, 사용자가 송금 신청을 하면 토스 대표가 중간에서 받아서 다시 직접 송금을 해주는 수기형 서비스를 한 시절도 있었다. 쏨 시장의 장악을 하기 위한 일종의 가짜 시스템이었던 것이다. 이후 시스템을 안정화시켜서 쏨 시장을 확보하고, 이후 다른 은행서비스로 쨈을 확보하였다. 지금은 은행을 넘어서 탬시장을 공략하고 있다.

쏨이 중요한 이유는 스타트업이 시작할 때 앞서 언급한 죽음의 계곡을 넘어가게 해주기 때문이다. 토스의 경우도 금융기관의 송금서비스 고객들이 힘들어하는 페인포인트를 해결하여 그들을 일차 고객으로 만들어 흡수했다. 배달의 민족도 없는 시장을 만들어 낸 것이 아니다. 동네 중국집에서 이미 배달원들을 고용하여 배달을 하고 있었고 여러 패스트푸드점들에서도 배달원을 고용하여 배달하고 있었다. 단지 고객의 입장에서 전화를 하고 기다리고 출발했는지를 알

수 없다는 페인포인트에 착안해서 이를 해결한 것이 애초에 쏨에 작용한 모델이다. 세탁특공대는 동네세탁소 시장에 침투한 것이고 카카오택시는 기존의 택시 산업에 침투한 것이다.

새로운 시장을 개척하는 것이 아니라 이미 고객이 노동이나 금액이나 또는 시간의 어떤 형태로든 무언가를 지불하고 있는 시장을 찾는 것이 일차적으로 쏨을 추산하는 목적이다. 우선 새로운 비즈니스 모델의 운영을 궤도에 올려 놓고 나서 쌤과 탬을 공략하는 단계적 접근이 스타트업의 일반적인 성공전략인 것이다.

사례: 원모먼트

원모먼트는 2015년 8월에 시작한 꽃배달 IT서비스이다. 꽃집들은 이미 성황이었고 동네마다 꽃집에서 전화로 배달해주는 서비스를 다 하고 있었다. 원모먼트가 착안한 대상은 기념일을 잊고 있는 남자들을 대상으로 급하게 주문을 받아서 신속하게 배달하는 것이었다. 이미 있는 시장에서 무시되고 있던 남성들의 페인포인트를 잡은 것이다. 고객이 여자친구나 배우자한테 혼날 것을 몇 만원에 방지해 주고 있다. 여성들이 주 고객인 꽃시장에서 남성을 공략한 것이다.

사실은 창업자가 다른 사업을 하는 도중에 있었던 여자친구와의 경험을 살려서 피벗을 했다고 한다. 월말 마감과 출장이 겹쳐 기념일을 잊고 있었는데 그 시간 안에 좋아할 만한 디자인이 된 꽃다발을 배달해줄 곳이 없었다고 한다. 결국 못 고르고 출장을 갔고 출장 후 엄청나게 다투었다고 한다. 자꾸 기념일을 잊는 남성이 많다는 점에 착안을 해서 주문에서 배달까지 한 시간을 목표로 한 서비스를 출시했다. 이제는 꽃다발, 꽃바구니, 디저트, 화병 등으로 시장을 넓혔고 행복을 전한다는 캐치프레이즈를 걸고 부모님, 승진 축하 등으로 시장을 넓혔다. 누적 고객 5만 명을 넘었고, 연매출 10억 원에 이른다. 재구매율도 50%에 이른다. 시장을 침투해서 기반을 확보한 후에 이제 시장 개척과 확대를 도모하고 있다.

사례: 꾸까

비슷한 시기에 창업한 다른 꽃배달 서비스도 유사한 사례다. 꾸까라는 스타트업인데 꾸까는 핀란드어로 꽃이라는 뜻이다. 온라인으로 꽃을 주문하면 전국 어디든 배송해주는 플랫폼이다. 꽃배달 서비스 중에서 처음으로 전국을 대상으로 하는 서비스였다. 편의점이나 세탁소처럼 동네 장사였던 꽃배달시장을 전국망으로 수평적 확장을 한 것이다.

또 국내에 처음으로 정기구독을 도입했다. 고객은 꽃의 크기와 배송 간격을 정해 전문가가 만든 꽃다발을 주기적으로 받아볼 수 있다. 시즌마다 편차가 있지만 매달 약 4~5만 개의 꽃다발이 배달되고 있고 반 정도가 정기구독이다. 특이한 점은 수직적 통합도 이루고 있다는 점이다. 이제는 생화 전문 브랜드 꾸까 외에 드라이플라워 브랜드 하우투드라이꾸까, 꽃꽂이 강좌인 꾸까키친까지 사업을 확장하고 있다.

사례: 자라다 남아미술연구소

문제를 파고들어 작은 시장을 목표로 해서 성공한 다른 사례로는 자라다 남아미술연구소가 있다. 미술학원 프랜차이즈이다.[34] 최민준 창업자는 디자인 전공을 하고 미술교육 관련 회사에 취업하려 했으나 이 분야는 여성이 절대 다수를 차지하는 분야라서 취업이 쉽지 않았다. 그러던 와중 아동 미술시장에서 남자 아동들이 제대로 배우고 있지 못함을 찾아냈다. 당시의 미술시장이 남아들의 특성을 살려주지 못하고 있었다. 남아들이 미술학원에서는 자신감을 발휘하기 힘든 상황이었다.

남아에게 자신감을 부여해주는 데에 미술이 기여를 할 수 있다는 생각을 가지고 만들기와 목공, 그림 그리기 등 다양한 활동을 개발했다. 처음에는 개인 방문 미술교육으로 시작했다가 수요가 늘어나자 미술 심리치료를 배우던 지인과 그 후배 4명과 함께 교습소를 열었다 2011년 창업을 하고 2012년 프랜차이즈를 시작하였다. 미술학원에 이미 다니고 있던 남아들의 시장을 별도로 만들어 기존 시장에 침투한 것이다.

이제는 IT서비스 기획이다

2.5 고객 그룹들의 퍼소나를 생성한다

"고객 퍼소나가 상세하지 않으면, 지도 없이 헤매는 것과 같다"

- UX 디자인계의 격언 (출처 미상)

IT서비스 기획의 상부 과정은 고객 개발과 관련이 있다

👉 **그림 14 IT서비스 기획의 상부 과정들**

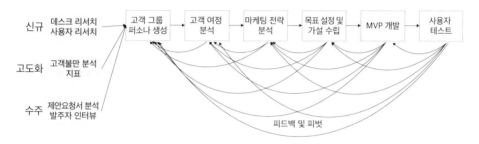

경험, 관찰, 인터뷰를 활용하여 고객의 상태를 이해하고 공감을 했다면 이제 문제의 정의를 좀더 상세하게 하여 비즈니스 모델로 연결시켜야 한다. 관찰, 경험, 인터뷰를 통해서 가상 고객이 겪고 있는 문제를 찾아내서 적절한 사이즈의 문제로 줄였다. 이제 추상적으로만 정의된 타겟 고객 그룹을 실제 비즈니스 모델에 명기할 수 있을 만큼 명쾌하게 정의를 내려야 한다. 이 단계에서 퍼소나의 개념이 등장한다.

퍼소나로 고객을 구분하고 특정하자

'퍼소나'라는 용어는 그리스어에서 기인했으며, 원래는 그리스 연극에서 쓰이던 얼굴을 가리는 마스크를 가리킨다. 단순히 얼굴을 가리는 것이 아니라 특정 감정을 표현하고 있는 모습이다. 이후 라틴어와 섞이면서 사람(Person)/인격, 성격(personality)으로 의미가 바뀌었다. 심리학에서는 사람들이 이미지 관리를 위해 대외적으로 보여주는 모습을 의미한다. 마케팅에서도 브랜드 이미지 설정을 위한 중요한 도구로 쓰인다. 구매자 퍼소나 연구소를 운영하는 아델 레벨라 (Adele Revella)는 퍼소나를 '실제 구매자와 직접 인터뷰한 내용을 바탕으로 당신이 마케팅하는 류의 제품을 사거나, 살지도 모르는 실존 인물의 몽타주'라고 정의하고 있다.[35]

그림 15 퍼소나를 나타내는 가면과 탈

IT서비스 기획/UX디자인에서는 개발할 프로덕트를 사용할 고객을 예상해 퍼소나를 설정한다. 퍼소나는 목표고객그룹 중에서 실제 사용자를 가정하고 만든 프로필이다. 이름 성별, 나이 직업 등을 구체적으로 명시하고 기획과 디자인에서 필요한 캐릭터의 요소들을 설정한다. 퍼소나는 하나가 아니라 여럿이다. 정확하게 말하자면 목표고객그룹은 퍼소나들이 그룹 안에서 여러 모음이 되는 것이 이상적이다.

그러나 퍼소나 몇 개가 전체 고객을 대변한다는 착각을 하면 안 된다. 또한 침여자들끼리 서로 나르게 주관적으로 해석할 여지가 있음을 항상 감안해야 한다. 퍼소나의 용도는 프로덕트를 사용해서 어떤 가치를 얻으려고 하는지 이해하고 그 가치를 각각 추구하는 사용자 그룹들을 인지하는 것이다.

퍼소나를 7 단계로 찾아낸다

여기서는 앨런 쿠퍼와 로버트 라이맨이 제시한 퍼소나를 만드는 과정을 요약해서 소개한다.[36] 쿠퍼와 라이맨은 이를 목표 지향적 디자인(goal-directed design)이라고 칭하고, 사용자를 깊이 이해하기 위해 가상의 퍼소나를 만들어내는 데 중점을 두었다. 여기서의 퍼소나들은 일반적인 표현을 넘어서 개별적인 특정 속성, 필요성 및 목표를 갖춘 독특한 캐릭터로서 구체적으로 기술이 되어야 한다. 이렇게 자세한 퍼소나 도출의 과정을 통해서 디자이너는 사용자와 감정을 공유하고, 요구를 충족시키기 위해 디자인을 할 수 있다.

목표 지향적 디자인의 핵심은 사용자의 목표와 동기에 집중하는 데 있다. 기능을 개발하기 전에, 사용자가 무엇을 달성하려고 하는지, 어떤 장애물을 마주치는지를 이해하는 데 중점을 둔다. 사용자 중심의 디자인 프로세스를 진행하면서, 모든 결정은 사용자의 요구를 충족시키고 사용자 경험을 향상시키기 위해 이루어진다. 그리고 상세하게는 다음의 7단계로 구분을 하고 있다.

1. 변수수집
2. 변수에 참여자 배치 (행동패턴 탐색)
3. 유사 사용자 그룹화
4. 그룹별로 퍼소나 성격 구체화
5. 중복이나 누락 검사
6. 퍼소나를 글로 정리
7. 퍼소나의 종류 분류: 주 퍼소나, 보조 퍼소나 등

1단계에서는 인터뷰에 참여한 사람들의 행동과 관련된 변수들을 수집한다. 인터뷰 내용을 분석하여 아래와 같은 변수들을 모아서 정리한다.

- 활동: 사용자가 어떤 행동을 하는가? 얼마나 자주, 얼마나 많이 하는가?
- 태도: 사용자가 프로덕트의 기술과 전문 영역에 대해 어떻게 생각하는가?
- 적성: 사용자가 어떤 교육을 받았는가?
  프로덕트 이해 능력은 얼마나 되는가?
- 동기: 프로덕트의 전문 영역에 발을 들인 이유가 무엇인가?
- 기술: 프로덕트의 기술 및 영역과 관련된 사용자의 능력과 기술은 무엇인가?

[그림 16]은 패키지 여행 비교 사이트인 트립스토어 서비스의 UX 개선을 위해 실시한 사용자 리서치에서 가지고 왔다. 서비스 사용자들의 행동패턴을 찾아내기 위해서 우선 왼쪽에 명시된 행동변수들을 인터뷰를 통해서 찾아냈고 각 변수들의 정도를 측정했다. 그림의 번호는 6명의 사용자를 구별하기 위한 번호이다.

3단계에서는 유사하게 그룹을 이루는 사용자들을 찾아낸다. 그룹의 패턴이 유효하려면 묶어주는 변수들 사이에 논리적이거나 인과적인 연결이 있어야 한다. 예를 들어 CD를 구매하는 사람들이 MP3 파일을 다운로드하는 경향이 있다는 것은 논리적 연결이 있다. 하지만 CD 구매자들이 채식주의자라고 하는 것은 논리적인 연결이 없어서 퍼소나의 기반으로 활용하기는 어렵다.

위의 사례의 경우 동행인 규모와 선호 여행스타일은 다른 변수들과의 연계성이 낮은 것으로 보여 일단 활용 변수 목록에서 제외하였다. 나머지 변수들에서 사용자들의 그룹을 보니 크게 1, 2, 5와 3, 4, 6 두 그룹으로 나뉘었다. 그리고 이 두 그룹을 명확하게 구분하는 주요 특질은 IT매체의 숙련도와 여행의 주도성 두 가지로 나타났다.

1, 2, 5 그룹은 나이가 많고 비슷한 연령대끼리 여행을 하는데 IT매체 활용 능력이 높지 않아 여러 가지를 검색하지 않고 주도적 인물의 리드를 따른다. 반면에 3, 4, 6 그룹은 비교적 젊고 서로 나이차가 많이 나는 그룹으로서 IT매체 활용 능력이 높아서 검색도 많이 하고 주관이 뚜렷해 지속적으로 합의하면서 여행을 한다.

☝ 그림 16 사용자 특질의 정의 및 측정(트립스토어 개방된 자료[37] 활용 재구성)

특질	좌측	우측
상품 탐색 시 IT매체 활용 능력	미숙	능숙
연령대	나이가 많다	어리다
함께 가는 동행인의 연령대	비슷한 연령대	다른 연령대
동행인과 의견 조율 방식	한쪽의 의견을 따른다	합의점 찾기
동행인의 규모	소규모	대규모
선호하는 여행 스타일	휴식하는 여행	활동적인 여행
패키지 상품 탐색 구매 빈도	적다	많다
주도성	다른 사람이	자신이 주도
추가적인 상품 정보 탐색	주어진 정보만	추가 정보 찾기
상품 간 비교 성향	별로 안 함	여러 상품 비교
사용하는 플랫폼의 개수	특정 플랫폼만	다양한 플랫폼
여행 기록 작성 시점	다녀와서 한번에	실시간으로 기록

그림 17 **변수와 참여자들의 관계도**

변수	(좌측)	척도	(우측)
상품 탐색 시 IT매체 활용 능력	미숙	5 1 2 3 6 4	능숙
연령대	나이가 많다	6 5 5 2 3 1	어리다
함께 가는 동행인의 연령대	비슷한 연령대	2 5 6 4 3 4	다른 연령대
동행인과 의견 조율 방식	한쪽의 의견을 따른다	1 5 3 6 2 4	합의점 찾기
동행인의 규모	소규모	1 3 6 5 2 4	대규모
선호하는 여행 스타일	휴식하는 여행	1 6 3 4 2 5	활동적인 여행
패키지 상품 탐색 구매 빈도	적다	5 1 2 3 6 4	많다
주도성	다른 사람이	5 1 2 3 6 4	자신이 주도
추가적인 상품 정보 탐색	주어진 정보만	2 5 3 6 4	추가 정보 찾기
상품 간 비교 성향	별로 안 함	1 5 2 3 6 4	여러 상품 비교
사용하는 플랫폼의 개수	특정 플랫폼만	2 6 5 1 4 3	다양한 플랫폼
여행 기록 작성 시점	다녀와서 한번에	2 6 5 4 3	실시간으로 기록

4단계에서는 나타난 특성들을 종합하여 퍼소나의 성격이나 배경을 구체화한다. 이를 위해서는 사용자가 프로덕트를 활용하는 맥락을 아래 예시들을 중심으로 구성한다.

- 행동 자체(활동과 그 뒤에 숨은 동기)
- 사용 환경
- 현재 상황에서 겪는 좌절과 어려움
- 행동에 관한 스킬, 경험, 역량
- 행동에 관련된 인구 통계
- 행동에 관련한 태도와 감정
- 다른 사람, 프로덕트, 서비스와의 관련 상호작용

이제 이러한 행동패턴이 왜 나오는지 해당 퍼소나가 가지고 있는 목적을 찾아낸다. 당해 프로덕트와 관련된 목적이어야 한다. 건강하고 싶다거나 성공하고 싶다와 같은 너무 일반적인 목표는 퍼소나를 분석하는 데에 있어서 큰 의미가 없다.

5단계에서는 중복이나 누락이 있는지 확인한다. 필요하면 추가 리서치를 진행한다. 인구 통계가 조금 다른데 퍼소나의 다른 변수들이 비슷하다면 합치든지, 아니면 명확히 구분되는 특성을 추가한다.

6단계는 정리이다. 행동 패턴과 주요 특징을 중심으로 각각의 퍼소나를 글로 풀어 설명한다. 퍼소나의 목표, 태도, 필요성, 상황들을 상세하게 설명한다. 생생한 퍼소나를 만들기 위한 과정이다.

7단계에서는 최종적으로 퍼소나의 종류를 결정한다. 다양한 퍼소나가 정의되면 아래와 분류를 활용하여 퍼소나들을 분류한다. 이 목록이 절대적이거나 또한 모든 종류가 다 있어야 되는 것은 아니다.

- 주 퍼소나: 대상이 되는 가장 중요한 집단, 핵심 사용자
- 보조 퍼소나: 주 퍼소나와 비슷하지만 추가적인 필요가 있는 퍼소나
- 추가 퍼소나: 주와 보조 퍼소나 이외 추가적인 요소를 필요로 하는 퍼소나

- 구매자 퍼소나: 사용자와 구매자가 다른 경우 구매결정을 하는 퍼소나
  (예: 육아용품을 구매하는 부모)
- 손님 퍼소나: 프로덕트를 직접 사용하지 않지만 영향/서비스를 받는 퍼소나
  (예: 방사선 치료를 받는 환자)
- 부정적 퍼소나: 프로덕트를 악의적으로 사용하는 퍼소나.
  방어적 디자인이 필요하다.

실제로 퍼소나를 작성하는 데 있어서 사진, 인적사항, 행동, 목표의 네 가지는 거의 필수적이고, 이에 추가하여 해당 프로덕트에 필요한 항목들을 자유롭게 추가해서 작성한다. 퍼소나는 주로 기획단계에서 모델로 쓰기 위해서 작성되지만 서비스가 출시가 된 후에 작성되기도 한다. 예를 들어서 부정적 퍼소나 같은 경우에는 서비스에 대한 불만을 많이 토로하거나 탈퇴를 하는 인원들의 인구통계나 탈퇴하는 원인들을 분석해서 작성하기도 한다.

👉 표 2 퍼소나 예시(음식배달 서비스 관련)

• 퍼소나 정의
– 바쁜 업무와의 균형을 맞추며 효율적인 라이프스타일 유지
– 다양한 맛을 경험하면서도 저렴하게 식사하고 싶어함.
– 업무로 인한 스트레스와 피곤함, 시간 부족으로 집중력 감소
– 가성비 좋은 음식을 찾는데 어려움, 배달 시간이 길어질 경우
  불편함을 느낌.

• 프로필
– 이름: 최지연
– 나이: 24세
– 성별: 여성
– 직업: 신입 사무직
– 소득수준: 저소득
– 거주지: 아파트
– 취미: 영화 감상, 음악
        스트리밍, 요가

• 사용자 시나리오
최지연은 대도시에서 신입 사무직으로 근무하며 바쁜 업무와 일상에 휴식이 부족한 24세의 여성. 음식배달이 편리한 해결책. 목표는 바쁜 업무와 일상에서도 효율적으로 맛있는 다양한 음식을 즐기며, 집에서도 편안한 시간을 보내는 것임. 저소득이지만 음식 경험에 관심이 많고, 친구들과 특별한 순간을 즐김. 소셜 미디어와 음식 블로그를 활발히 이용하여 음식 정보를 얻는 경향이 있음. 할인과 이벤트에 민감하게 반응하여 경제적인 주문을 선호. 음식 다양성을 즐기고, 소셜 미디어를 통해 신메뉴와 음식 리뷰를 주시함.

• 생활 스타일
일상적으로 야근이 잦아 시간이 부족, 휴일에는 외식과 문화 활동 즐김

• 구매 결정 과정
할인과 이벤트에 민감하게 반응하며, 리뷰를 통해 안정감 있는 식당과 메뉴를 찾음

• 소통 채널
인스타그램, 페이스북, 음식 블로그, 음식과 관련된 소식을 주로 검색

• 특별한 경우의 주문
– 상황: 주말이나 특별한 날에는 친구들과의 소규모 모임이 예상됨
– 목표: 맛있는 음식을 경험하면서 특별한 날을 기념하고 싶어함
– 행동: 음식배달 앱에서 이벤트나 특별 할인 정보를 확인하고,
        친구들의 의견을 수렴하여 공동 주문을 진행

고객의 요구를 진정으로 충족시키는 경험을 디자인하려면
먼저 그들의 여정을 이해해야 한다.

- 아네트 프란츠(CEO, CX Journey)[39]

디자인씽킹에서는 퍼소나를 작성한 후에 해당 퍼소나의 여정을 매핑해 보도록 추천하고 있다. 고객의 여정 매핑은 사실 디자인씽킹 이전의 마케팅 이론에도 등장한다. 사용자경험(User eXperience) 자체가 사실 그 이전에 서비스 마케팅분야에서 개발되어 사용되어온 고객경험(Customer eXperience)에서 유래했다. 마케팅에서 쓰이던 CX개념이 컴퓨터 세상으로 진입하면서 고객이 아니라 사용자로 변환이 된 것이다.

고객 경험에 관한 분석이 더욱 더 중요해졌다

고객 경험이라는 용어는 60년대 마케팅 초기 이론에서도 흔적은 발견되지만, 공식적으로 이 용어가 쓰이기 시작한 것은 서비스 마케팅 분야에서 홀브룩과 허쉬만이 소비자 연구 저널에 논문을 발표한 1982년이라고 알려져 있다.[39]

이어서 1984년에는 시티뱅크 부사장 린 쇼스탁이 하버드 비즈니스 리뷰에 서비스 청사진[40]의 개념을 소개하면서 고객이 경험하는 서비스 프로세스를 시각적으로 그려보는 것이 서비스 마케팅의 주요한 이론으로 등장했다. 서비스 청사진은 보이지 않는 서비스를 실제로 가시화해 볼 수 있는 모델링이다. 쇼스탁은 서비스 청사진의 중요한 두 요소를 시간 흐름과 고객이 볼 수 있는 가시선의 개념으로 파악했다. 아래 예시와 같이 서비스 청사진을 그려서 서비스 프로세스를 분석할 것을 이미 40여 년 전에 제안했다.

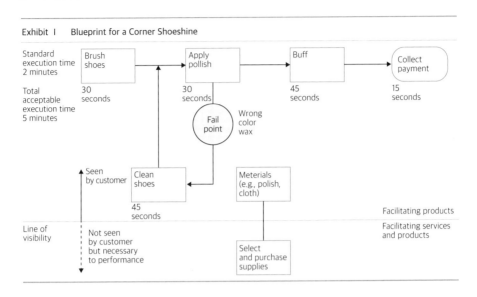

마케팅에서는 고객의 의사결정 과정에 관심이 많다. 광고업에 종사하고 있던 미국의 세인트 엘모 루이스는 1893년부터 고객의 구매는 AIDA모델을 거친다는 이론을 주창하였다. 1908년에 『Financial Advertising』이라는 책에 그 이론을 집대성해서 발표한다. AIDA는 Awareness, Interest, Desire, Action의 약자이다. 번역하자면 인지, 관심, 욕망, 행동이라고 할 수 있다[그림 19] 모래시계의 상부 참조).

마케팅은 고객들이 통과하는 모래시계처럼 생겼다

마케팅에서는 고객의 의사결정 과정에 관심이 많다. 광고업에 종사하고 있던 미국의 세인트 엘모 루이스는 1893년부터 고객의 구매는 AIDA모델을 거친다는 이론을 주창하였다. 1908년에 『Financial Advertising』이라는 책에 그 이론을 집대성해서 발표한다. AIDA는 Awareness, Interest, Desire, Action의 약자이다. 번역하자면 인지, 관심, 욕망, 행동이라고 할 수 있다[그림 19] 모래시계의 상부 참조).

고객이 상품을 사는 과정을 광고하는 사람의 입장에서 세부적으로 설명한 모델이다. 우선 상품이 있음을 인지하고, 관심을 가지고, 필요한지를 평가하여 갖고 싶다는 욕망이 발생하고, 드디어 사는 행동까지의 과정을 광고를 하는 사람들은 알고 있어야 한다고 설명한 것이다.

이러한 이론이 등장한 배경에는 당시 라디오가 등장했고 이어 텔레비전이 등장하면서 매스미디어를 활용한 광고들이 유행한 것의 영향이 있다. 상품을 인지하는 채널이 그 이전보다 훨씬 더 넓어지게 된 것이다. 이전에는 신문, 잡지,

포스터 등 영향력이 상대적으로 낮은 미디어들에 의해서 광고가 이루어졌다. 1924년에는 윌리엄 타운센드가 AIDA의 단계별로 고객의 숫자가 줄어든다는 점에 착안을 해서 이를 깔때기(funnel)라고 이름을 붙인다.[41]

하지만 이 깔때기는 고객이 상품을 구매하는 단계로 끝이 나고 그 이후에 일어나는 사건들을 포함하고 있지 않다. 후세의 마케터들은 이 깔때기를 여러가지 버전으로 변형을 시켜서 활용을 했다. 2011년에 제레미 오우양(Jeremy Owyang)이 마케팅은 구매가 일어난 이후에도 계속된다고 하여 마케팅 모래시계(hourglass) 모델[42]을 제안한다 AIDA에 Repeat, Loyal, Referral, Advocacy를 추가한 모델이다([그림 19]의 하부 참조). 번역하자면 재구매, 충성, 추천, 옹호이다.

👉 **그림 19 마케팅 모래시계**

디지털 마케팅 깔때기는 다르게 생겼다

한편 고객과 기업이 만날 수 있는 채널이 온라인으로 넓어지면서 접점들도 늘어나고 마케팅과 IT서비스 기획이 근접해가고 있다. IT서비스에서도 고객이 서비스까지 오게 되는 과정과 접촉 후 어떤 구매활동을 하는지 고객

이제는 IT서비스 기획이다

의 구매 여정지도를 면밀히 살펴보는 것이 필요한 것이다. 디지털분야에서는 AARRR(Acquisition, Activation, Revenue, Retention, Referral)[43]이 마케팅의 깔때기와 유사한 이론으로 많이 쓰이고 있다.

　　온라인에서 AARRR은 스타트업이 집중해야 할 가장 중요한 마케팅의 단계로 획득, 활성화, 유지, 수익, 추천의 5단계로 구분을 한다. 온라인에서 고객 여정을 이해하고 유입 경로를 최적화하여 실행 가능한 비즈니스 목표를 설정하는 데 쓰인다.

👉 **그림 20 AARRR: 디지털마케팅의 깔때기**

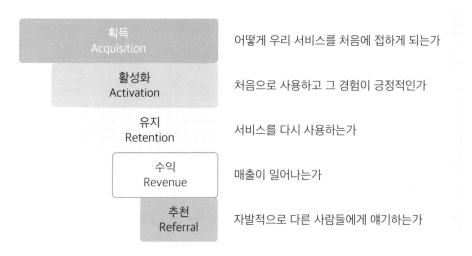

AARRR은 실리콘밸리 투자자이자 500 스타트업사의 창업자인 데이브 맥클루어가 2007년에 발표했다. 많은 스타트업 기업이 소셜 미디어에서의 '좋아요' 같은 피상적인 지표에 쉽게 현혹되지 말고 AARRR을 활용할 것을 권했다. 참고로 맥클루어는 AARRR을 해적을 위한 스타트업 지표라고 불렀는데, 이는 순전히 농담으로 AARRR의 영어발음이 해적들이 소리치는 "아악~"처럼 발음되는 것에서 생긴 별명이다. 실제로 해적 지표라고 불리기도 한다. 실제로는 각 단계별로 퍼센티지로 측정할 것을 권장하고 있다.

고객이 서비스를 겪어가는 여정을 지도로 그려서 기회를 찾자

월드 와이드 웹과 스마트폰 애플리케이션이 등장하면서, 콘텐츠 제공 플랫폼, 웹사이트, 포럼, 블로그 등 여러 군데의 디지털 터치포인트가 생겨났다. 물리적 터치포인트는 물리적으로 정해진 장소에서 고객을 기다리도록 되었다. 반면에 디지털 터치포인트는 물리적 터치포인트와는 달리 고객들이 빠른 시간 안에 터치포인트들을 거쳐 나간다. 그리고 그러한 터치포인트들을 여러가지 경로로 비교적 자유롭게 설계를 할 수 있다.

이러한 맥락에서 마케팅에서 깔때기나 모래시계의 비유를 넘어서 고객 여정 분석방법이 쓰인다. 서비스 청사진이나 깔때기가 공급자의 입장에서 서비스 프로세스를 그린 것이라면 고객여정은 고객의 입장에서의 서비스를 사용하는 경로를 그린 것이다.

고객의 행동을 중심으로 여정을 그려보고 실제 서비스의 개선이나 IT서비스 구축에 활용하는 작업이 여정지도다. 고객 여정지도에는 우선 먼저 퍼소나를 설정하고 고객의 여정을 구분할 수 있는 단계가 있어야 한다. 그리고 내용으로는 고객의 행동, 감정, 경험, 그리고 터치포인트가 있어야 한다. 개선을 위한 매핑이면 개선 과제와 해결 방안도 명시할 수 있다. 어디까지나 아이디어를 잡기 위한 프레임워크라서 필요에 따라서 그리고 맥락에 따라서 다양한 변형을 할 수 있고 요소를 추가할 수도 있다.

여정지도는 어떤 순서로 그릴까?

1. 우선 여정지도를 왜 그리는지, 그 목적과 범위를 정한다. 어떤 퍼소나를 대상으로 할 것인지, 몇 개의 퍼소나를 대상으로 몇 개를 그릴 것인지를 결정한다. [그림 21]은 음식배달 주문을 하는 사람을 대상으로 예시를 하나 그려보았다. 특정 퍼소나가 아니라 일반적으로 IT매체를 잘 쓰는 사용자를 대상으로 설정하였다.

2. 세로축은 사용자의 행동, 기분, 터치포인트, 강점, 약점, 기회의 영역으로 나눈다. 가로축은 시간이 흘러가면서 사용자가 거쳐가는 단계를 나누어서 설정한다. 예시에서는 동기부여, 검토, 확보, 종료의 순서로 정의를 하여 보았다.

3. 사용자 감정: 이제 각각의 행동을 하면서 사용자가 느끼게 될 감정이나 생각을 정리한다. 상대적으로 잘 드러나게 하기 위해서 별점과 같은 정량적 기준을 쓸 수 있으면 좋다. 예시에서는 그래프가 위로 가면 긍정적 감정 내려오면 부정적 감정으로 정리해서 꺾은 선 그래프가 표시해 보았다.

4. 터치포인트: 터치포인트는 사용자가 여정 중에 사용한 매체나 만난 사람 등을 가리킨다. 모바일에서 배너 광고를 봤다면 터치포인트는 모바일의 특정 프로그램이고 배너를 본 후에 메인페이지로 넘어갔다면 홈페이지가 터치포인트이다. 각각의 포인트에서 나타나는 감정 상태를 살펴 서비스의 과정을 평가하기 위해서 규정해 보는 것이다.

5. 강점과 약점: 다음으로는 각 터치포인트의 장점과 단점을 분석해본다. 사용자 여정에 있어서 장점으로 작용하는 기능과 단점으로 작용하는 기능을 구분해보는 것이다.

6. 기회 영역: 이제 찾은 강점을 더 강하게 키우거나, 약점을 보완할 수 있는 기회를 찾아본다. 고객의 경험을 개선할 수 있는 아이디어를 여기에 작성한다.

그림 21 **음식배달 서비스 사용자 여정지도 (예시)**

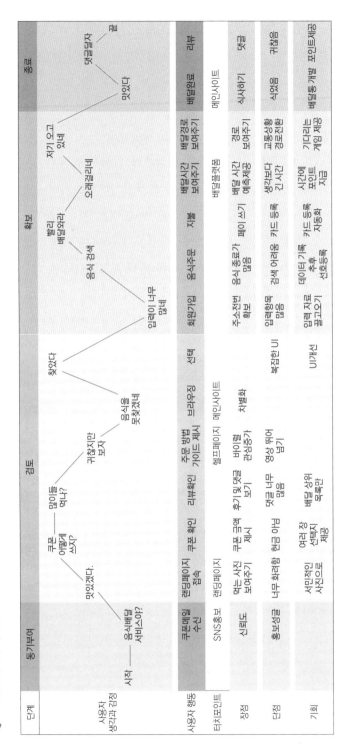

이제는 IT서비스 기획이다

3

서비스 그림이
그려졌으면
이제 전략 분석을
해보자

03

서비스 그림이 그려졌으면
이제 전략 분석을 해보자

기획을 미리 하지 않는 사람은 바로 문 앞에 어려움이 있을 것이다.

– 공자[44]

프로그래밍의 발전이 눈이 부시다. 간결하고 사용하기 쉬운 문법을 갖춘 파이썬과 같은 언어들이 차곡차곡 개발이 되면서 인기를 얻고 있다. 코드 작성, 디버깅, 테스트 등을 한곳에서 편리하게 수행할 수 있도록 지원을 해주는 비주얼 스튜디오나 이클립스 같은 통합 개발 환경도 나날이 발전하고 있다. 깃허브와 같은 오픈 소스 라이브러리들도 재사용 가능한 코드를 매일매일 추가하고 있다.

IT서비스 개발 환경이 이렇게 진화함에 따라, 다양한 전문가들의 역할이 더욱 중요해지고 복잡해졌다. 프로그래머/개발자가 주축이 되어 개발만 하면 되던 시절에서 윈도우형 시스템으로 진화하면서 사용자 경험(UX) 및 사용자 인터페이스(UI) 디자인이 중요하게 되었다. 이를 사용자 친화적으로 만들기 위해 디자이너들이 관여하게 되었다. 개발자 및 디자이너 간의 의사 소통을 중재하고 사용자 요구사항을 이해하고 프로젝트 일정을 관리하는 기획자들의 역할도 이어서 중요해진다. 이외에 운영 및 개발을 같이 하는 데브옵스(DevOps) 인원들도 필요해졌고 품질보증팀도 별도로 구성이 되고 있다.

　IT서비스의 구축에 있어서 이제는 어떤 프로젝트이건 기획자, 디자이너, 개발자가 같이 협업을 해서 시스템을 구축한다. 디자인된 인터페이스 없이 개발자는 개발을 못하고, 디자이너는 기획자가 와이어프레임을 만들어 줄 것을 요구한다. 역할들이 분화된 것이다. 기업에 따라서 조금씩 다르기는 하지만 일반적으로 기획자:디자이너:개발자의 구성 비율이 1:1:5 ~ 1:1:10[45] 사이라고 한다.

　기획자와 디자이너의 비율은 1:1이다. 개발 팀마다 최소한 기획 1명에 디자이너 1명, 그리고 이 두 사람과 협업하는 개발자는 많아야 10명이다. 이제 개발자, 디자이너, 기획자가 아주 가까이에서 같이 협업을 해서 IT서비스를 구축하는 것이 일반적인 모습이다.

　하지만 이렇게 분업화가 일어나면서 앞 단계 작업들의 중요성이 점차로 더 높아지고 있다. 아무리 좋은 것을 찾아서 서비스의 아이디어를 도출했다고 해도, 기획이 잘 되어야 디자인이 잘 되고 디자인이 잘 되어야 개발이 잘 된다. 일단 개발에 들어가면 디자인과 기획을 수정하는 것은 아주 어려운 일이 된다. 그래서 아이디어가 어느 정도 구체화가 되면 이를 확정하기 전에 전략적인 분석을 하고 나서 기획을 마무리한다. 실제 프로토타이핑을 시작하기 전에 전략적 분석을 해서 기초를 튼튼히 다지는 것이다.

3.1 서비스의 성패는 마케팅 전략에 많이 달려있다

　IT서비스 분야에서는 신기술의 도입, 빠른 기술 변화, 그리고 시장의 변화에 대한 민첩한 대응이 필요하기 때문에 방향성을 결정하는 전략 기획이 핵심적인 역할을 한다. 전략 기획이라는 용어 자체는 일반적으로는 경영전략 전체를 가리킨다. 포터의 산업구조를 규정하는 가치사슬이론이나 다섯 가지 세력 이론과 같은 기업 자체의 전략을 규정하는 이론들이 여기에 해당된다.

　　　　　　　　　　　　　　　　　　　　　　이제는 IT서비스 기획이다

IT서비스는 이러한 산업분석이나 기업분석을 통한 전략 기획보다는 마케팅 전략 기획에서 시작한다. IT서비스에서는 소비자 또는 고객 경험이 핵심이어서, 마케팅 전략 기획을 중심으로 진행하는 것이다. 스타트업이 새로운 IT서비스를 개발할 때는 당연히 기업전략보다 개발하는 특정 서비스의 마케팅 전략이 중요하다. 기존 기업이 새로운 IT서비스를 개발할 때는 해당 기업의 전략 기획은 이미 되어 있어서 기업 전략의 새로운 분석보다는 개발하는 IT서비스의 마케팅 전략 기획이 더 중요하다.

마케팅 측면에서의 서비스 포지셔닝을 위해서는 다양한 마케팅 전략 프레임워크가 있는데, IT서비스의 전략 기획에는 아래 표에서 설명하고 있는 3C, SWOT, STP, 4P/4C의 네 가지를 제일 많이 쓴다.

표 3 네 가지 마케팅 전략

	마케팅 기획의 구성 요소들	분석의 초점
고경나(3C)	고객, 경쟁사, 나의 기업 상황 (Customer, Competition, Corporation)	비즈니스 모델
강약기위 (SWOT)	강점, 약점, 기회, 위협 (Strengths, Weaknesses, Opportunities, Threats)	경쟁력
세목포(STP)	세분화, 목표시장, 포지셔닝 (Segmentation, Targeting, Positioning)	시장과 목표
제가장촉(4P)	제품, 가격, 장소, 촉진 (Product, Price, Place, Promotion)	마케팅 믹스
가비편소(4C)	가치, 비용, 편리, 소통 (Customer value, Cost, Convenience, Communication)	디지털 마케팅 믹스

3C분석: 고(객), 경(쟁자), 그리고 나를 분석한다

첫 번째 3C는 우리 말로 약자를 만들어 보자면 '고경나' 분석이다. 고객과 경쟁사, 그리고 나의 기업이 어떠한 상황에 처해있는지를 분석한다. 기업이 직면하고 있는 환경을 이해하고 비즈니스 모델을 어떻게 가지고 가야 할지 감을 잡

03 서비스 그림이 그려졌으면 이제 전략 분석을 해보자

기 위한 분석이다.

고객의 경우 어떤 니즈를 가지고 있고 무엇을 원하는지 이해하고 세분화된 고객군들을 식별한다. 고객의 선호도, 요구사항, 구매 패턴 등을 이해하여 제품이나 서비스를 개선하거나 새로운 시장을 개척할 수 있는 방안을 모색한다. 경쟁자의 경우 현재 경쟁자들을 분석하고, 각각의 강점과 약점을 파악한다. 경쟁사들의 제품, 가격, 마케팅 전략 등을 파악하여 자사의 경쟁 우위를 찾는다. 나의 기업의 경우 기업의 현재 상황과 비전을 고려하여 시장에 어찌 진입할 것인지, 그리고 강점과 약점은 어떤 것인지를 분석한다. 내부 조직의 역량, 기술적 우위, 인프라, 인력 등을 평가하여 기업의 경쟁력을 높일 수 있는 전략을 수립한다.

SWOT분석: 강(점), 약(점), 기(회), 위(협)를 분석한다.

두 번째는 SWOT인데 우리 말로 약자를 만들어 보자면 '강약기위' 분석이라고 약칭을 할 수 있다. 나의 강점과 약점, 그리고 지금 당면하고 있는 기회와 위협을 분석하는 것이다. 강점과 약점은 나의 회사에 관한 것이니 사실은 3C 중에서 나의 기업에 관한 하부 구조라고 할 수 있다. 기회와 위협은 현재의 환경과 상황에 관한 분석이다.

우선은 단순한 수준에서 강점, 약점, 기회, 위협을 찾아내고 이를 목록화 할수 있을 것이다. [표 4]는 음식배달 비즈니스에 있어서의 SWOT 분석 사례이다. X축에는 강점과 약점, Y축에는 기회와 위협을 명기하였다. 강점, 약점, 기획, 위협을 식섭적으로 분석한 것이 XY축에 설명되어 있다.

한발 더 나아가서 이 두 가지 차원을 종합해서 분석을 할 수 있다. 강점을 어떻게 기회로 활용할 것인지, 위협과 어떻게 연계할 것인지, 복합적인 전략을 해당 사분면에 간단하게 설명하였다. 또한 약점을 어떻게 기회나 위협에 활용할 것인지도 구상해볼 수 있다.

이제는 IT서비스 기획이다

표 4 **음식배달에 관한 SWOT분석 예시**

	강점(Strength) S1: 브랜드 인지도 S2: 다양한 가맹점 S3: 다양한 앱 개발 경험	약점(Weakness) W1: 높은 배달 수수료 W2: 배달원 서비스 품질 문제 W3: 배달 수수료 단일 원천 수익
기회 (Opportunity) O1: 음식 외 파트너십 확보 가능 O2: 해외 신규 시장 개척 O3: 마케팅 강화 가능	SO전략: 강점과 기회의 융합 S3+O2: 앱 개발 경험 기반 해외 진출 S2+O1: 가맹점을 통해 신규 파트너십 확보 S1+O3: 브랜드 인지도 활용 추가 마케팅	WO 전략: 약점과 기회의 융합 W1+O3: 수수료에 걸맞은 고급화 마케팅 W3+O2: 추가 파트너십에서 수수료 수입
위협(Threat) T1: 강력한 시장 경쟁 상황 T2: 식품 배달에 관한 규제와 논란 T3: 서비스 불만으로 이미지 손상	ST전략: 강점과 위협의 융합 S3+T1: 앱 개발경험으로 시장 통합앱 구현 S2+T3: 가맹점 채널로 서비스 품질 처리	WT전략: 약점과 위협의 융합 W3+T2: 단일 원천만으로 규제 대비 W2+T1: 다량 동시 배달로 시장경쟁 극복

STP분석: 세(분화), 목(표), 포(지셔닝)를 분석한다

STP는 우리말로 하자면 '세목포' 분석이다. 시장을 세분화하여 특정 목표시장을 설정하고, 해당 목표시장에서 상품이나 서비스를 가치 있게 포지셔닝하는 마케팅 전략이다. 여기서 '세목'은 '고경나'에서의 고와 관련이 있고 포는 이후 단계에서 설명할 마케팅 믹스, 4P/4C로 이어진다.

세분화는 시장을 특정 기준에 따라 나누는 단계이다. 시장을 세분화한다는 것은 사실 고객의 그룹을 나누는 것이다. 그룹을 나누는 데 보통 쓰이는 기준으로는 지리, 인구통계학, 행동/행태, 심리적 특성 등을 활용한다. 세분화 단계에서 고객군들의 퍼소나를 설정하기도 한다. 예를 들어, 음식배달 서비스에서 지역, 연령, 주거 형태 등에 따라 고객층을 세분화할 수 있다.

목표화는 세분화한 그룹 중 어떤 그룹을 목표시장으로 할지를 결정하는 단계이다. 개발하는 IT서비스의 목표와 특성을 고려하여 목표시장을 정한다. 음식배달의 경우 서울시내 강남의 바쁜 직장인으로 설정하거나 전국의 대학생들 중 기숙사에 사는 학생들을 목표시장으로 설정할 수 있다.

포지셔닝은 목표시장의 고객들에게 어떻게 특별한 가치를 제공하고 이를 브랜드 이미지로 연계시킬지 결정하는 단계이다. 경쟁사와의 차별화를 강조하고, 해당 고객들이 필요한 이점을 강조한다. 대학생 음식배달의 경우 친구들이 하는 배달이나 기숙사 식당보다 다양하고 맛있는 메뉴를 강조하는 전략을 쓸 수 있다.

🖙 표 5 STP분석 체계도

입력	STP	출력
• 시장조사 • 고객데이터분석	세분화 (Segmentation) 고객들의 요구 식별 및 시장 세분화	• 고객군의 정의 • 퍼소나 개발 • 고객경험 요구사항
• 수요분석	목표고객군 설정 (Targeting) 고객군 평가 및 선택	• 온라인 타게팅 선택 • 대상 고객군 선정 • 세그먼트별 온라인 매출 기여 예측 • 고객 생애주기 대상화
• 경쟁분석 • 내부역량분석	포지셔닝 (Positioning) 목표군별 제안 내용 식별	• 핵심 브랜드 제안 • 온라인 가치 제안 • 온라인 마케팅 믹스 • 브랜드 생애주기 개발
• 자원의 평가	기획 (Planning) 자원 투입 계획	• 온라인 마케팅 믹스 • 재조직 • 고객접촉자동화 개발

이제는 IT서비스 기획이다

4P: 제(품), 가(치), 장(소), 촉(진) / 4C: 가(치), 비(용), 편(의), 소(통)

4P/4C위의 STP에서의 마지막 포지셔닝과 긴밀한 관계가 있다. 제품이나 서비스의 포지셔닝을 정하는 데 있어서 마케팅의 요소들을 어떻게 조합할지가 중요하다. 이를 마케팅 믹스라고 하는데, 마케팅 믹스는 제품, 가격, 장소(유통), 촉진(홍보)으로 구성된 네 가지 주요 마케팅 요소의 조합을 가리킨다. 이 네 가지 P를 잘 조합하여 목표시장에서 제품이나 서비스를 성공적으로 판매하고 고객들에게 전달할 수 있는 마케팅 전략을 구성하는 것이다.

제품이라고 하면 디자인, 품질, 브랜드 이미지, 특징, 서비스, 보증 등이 여기에 포함된다. 고객의 필요와 기업의 목표를 고려하여 제품의 특성을 정의, 개발, 관리한다. 가격의 결정은 고객의 지불 능력, 경쟁 가격 등에 영향을 받는다. 전략적으로는 할인, 이벤트, 가격의 시기별 조정 등이 가격 전략이다. 장소는 유통 채널, 판매 위치, 재고 관리 등이 포함된다. 고객의 편의성과 접근성을 고려하여 유통경로와 판매 위치를 결정한다. 촉진(홍보)은 광고, 판촉, 이벤트, 홍보, 직접 마케팅, 온라인 마케팅 등이 여기에 속한다. 제품의 가치를 전달하고 브랜드 인지도를 높이는 데 중요한 역할을 한다.

4P가 기업의 입장에서 본 마케팅 믹스라면 4C는 고객 입장에서 본 마케팅 믹스이다. 고객이 보는 가치, 고객이 들이는 비용, 고객의 편리, 고객과의 소통이 그것이다. 4C는 4P의 대안으로 제시되기도 하지만, 실제로 디지털 마케팅에 있어서는 많이 쓰인다. 왜냐하면 디지털 세상에서는 물리적인 제품보다는 정보의 교류가 중심이 되니 고객의 입장이 강조가 되기 때문이다.

고객 가치라고 하면 제품이나 서비스가 고객에게 어떤 가치를 제공하는가에 중점을 둔 요소이다. 경험가치에 중점을 두는지 사용가치에 중점을 두는지와 같은 다른 형태의 가치들에 대한 평가이다. 비용은 고객이 부담하는 비용에 관한 것인데, 직접적인 금액 외에도 제품이나 서비스를 사용하거나 획득하기 위해 지불해야 하는 간접적인 보이지 않는 비용까지도 고려하여 가격을 책정한다. 편리는 제품이나 서비스를 얼마나 편리하게 이용할 수 있는지에 관한 것이다. 디지털의 경우 쉬운 사용성이나 간편한 화면설계 등을 포함한다. 소통은 고객과의 소통이 어떻게 이루어지는가에 관한 것인데, 디지털의 경우에는 여러가지 소통 채널을 어떻게 다양하게 활용할지를 결정해야 한다.

🐬 그림 22 **4P/4C의 상호 연관성**

기업중심		고객중심
제품(Product)	⬌	가치(Customer wants)
가격(Price)	⬌	비용(Cost to satisfy)
유통(Place)	⬌	편리(Convenience to buy)
촉진(Promotion)	⬌	소통(Communication)
Marketing Mix Jerome McCarthy (1960)		**Digital Marketing Model** Robert Lauterborn (1990)

네 전략들은 서로 연관되어 있다

위의 네 가지 마케팅 전략은 상호 연관 관계가 있다. 3C의 고객분석(customer)은 다음 단계의 STP분석에서 실행할 세분화([그림 23]의 1)와 목표군 설정([그림 23]의 2)과 직접적인 연관성이 있다. 경쟁사 분석은 STP의 포지셔닝([그림 23]의 3)과 직접적으로 연계되어 있다. 또 자기 기업의 분석은 역시 다음 단계 SWOT의 강점([그림 23]의 4), 약점(5)과 연계되어 있다([그림 23] 참조). 이어서 STP에서 세분화된 고객군들을 대상으로 포지셔닝을 해서 마케팅 믹스를 구성하게 되는 것이다.

이제는 IT서비스 기획이다

📌 **그림 23 네 가지 전략 간 관계도**

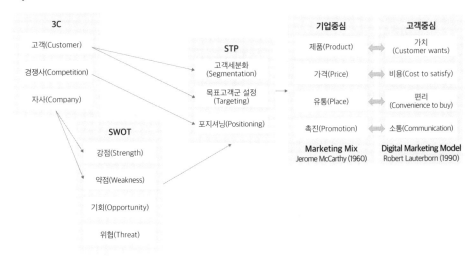

사례: '배달의 민족'의 마케팅 전략

사 례 / 3C분석

고객(Customer):

- 필요와 원하는 것: 고객은 편리하고 신속한 음식 배달을 원한다. 다양한 메뉴 옵션, 할인 혜택, 정확한 배달 시간이 필요하다.
- 고객 세그먼트: 지역, 주문 빈도, 주문 금액 등에 따라 다양한 고객 세그먼트를 식별할 수 있다.

경쟁자(Competitor):

- 기존 경쟁사: 기존 음식 배달 서비스인 우버이츠, 요기요 등과의 경쟁에서 어떻게 차별화할지를 고려한다.
- 신규 진입 경쟁사: 신규 기업이나 서비스가 시장에 진입할 가능성이 있다. 특히 지역특화나 지차제 지원프로그램들이 있다.

나의 기업(Company): SWOT 활용

- 강점(Strengths): 풍부한 음식 메뉴, 안전하고 신속한 배달 시스템, 강력한 브랜드 이미지, 사용자 친화적인 애플리케이션 등이 강점이다.

- 약점(Weaknesses): 지역에 따른 배달 시간의 변동성, 가끔 발생하는 서비스 문제 등이 약점일 수 있다.
- 기회(Opportunities): 신규 지역으로의 확장, 특정 이벤트 기간 중 프로모션 강화, 효율적인 로컬 마케팅 등이 기회가 될 수 있다.
- 위협(Threats): 급변하는 시장 환경, 정부 규제, 경쟁사의 혁신 등이 위협이 된다.

여기서는 3C분석 중 나의 기업 분석에 SWOT분석을 활용하였다. 지금 현재 경쟁 상황은 격심하고 고객에 대한 서비스는 잘 세분화되어 있는 것으로 분석이 되며 스스로의 강점으로서 많은 음식점들을 확보하여 경쟁적으로 확장을 하고 있다.

사례 / STP 분석

세분화(Segmentation):
- 지역: 특정 지역 또는 도시 내의 주거지역, 업무지역 등
- 사용자 유형: 일반 소비자, 회사, 단체 등 다양한 사용자 유형
- 주문 성향: 식사 종류(한식, 양식, 중식 등)
- 주문 빈도 및 금액: 자주 주문하는 고객, 이벤트 시 주문하는 고객 등

목표군 설정(Targeting):
- 특정 지역의 높은 주문 빈도를 가진 소비자를 중점적으로 대상으로 설정할 수 있다.
- 이벤트나 할인 프로모션을 통해 주문 빈도가 낮은 고객을 유치할 수 있다.
- 고주파 주문 지역을 중점적으로 선정하여 서비스를 확장하거나 현지화된 프로모션을 제공할 수 있다.
- 기업용 서비스를 강화하여 회사나 단체 고객을 대상으로 할인 혜택이나 특별한 기업 전용 프로그램을 마련할 수 있다.

포지셔닝(Positioning):
- 빠르고 효율적인 음식 배달 서비스로 알려져 있다.
- 다양한 식당과의 제휴를 통해 다양한 음식 옵션을 제공하고 있다.
- 편리한 어플리케이션 사용 경험을 강조하여 사용자 친화적이고 편리한 서비스를 제공하고 있다.

이제는 IT서비스 기획이다

STP 분석 결과를 보면 배달의 민족은 다양한 고객 세그먼트를 고려하여 특정 지역 및 사용자 유형에 초점을 두고 있으며, 서비스의 빠르고 다양한 측면을 강조하여 경쟁 우위를 확보하고 있다.

최적화된 신속한 음식 배달 서비스 이미지를 강조하여 다른 경쟁사들과의 차별성을 부각시키고 있고 안전하고 신속한 배달 프로세스, 다양한 메뉴, 사용자 친화적인 어플리케이션 인터페이스를 강조하고 있다. 또한 지속적인 혜택과 프로모션을 통해 고객 충성도를 유지하고 새로운 고객을 유치하는 전략을 쓰고 있다.

사례 / 4C 마케팅 믹스

가치(Customer value):

- 필요 충족: 음식 배달을 이용하는 고객들은 빠른 배달, 다양한 음식 선택, 합리적인 가격을 원한다.
- 고객 경험: 사용자 친화적인 어플리케이션, 정확하고 빠른 배달 프로세스를 통해 고객들에게 양질의 경험을 제공한다.

비용(Cost):

- 가격 경쟁력: 경쟁이 치열한 음식 배달 시장에서 가격 경쟁력을 유지하고, 할인 프로모션 등을 통해 소비자에게 경제적 가치를 제공한다.
- 운영 비용 효율화: 효율적인 운영을 통해 배달 시간을 최소화하고 인력 및 자원을 효과적으로 활용한다.

편의성(Convenience):

- 빠르고 정확한 배달: 배달의 민족의 강점 중 하나는 빠르고 정확한 배달 서비스이다.
- 다양한 결제 옵션: 다양한 결제 방법을 제공하여 사용자에게 편의성을 제공한다.

소통(Communication):

- 마케팅 및 프로모션: 효과적인 마케팅 전략과 프로모션을 통해 고객들에게 서비스 혜택 및 이벤트를 소개한다.
- 고객 서비스 소통: 문의나 불만 사항에 신속하게 대응하여 고객과의 소통을 강화한다.

3.2 전략적 방향의 전환은 서비스의 전환으로 이어진다

> 개념적 일관성(conceptual integrity)은 시스템 디자인에서
> 가장 중요한 고려사항이다.
>
> - 프레드릭 P. 브룩스

IT서비스를 구축하는 선도 단계인 기획에서 짠 전략은 영원하지 않다. 디지털 세계는 전략의 전환이 물리적인 세상보다 신속하게 이루어질 수 있고 이러한 전략의 전환은 최종 프로덕트의 변화로 직접적으로 이어진다. 전략의 변화로 프로덕트를 변화시킨 사례들을 분석하여 기획자들이 항상 어떤 측면에 신경을 쓰고 있어야 하는지 상기시키고자 한다.

사례: 넷플릭스의 전략적 전환들

넷플릭스는 미디어 산업의 일대 혁신을 가져온 전 세계 1위의 디지털 스트리밍 서비스 기업이다. 영화, 드라마, 다큐멘터리 등의 고품질 영상 콘텐츠를 디지털 기반의 인터페이스를 통해 전 세계 약 2억 6천만이 넘는 월정액 구독자에게 서비스를 제공하고 있다.

현재는 스트리밍 서비스로 알려져 있지만, 원래 넷플릭스는 DVD 우편 주문 서비스로 시작했다. 당시의 비디오 대여점들과는 달리 인터넷을 활용하여 고객에게 DVD 주문을 받고 직접 우편으로 발송해주는 대여점의 형태였다. 지금은 인터넷 주문이 당연하지만 1997년에는 인터넷을 통한 주문이 그리 흔하지 않던 시절이었다. 이렇게 간단한 디지털 전환을 통해 고객들은 집에서 편안하게 영화를 선택하고 받을 수 있었다. 다른 비디오 대여점들은 운전하고 가서 골라서 빌려와야만 했고 기일 내에 가서 물리적으로 반납을 해야만 했다.

인터넷 주문 및 월정액 DVD 대여

넷플릭스는 DVD를 고객에게 우편으로 발송하고, DVD를 반환할 때 사전 지불된 반환 우편 봉투를 같이 보냈다. 1997년에 설립되었지만 웹사이트는 1998년 4월에 900여 편의 타이틀을 제공하며 개설되었는데, 첫날 웹 트래픽이 급증하여 웹사이트가 다운되기도 하였다. 처음에는 DVD 개당 얼마로 금액을 산정하여 받았으나 개점한 지 1년여 만에 매달 $19.95의 일정 금액을 지불하고 무제한으로 영화를 대여할 수 있고 반납 기한이나 연체료가 없는 새로운 형태의 비즈니스 모델로 전환하였다.

1999년에는 넷플릭스의 구독자가 23만 9천 명이 되고, 타이틀 수는 3,000여 개가 되었다. 인터넷이 활성화되기 시작하면서 넷플릭스의 인기는 계속해서 상승했다. 2001년에는 백만 명 이상의 구독자를 기록했고 2006년에는 630만 명으로 증가했다. 넷플릭스는 스트리밍 서비스를 시작하기 이전인 2003년도에 이미 뉴욕증권시장에 상장했다.

온라인 스트리밍 서비스로의 전환

2007년에는 당시에 다소 시기상조로 평가가 되고 있던 비디오 스트리밍 서비스를 시작한다. WatchInstantly라는 이름으로 동영상 스트리밍 서비스를 제공하기 시작한다. 많은 TV 프로그램과 영화들을 인터넷 스트리밍을 통해 제공하기 시작하면서 구독자가 750만 명을 넘어선다. 2010년에는 월정액 구독형 서비스로 비즈니스 모델을 다시 전환한다. 스트리밍 서비스는 고객들에게 콘텐츠에 대한 즉각적 접근성을 제공하면서 우편물 대기시간을 없애는 획기적인 변화였다.

디지털 큐레이션 서비스 추가

스트리밍 서비스를 시작하면서 바로 내부에 빅데이터 분석 역량을 쌓기 시작해서 구독자 규모가 증가할수록 정밀도가 높아지는 디지털 콘텐츠 큐레이션 서비스를 제공하기 시작했다. 로그인을 하면 개인별로 맞춤형 메뉴를 제공하기 시작했으며 이는 콘텐츠 시청률을 획기적으로 높였다. 외부 콘텐츠 제작자로부터 양질의 콘텐츠를 대량으로 공급받아 구독자에게 재판매함으로써 조기에 스트리밍 서비스를 시장에 안착시켰다.

DVD렌탈과 스트리밍 서비스 분화 전략 실패

2011년 넷플릭스는 DVD 대여와 온라인 스트리밍을 별도의 서비스로 분리하고, 각각을 'Qwikster'와 'Netflix'로 구분했다. 그러나 이러한 변화는 고객들 사이에서 혼란만 야기시켰고 전략적 목적을 달성하지 못하여 하나의 서비스로 다시 복귀하였다.

국제적 확장 전략 시행

넷플릭스는 2010년에 다른 나라로의 확장을 시작하여, 2011년 캐나다, 라틴 아메리카, 카리브해 연안국 등 43개국, 2012년에는 영국, 아일랜드 및 스칸디나비아로 4개국, 2013년에 네덜란드, 2014년에 유럽 6개국, 2015년에 일본, 호주, 뉴질랜드, 2016년에 한국, 싱가포르, 타이완, 홍콩, 인도, 파키스탄 등으로 서비스를 확장했다. 지금 현재 세계 190여 개국에서 이용 가능하며 세계 인터넷 대역폭의 15%를 차지하는 것으로 알려져 있다.

콘텐츠 직접 제작 전략 시행

넷플릭스는 스트리밍 서비스가 잘 되기 시작하면서 콘텐츠 제작자의 저작권료 인상 요구에 직면하게 된다. 사업 운영의 근본적 위기에 처하게 되었으나 전략적으로 미디어 산업의 후방 통합을 실시하여 콘텐츠 제작으로 비즈니스 모델을 넓힌다. 넷플릭스는 내부 빅데이터 분석 결과를 토대로 구독자 맞춤형 오리지널 콘텐츠를 제작·독점 배급함으로써 그 분야에서도 상업적으로 성공을 거두었고 오리지널 콘텐츠를 해외 시장에 빠르게 이전하여 글로벌화에도 추진력을 더하게 되었다.

넷플릭스 사례는 디지털 서비스 기업의 경쟁 전략이 얼마나 신속하게 바뀔수 있는지를 보여주는 사례이다. 1997년부터 2016년까지 20년간 6번이나 전략적 전환을 하였으니 2~3년에 한 번씩 전환한 것이다. 물론 그 저변에서 IT서비스의 기획이 덩달아 새로이 되었음은 자명하다.

사례: 강남 언니의 지역벗어나기 전략[46]

2015년에 서비스를 시작한 '강남언니'는 성형시술자의 진짜 후기만 제공하면서 이용자를 모집해 성공했다. 업계 최초로 사진 3장으로 견적을 받는 시스템을 도입하기도 했다. 시작할 때는 성형외과와 피부과들이 밀집해 있는 강남지역을 목표로 하여 서비스 명도 강남언니로 정하였다. 2024년 7월 현재 개인 회원은 600만 명, 가입 병원은 한국 2,100여 곳, 일본 1,300여 곳, 총 3,400여 곳인 미용의료전문 플랫폼이다.

전국 확대 전략

최초 강남언니의 전략은 이름에 나타나 있듯이, 성형외과와 피부과가 밀집해 있는 강남지역의 의원들을 모집하여 홍보하는 것을 전략으로 택했었다. 하지만 다른 지역의 회원들의 수요가 늘어나면서 전략적인 전환이 필요했다. 강남언니라서 강남에만 있다는 선입견이 있었다. 이 선입견이 회사의 성장을 가로막고 있었다.

이를 극복하기 위해 2022년에 강남언니는 시술 포화 지역인 강남을 넘어서, 그 외 지역의 시술 의원들도 적극 영입하고, 다른 지역의 구매율도 키우기로 전략을 수정한다.

이 전략을 실제 프로덕트에 반영한 과정을 강남언니는 다음 다섯 단계로 보고하고 있다. 다음은 강남언니 블로그에 보고된 내용을 요약 정리한 것이다. 2023년 1월 자로 작성된 공식 블로그의 내용에 기반하였다.

- 지역 확장에 대한 니즈 확인
- 새로운 전략에서 프로덕트 지표 유도
- 프로덕트 지표의 실제 측정
- 지역 확장을 위한 해결책 도출
- 프로덕트에 반영하고 성과 측정

사용성 테스트

고객 니즈 확인을 위해서 고객들의 불만을 모아서 통계 분석을 하고 사용성 테스트를 했다. 검색과 홈 화면에 관한 불만 중의 35%가 '지역과 관련된 상품을 찾기 어렵다'는 내용임을 발견했고 검색어 상위 15개에 부산이나 광주와 같이 지역에 대한 검색어가 포함되어 있었다. 실제 필요가 어느 정도 확인이 되면서 상세한 지표를 도출하기 위하여 사용성 테스트를 실시하였다. 사용성 테스트에서는 지역을 우선하는 그룹과 가격이나 후기를 우선을 검색하는 두 고객군이 발견되었다.

표 6 **두 그룹의 문제와 특징**

	지역 우선	가격, 후기 우선
문제	• 지역을 검색하는 필터를 찾기 어렵다는 불만이 있음 • 지역 구분이 행정구역으로 되어 있어 검색에 어려움을 겪고 있음	• 강남 외 병원들의 검색이 가능한 것을 인지하지 못하고 있음
특징	• 지방이라 이동이 힘든 고객 • 직장인들이라 거리가 중요 • 영업시간 맞추기 어려움 • 지역 검색 후에 가격, 후기 등을 검색함	• 시간적으로 여유로워 비교적 이동이 자유로운 고객들 • 프리랜서나 학생들 • 가격이나 후기 등 조건이 비슷하다면 가까운 지역 시술을 선호

목표 지표 설정

전략이 지향하는 바가 강남 외 지역 비즈니스의 확장이어서 목표 지표는 강남 지역 외의 구매전환율로 잡았다. 구매전환율을 높이기 위한 앱 상에서의 선행지표는 탐색화면 진입율과 상품페이지 조회율을 잡았다. 두 고객군들에서 나타난 탐색화면으로 진입하여 상품페이지를 조회하고 그리고 나서 구매전환을 하는 프로세스를 반영한 지표들이었다.

덧붙여서 전략적 해결책을 실행했을 때 현행 강남시술자들이 지역으로 넘어가는 현상이 나타나는지도 확인이 필요했다. 시장이 확장이 되는 것인지, 아니면 단순히 고객이 이동하는 것인지를 파악할 필요가 있었다. 영어로 cannibalization 이라고 하고 이는 서로를 뜯어먹는다는 뜻이다. 따라서 전 지역의 구매전환율도 모니터링을 하기로 했다.

문제 발생 원인을 찾아내기 위해 고객군을 둘로 나누어 사용자 테스트를 다시 실시했다. 우선 지역우선 고객의 경우 지역필터를 찾기 어려웠던 이유는 지역필터가 메뉴 레벨의 아래에 깊숙이 숨어 있어서 찾기가 쉽지 않았기 때문이었다.

또 찾았다고 해도 지역필터가 행정구역을 찾아서 들어가게 되어 있어서 고객들이 스스로의 예상 동선과 연결시키기 어려워했다. 예를 들어 신사역이 강남구인지 서초구인지 헷갈려 하고 있음을 발견했다.

해결책 및 결과

이를 반영하여 지역 필터를 메뉴 레벨의 최 상단으로 올리고 지역 구분을 행정구역에서 지하철 역으로 바꿨다. 결과는 아주 긍정적이었다.

- 강남 외 지역 상품조회율: 10.7% 개선
- 강남 외 지역 상품구매율: 33.5% 개선
- 전체 상품의 구매전환율: 29.2% 증가

지역의 구매전환율이 33.5% 증가한 것은 예상한 결과였지만, 재미있는 것은 전체 구매전환율도 29.2%나 높아졌다는 사실이다. 지역 검색을 강화한 것이 전체 구매전환을 높이는 효과도 있었던 것이다. 신규 고객의 유입이 있었던 것이다. 잠재 고객들이 발굴되는 현상이 나타난 것으로 보인다.

이어서 가격이나 후기 위주인 고객들도 사용성 테스트를 하면서 인터뷰를 한 결과 자기 동네에 시술 병원이 없을 거라는 인식이 생각했던 것보다 뿌리 깊이 박혀 있었다. 가격이나 후기 때문에 강남을 찾아 간 것이 아니라 그냥 강남언니라서 강남을 찾아갔던 것이었다. 이러한 심층 인식의 효과를 테스트해보기 위하여 로그인을 하면 바로 위치정보에 의거해서 근처의 병원들을 안내하는 지도가 우선 나오도록 프로세스를 바꾸었다. 이 결과도 아래와 같이 긍정적으로 나타났다.

- 강남 외 지역 상품조회율: 5.87% 개선
- 강남 외 지역 상품구매율: 18.8% 개선
- 전체 상품의 구매전환율: 5.87% 개선

이 경우에도 강남 외 지역 구매전환율도 18.8%나 높아졌지만 전체 구매전환율도 5.87%나 개선이 되었다. 지역 확대에 대한 숨어있는 욕구가 생각보다 높았던 것이다.

지역을 확대하자는 전략을 서비스 기획에서 직접 프로덕트의 기능에 반영시킨 좋은 사례이다. 강남에 집중하는 전략을 썼을 때 만들어 놓은 프로덕트의 모습과 기능 배치를, 새롭게 지역을 확대하는 전략에서는 콘텐츠뿐만이 아니라 실제적인 기능의 변화가 필요했던 것이다. 전략이 바뀌면 프로덕트가 바뀌어야 한다는 것을 직접적으로 보여주는 사례이다.

3.3 이제 비즈니스를 모델링 해보자

미래를 예측하는 가장 좋은 방법은 그것을 창조하는 것이다.

- 피터 드러커

이제 마케팅 전략 분석을 마쳤다. 개발하고자 하는 IT서비스의 큰 그림이 그려진 것이다. 이제 이에 근거해서 구축을 할 IT서비스는 어떻게 매출을 올리고 수익을 낼 것인지, 그 비즈니스 모델의 상세를 구성해볼 시점이다.

기획의 종류에는 어떤 것들이 있는가?

서비스 기획 또는 IT서비스 기획과 비즈니스 모델의 기획, 두 기획의 차이는 무엇인가? 또 앞에서 마케팅에 관한 언급을 하면서 언급한 마케팅 기획도 머리에 떠오른다. 앞으로 IT서비스를 개발할 것이니 개발 기획도 있을 것이고, 그동안 많이 들어왔던 용어는 전략 기획이다. 여기서 한번 그 차이를 짚고 넘어가 보자.

표 7 **각종 기획의 정의**

전략 기획	서비스 기획	마케팅 기획	비즈니스 기획	개발 기획
비즈니스 환경에서 장기적으로 경쟁 우위를 확보하고 지속 가능한 성장을 추구하기를 도모하는 계획	IT기술을 활용해 고객의 문제를 직접 해결할 수 있는 앱/웹 등의 서비스를 제공하기를 도모하는 계획	고객에게 필요한 제품 및 브랜드의 메시지를 최적의 채널에 배포하기를 도모하는 계획	비즈니스 모델을 구축하고 운영하기 위하여 도모하는 계획	프로덕트 구축 개발 프로세스를 효율적으로 관리하고 성공을 보장하기를 도모하는 계획
밸류체인 모델, 5 포스 모델 등 조직의 비전과 미션을 장기적으로 달성하기 위한 분석 프레임워크들을 활용	서비스를 개발하고 제공하기 위하여 서비스 아이디어를 찾고 디자인과 모델링 등의 방법들을 활용	제품, 가격, 촉진, 장소(4P)를 활용하여 제품 및 브랜드의 고객군을 발굴하여 설득하는 프레임워크들을 활용	수익 모델, 가치 제안, 수요 예측 등을 포함하여 비즈니스가 매출과 수익을 내는 방법을 고려하는 프레임워크들을 활용	DFD, ERD, Use Case 등의 모델링과 애자일이나 워터폴과 같은 방법론들을 활용

우선 전략 기획이라는 용어는 일반적인 용어인데 이는 전략이라는 용어가 널리 쓰일 수 있기 때문이다. 일반적으로 전략이라고 하면 사업 전략을 가리키기 때문에 기업의 전략 기획실에서 수행하는 업무를 가리킨다. 하지만 서비스 전략, 마케팅 전략, 개발 전략이라는 맥락에서도 쓰일 수 있다. 여기서는 기업 전략의 의미에서 전략 기획을 정의하였다.

서비스 기획은 본 서에서 다루고 있는 내용이다. 협의의 정의로는 서비스를 개발하고 제공하기 위한 기획인데, 광의의 의미에서는 서비스 기획이 마케팅기획, 비즈니스 기획을 포괄하고 개발 기획과 밀접하게 관련이 되어 있다.

마케팅 기획은 앞에서도 다룬 것처럼 프로덕트를 어떻게 포지셔닝을 하고 고객과의 관계를 어떻게 가져갈 것인지, 우리 기업의 강점과 경쟁자의 강점을 비교하기도 하고, 물리적으로는 프로덕트, 가격, 위치, 촉진(4P)들에 관해서 그리고 디지털 세상에서는 가치, 비용, 편리, 소통(4C)에 관해서 분석을 하고 정의를 하는 것이다.

비즈니스 기획은 궁극적으로 매출의 구조와 수익을 어떻게 구성할 것인지, 그리고 이를 달성하기 위해서 자원을 어떻게 확보하고 확보한 자원들을 어떻게 활용할 것인지를 기획하는 것이다.

개발 기획은 말 그대로 시스템이나 IT서비스를 개발하는 과정을 어떤 순서로 어떻게 모델링을 하고 필요한 자원을 배분할 것인지, 그리고 성과는 어떻게 측정할 것인지를 계획하는 것이다.

이제 우리가 기획하고 있는 IT서비스의 비즈니스 모델을 구성해볼 차례이다. 비즈니스 기획을 하는 순서는 우선 비즈니스 모델을 구성해보고 그 안에 내재된 가설을 검증하면서 검증이 안 되면 다시 비즈니스 모델로 돌아가서 모델을 변경시키는 피벗을 한다. 이 과정에서 자연스럽게 어떤 고객을 상대로 하고 어떤 관계를 가지고 갈지, 고객 개발이 이루어진다.

비즈니스 모델 캔버스를 그려보자

비즈니스 모델을 구상할 때 많이 쓰이는 방법이 비즈니스 모델 캔버스다. 비즈니스 모델 캔버스를 처음으로 발표한 알렉산더 오스터왈더는 컨설턴트로서 2004년도에 스위스 로잔공대에서 「비즈니스모델 온톨로지」라는 논문으로 박사학위를 수여 받는다. 이후 지도교수 이브스 피뇨와 공동작업을 통해 이 아이디어를 발전시켜 비즈니스 캔버스를 개발하고 『비즈니스 모델 생성(Business Model Generation)』이라는 제목의 공동 저서를 2010년에 출간한다.

> "비즈니스 모델이란, 하나의 조직이 어떻게 가치를 창조하고 전파하며
> 포착해내는지를 합리적이고 체계적으로 묘사한 것이다"[47]

이들이 공저에서 발표한 비즈니스 모델 캔버스는 기업이 어떻게 고객가치를 창출하고 전파하는지, 그리고 어떻게 수익을 창출하는지에 대한 원리를 이해하기 위해 아홉 가지의 빌딩 블록으로 구성된 캔버스를 제시하고 있다([그림 24] 참조).

비즈니스 모델 캔버스의 아홉 가지 빌딩 블록은 고객분류, 가치제안, 채널, 고객관계, 수익, 핵심자원, 핵심활동, 핵심파트너, 비용이다([그림 24] 참조). 각 요소 앞에 붙어있는 번호는 일반적으로 작성하는 순서이다. 고객이 누군지를 분석하고 그 고객에게 어떤 가치를 제안할지를 정리하는 것으로 시작하는 것이다. 일반적으로 작성되는 순서대로 각각의 요소들을 다음과 같이 정리했다.

고객 분류에서는 목표 고객군은 누구이고 어떤 문제를 갖고 있는지 정의한다. 고객이 누구인지를 확정해야 한다. 그냥 아무나 다 쓸 것이라고 하면 막연하고 추상적이다. 아주 날카롭고 뾰족하게 파고들 대상을 찾아야 한다. 그래서 세그먼트라고 한다. 현재 아픔이 가장 큰 고객을 찾아서 해결하는 솔루션으로 파고들어야 한다.

고객 분류는 다양한 방법으로 할 수 있다. 예를 들면 매스마켓, 틈새시장, 분류가 명확히 이루어진 시장, 복합적으로 혼재돼 있는 시장, 다면형 시장 등이 있다. 행동양식에 따라서 구분을 할 수도 있고 수입이나 자산의 규모에 따라서도 분류를 할 수 있다.

스타트업의 경우에는 우선 목표고객층을 작게 잡고 그들이 현재 겪고 있는 아픔이 무엇인지 찾아야 한다. 그 아픔을 현재는 어떻게 해소하고 해결하고 있는지 찾아서 이를 풀어주는 것이다. 금전적 손해일 수도 있고 시간의 손해일 수도 있다. 그런 면에서 앞에서 설명한 TAM, SAM, SOM이 어떻게 구분이 되는지도 이 부분에서 설명이 되어야 한다.

👉 그림 24 **비즈니스 모델 캔버스와 린 캔버스**

8. 핵심파트너 (Key Partners) 1. 문제	7. 핵심활동 (Key Activities) 4. 해결책	2. 가치제안 (Value Proposition) 3. 가치제안	4. 고객관계 (Customer Relationship) 5. 경쟁우위	1. 고객분류 (Customer Segments) 2. 고객분류
	6. 핵심자원 (Key Resources) 8. 주요지표		3. 채널 (Channel) 9. 채널	
9. 비용구조 (Cost Structure) 7. 비용구조		5. 수익흐름 (Revenue Stream) 6. 수익흐름		

비즈니스 캔버스 항목 및 순서 / 린 캔버스 항목 및 순서

가치제안은 고객에게 그러면 어떠한 가치를 주는지를 설명하는 부분이다. 그런데 여기서는 비교 대상이 있어야 한다. 가치의 유형들로서는 향상된 성능, 맞춤형 제안, 디자인, 브랜드, 가격, 비용, 리스크, 접근성, 편리성, 유용성, 그리고 새로운 방식 등이 있을 수 있다.

가치제안을 정리할 때는 앞서 정의한 고객 분류가 갖고 있는 문제에 대해 경쟁자들에 비하여 차별적으로 적용할 수 있는 명쾌한 해결책을 정리하는 것이 필요하다. 한 가지 주의할 점은 서비스 속도가 빨라졌다거나 가격이 저렴해졌다와 같이 애매하게 표현하기보다는 얼마나 저렴한지, 얼마나 빠른지를 수치로 제시하는 것을 권장한다.

채널은 세상에 알리기 위한 통로이다. 그런데 통로라고 하면 흔히들 홈페이지나 앱을 만들겠다고 한다. 하지만 홈페이지나 앱을 만들겠다는 것은 아주 수동적인 방법이다. 고객들이 자연스럽게 찾아올 것이라는 기대를 갖지 말자. 고객개발이라는 용어를 쓰는 이유는 숨어있는 욕망, 고객이 보고 겪어보기 전까지는 원하는 것이 무엇인지를 모르고 있을 수도 있기 때문이다. 적극적으로 나서서 고객을 개발하면서 이를 알리는 소통의 통로를 어찌 확보할 것인지에 대해서 계획해야 한다. 제일 좋은 것은 가기만 하면 자연스럽게 홍보가 되는 채널이다.

예를 들어, 당근마켓은 초기에는 판교에 근무하는 직장인들을 대상으로 하는 중고거래 장터였다. 자연스럽게 각 기업의 직원 게시판을 연계하여 채널로의 유입을 기도하였는데, 아직 초기일 때 임신한 여직원이 자기가 소속된 맘카페에서 언급하면서 바로 회원들이 급증하게 되었다. 아주 자연스러운 채널 확대였다. 마켓오브라우니도 처음에 비싸서 안 팔릴 때, 아이돌 콘서트에서 5만 개를 나누어 주어 소비를 바로 촉진시킨 것도 채널을 자연스럽게 확대한 사례이다.

수익흐름은 고객으로부터 창출되는 수익을 의미한다. 수익흐름은 판매가격, 수수료, 렌탈, 구독료 등 비즈니스의 맥락에 따라서 다르게 책정된다. 유형만 정의하는 것이 아니라 각 수익원 별로 가격까지 고민하여 총 수입흐름을 추정해보는 것이 필요하다.

핵심자원은 비즈니스를 운영하기 위해서 들어가는 자원들로서 물적 자원, 인적 자원, 지적 재산권, 재무 자원들을 포함한다. 전통적으로 기업들이 관리를 해야하는 자원인데 디지털 세상에서는 핵심자원의 초점이 바뀌기도 한다. 예를 들어 쓰레드리스 같은 회사는 의류회사임에도 불구하고 내부에 근무하는 디자이너 없이 운영된다. 재고도 없고 인적자원도 플랫폼 유지보수 인력이 거의 다이다. 티셔츠 디자인을 모집하여 심사하고 이를 선 주문으로 파는 형식으로 운영한다. 핵심자원이 플랫폼인 셈이다.

핵심활동은 목적하는 고객에게 제공하고자 하는 핵심가치를 전달하여 수익을 창출하는 데 필요한 활동을 의미한다. 첫째 생산활동, 둘째 문제해결활동, 그리고 셋째로는 플랫폼/네트워크 활동의 세 가지 정도로 분류할 수 있다. 아마존 같은 경우에 일반인에게는 물건 판매 활동으로 알려져 있지만 사실 최근에는 웹서비스 컨설팅으로 핵심 활동이 바뀌었다. 아마존웹서비스의 수익이 아마존 자체의 수익을 넘어섰다. 고객정보를 관리하고 클라우드 서버를 제공하는 활동이 핵심활동으로 바뀐 것이다.

핵심파트너는 외주해야 할 일들을 해줄 파트너들인데 아래와 같이 대별된다.

- 비경쟁자들 간의 전략적 동맹
- 경쟁자들 간의 전략적 파트너십
- 새로운 비즈니스를 개발하기 위한 조인트벤처
- 안정적 공급을 확보하기 위한 '구매자–공급자' 관계

비용구조는 IT서비스를 운영하는 데 발생하는 모든 비용을 포함한다. 고정비와 변동비로 나누어 어떤 비용이 소요되는지 항목과 크기를 명시한다.

린 캔버스는 비즈니스 모델 캔버스와 어떻게 다른가?

2010년도에는 애쉬 모리아가 린 캔버스를 발표한다 [그림 24] 색 번호 참조). 2008년도에 오스터왈더가 발표한 비즈니스 캔버스를 좀 더 스타트업의 특성에 맞추어 개조한 캔버스이다. 린캔버스에서는 문제, 해결책, 경쟁우위, 그리고 지표를 강조한다. 고객의 문제와 해결책을 강조하면서 파트너와 자원 관련 항목들을 제외시킨다.

☞ 표 8 **비즈니스 모델 캔버스와 린 캔버스의 차이**[48]

항목	비즈니스 모델 캔버스	린 캔버스
대상	창업 기업과 기존 기업	창업 기업
중점	고객, 투자가, 창업가, 컨설턴트, 조언자	창업가
특징	비즈니스 모델에 관해서 체계적으로 돌아보면서 각 요소들에 대해서 정리	불확실성이나 위험과 같은 스타트업 고유의 요소들에 초점
고객	고객 세분화, 채널, 고객관계 중시	창업 기업은 고객이 누구고 무엇을 팔지를 테스트 하지 않아 고객 세분화가 중요하지 않음

이제는 IT서비스 기획이다

접근방식	사업의 예상 수익원과 재무적 원천을 기본 전제하고 시작	문제점에서 시작, 문제해결방안 제안, 문제를 해결하기 위한 채널, 비용 구조와 예상 수익 순으로 시작
경쟁관계	목표 시장에서 영리하게 살아남기 위해서 양적 · 질적 · 조건(가격, 비용 등)적 가치 제안에 집중	사업의 여분의 시장에서 일방적 경쟁우위를 가지고 더 기반을 다지기 위한 방법으로 활용
적용	자연스러운 이해, 창의성, 논의, 구조적 분석으로 분위기 조성	창업가가 순차적으로 발전할 수 있도록 문제 해결 중심적으로 접근

이러한 차이를 반영하여 작성하는 순서도 아래와 같이 다르게 적용된다. 린 캔버스는 스타트업에 목표로 구성되었다는 점에서, 우선 문제의 인식에서 시작해서 문제를 가지고 있는 고객군을 찾아내고 그들에게 제안할 수 있는 가치를 분석하면서 그 가치를 생성할 수 있는 해결책을 찾아내는 순서로 작성한다. 이에 비하면 비즈니스 모델 캔버스는 고객부터 비용구조에 이르기까지 일반적인 비즈니스의 구성요소들을 찾아내는 순서로 정의가 되어 있다.

그림 25 **비즈니스 모델 캔버스와 린 캔버스 그리는 순서**

작성 순서

비즈니스 모델 캔버스	린 캔버스
고객분류	문제
가치제안	고객분류
채널	가치제안
고객관계	해결책
수익흐름	경쟁우위
핵심자원	수익흐름
핵심활동	비용구조
핵심파트너	주요지표
비용구조	채널

사례: 배달의 민족

다음으로 배달의 민족의 사례를 예시로 하여 비즈니스 모델 캔버스와 린 캔버스를 [그림 26], [그림 27]과 같이 그려보았다.

🐾 그림 26 **비즈니스 모델 캔버스 예시: 배달의 민족**

7. 핵심파트너 (Key Partners) 음식점 배달기사 투자자 배달 대행업체 프랜차이즈브랜드 교육업체	8. 핵심활동 (Key Activities) 식당 등록/관리 식당 추천/광고 운영/관리 모바일 플랫폼 운영/관리 배민 사장님 사이트 운영 배민 라이더스 운영/관리 배민 커넥트 운영/관리	2. 가치제안 (Value Proposition) 원하는 음식을 원하는 곳에서 편리하게 주문 결제할 수 있는 서비스 많은 고객들에게 식당의 음식을 알리고 판매할 수 있는 플랫폼	4. 고객관계 (Customer Relationship) 고객 리뷰 포인트 배민아카데미 이벤트 마케팅	1. 고객분류 (Customer Segments) 음식 주문 소비자 배달음식 판매 식당
	6. 핵심자원 (Key Resources) 모바일 플랫폼 기술/ 자원 배달대행자원 배달라이더스 배민커넥트 브랜드 파워		3. 채널 (Channel) 모바일 애플리케이션 웹사이트 SNS TV광고 버스광고	
9. 비용구조 (Cost Structure) 플랫폼 인프라 유지/고도화 플랫폼 운영 인력 고객센터 운영 인력/자원 라이더 운영 인력/자원 사무실/법무/세무 처리 이벤트/마케팅 집행비 PG사 수수료		5. 수익흐름 (Revenue Stream) 광고 수익(올트라콜이나 오픈리스트 등의 홍보) 배달 수수료(배민라이더스, 배민커넥트 등 배달 대행 서비스) PG사 수수료 고객수수료 식당수수료		

🐾 그림 27 **린 캔버스 예시: 배달의 민족 (붉은 색 내용이 린 캔버스 특유의 항목들)**

1. 문제 (Problems) 고객의 문제는 배가 고프거나 음식을 주문하고 싶을 때, 어떤 식당이 있는지, 메뉴는 무엇인지, 가격은 얼마인지, 배달시간은 얼마나 걸리는지 등의 정보를 쉽게 알 수 없는 것이다. 식당의 문제는 홍보나 결제, 배달 등의 부가 적인 업무에 시간과 비용이 들어간다는 것이다.	4. 해결책 (Solutions) 스마트폰 앱으로 원하는 음식점을 검색하고, 메뉴, 가격, 리뷰 등의 정보를 볼 수 있게 해준다. 다양한 결제 방법을 제공하고, 실시간으로 배달 상태를 확인한다. 식당은 메뉴를 홍보하고, 주문과 결제를 간편하게 처리하고 배달 인력을 이용한다.	2. 가치제안 (Value Proposition) 원하는 음식을 원하는 곳에서 편리하게 주문 결제할 수 있는 서비스 많은 고객들에게 식당의 음식을 알리고 판매할 수 있는 플랫폼	5. 경쟁우위 (Unfair Advantages) 앱으로 신속하고 편하게 검색하고 빨리 주문할 수 있다는 점, 배달 시간을 바로 확인할 수 있다는 점, B급 감성이라는 독특한 브랜드 이미지 개발	2. 고객분류 (Customer Segments) 음식 주문 소비자 배달음식 판매 식당
	8. 주요지표 (Key Indicators) 월간 활성 사용자 수 (MAU) 주문 건수 거래액 가입 매장 수 매출 비중		9. 채널 (Channel) 모바일 애플리케이션 웹사이트 SNS TV광고 버스광고	
7. 비용구조 (Cost Structure) 플랫폼 인프라 유지/고도화 플랫폼 운영 인력 고객센터 운영 인력/자원 라이더 운영 인력/지원 사무실/법무/세무 처리 이벤트/마케팅 집행비 PG사 수수료		6. 수익흐름 (Revenue Stream) 광고 수익(올트라콜이나 오픈리스트 등의 홍보) 배달 수수료(배민라이더스, 배민커넥트 등 배달 대행 서비스) PG사 수수료 고객수수료 식당수수료		

3.4 비즈니스 가설을 검증하고 필요하면 피벗한다

> 조직이 학습하고 그 학습을 신속하게 행동으로 전환하는 능력은
> 궁극적인 경쟁 우위다.
>
> – 잭 웰치

이제 고객을 발굴하고 문제를 찾아내어 정의하여 비즈니스 모델 캔버스를 그려보았다. 이 비즈니스 모델이 작동을 할지 실제 구축을 하기 전에 검증을 하는 것이 필요하다. 이를 위해서 최소 가능 프로덕트(MVP, Minimum Viable Product)를 만들어서 잠재 고객들에게 테스트를 한다. 이 MVP의 개념은 에릭 리스가 쓴 『린 스타트업』이라는 책에서 처음으로 언급이 되고 MVP 테스트의 결과에 따라서 피벗을 할 것을 거기서 제안하고 있다.

우선 이에 앞서서 짚고 넘어가야 할 점이 있다. 지금 이 책의 흐름에서 보듯이, 스타트업 환경에 적합하게 이론화된 디자인씽킹은 자연스럽게 린 스타트업과 연결이 되고 이 린 스타트업의 개념은 뒤에서 설명할 애자일 개발 방법과 다시 또 자연스럽게 연결이 된다.

새로운 현상으로 나타난 IT서비스 개발 구축의 특징은 기술이 발달함에 따라 개발의 초점이 프로그래밍에서 디자인으로, 디자인에서 서비스 기획으로 옮겨져왔고 이 추세에 따라 디자이너들이 참여하는 정도가 높아졌고 기획자의 역할이 높아지고 있는 것이다.

기획자는 린 스타트업, 디자이너는 디자인씽킹, 개발자는 애자일 방법 기반으로 움직이지만 실제 애자일에서는 개발자와 기획, 디자인이 같이 움직이는 스크럼팀을 기반으로 하기 때문에 이 세 가지는 같이 굴러간다.

또 IT서비스를 하려는 스타트업은 사업의 위험도가 높기 때문에 발굴한 문제와 실제 해결책이 같이 잘 맞아떨어지는지, 해결책으로 제시하는 프로덕트가 시장의 상황과 잘 맞아떨어지는지가 아주 큰 관심사이다. 이 두 가지를 지속적으

로 고려하면서 거기에서 나오는 비즈니스 가설들을 테스트하면서 가는 것이 중요하다. 이를 테스트하기 위한 것이 MVP이고 테스트 결과에 따라서 방향성을 바꾸는 것이 피벗이다.

린 스타트업으로 시작한다

스타트업을 린(말랐다는 영어, lean)이라고 하는 이유는 일단 모든 자원이 부족한 상태에서 아주 가볍게 움직여야 한다는 것을 비유한 것이다. 기획을 하고 프로덕트를 다 완성해서 시장에 내보내 팔리는지를 보는 것이 전통적인 팻(뚱뚱한)하게 구축하는 방법이다. 왜 팻이라고 하냐면 많은 자원이 필요하고 이 자원들을 써서 재고를 축적하는 것이기 때문이다. IT서비스를 개발하고자 하는 스타트업에서는 실제 프로덕트를 개발해서 완성할 만한 시간적 재무적 자원이 없는 관계로 고객들에게 테스트를 하는 것을 좀 더 앞당겨서 린(간결)하게 먼저 검증을 한다. 이를 증거 기반 비즈니스 모델 개발(Evidence Based Business Model Development)[49]이라고 부르기도 한다.

해결책을 문제에 적합하게 만든다(PSF, Problem-Solution-Fit)

우선은 비즈니스 모델 캔버스를 작성하는 과정에서도 PSF를 확인할 필요가 있다. 문제-해결책 적합성은 비즈니스 모델이나 아이디어를 구조화하는 프레임워크가 아니라 달성해야 할 요소라고 보아야 한다. 실제 프로덕트를 만들기 위해서는 많은 시간과 노력이 들어가야 하는 바 사원이 제한적인 스타트업의 경우 만들고자 하는 프로덕트가 가치가 있는지 여부를 검증해야 한다.

비즈니스 모델 캔버스의 용어를 쓴다면 고객분류와 제공가치가 얼마나 잘 맞는지를 보는 것이 PSF에 해당되고 린 캔버스의 경우에는 아예 문제와 해결책이라는 항목을 직접적으로 명시해놓고 있다.

만들고자 하는 프로덕트가 가치가 있기 위해서는 실제 고객에게 쓸모가 있어야 한다. 다시 말해서 해결하고자 하는 문제나 충족시키고자 하는 필요에 맞는 솔루션이나 기능이어야 한다. 그렇지 못하면 어렵게 개발해서 시장에 내놓는다고 해도 고객의 외면을 받고 사라지게 된다.

프로덕트가 마켓과 맞는지를 검증한다(PMF, Product-Market-Fit)

PSF가 확인이 되었으면 이제 제품–시장 적합성을 보다 객관적으로 확인해 볼 시점이다. CB Insights에 따르면, 스타트업이 망하는 가장 큰 이유는 '시장이 원하지 않는 제품이나 서비스를 출시한 것(No Market Need)'이 42%로 가장 많은 비중을 차지한다.

스스로가 개발한 프로덕트라는 자신감이 눈을 가려서 모든 사람이 우리의 해결책을 사랑하고 주머니에서 돈을 꺼내 지불할 것이라는 오산을 하는 경우가 많다. 이 단계에서 첫 번째 질문은 '어떻게 내 아이디어를 실행할까'가 아니라 '내 해결책에 돈을 지불할 고객이 있는지를 검증하려면 어떻게 해야 할까'이다.

비즈니스 모델 캔버스를 일차적으로 완성했다는 것은 PSF를 확인했다는 것이다. 이후 첫 번째 할 일은 어떻게 실행할지를 계획하는 것이 아니라, 고객이 실제로 이러한 문제를 가지고 있는지, 그리고 그 문제에 대해서 지금 계획하고 있는 IT서비스 프로덕트가 그 문제를 해결하는지, 그리고 해결한다면 이에 대해 고객이 지불을 할 의사가 있는지를 확인하기 위하여 MVP를 만들어서 대상고객들에게 이를 테스트하는 것이다.

비즈니스 모델을 심각히 고민하는 과정을 거치고 나면 스스로의 아이디어가 더할 나위없이 좋다고 하는 편견에 자연스럽게 사로잡히기 쉽다. 하지만 여기서 개발하고자 하는 것은 우리가 생각하기에 좋은 것이 아니라 고객이 필요로 하는 것이 되어야 한다. 그렇지 못하면 공허한 아우성일 뿐이다.

PMF에서 가장 중요한 가설은 고객에 대한 가설이다. 고객이 마켓이고 실제로 고객이 있어야 서비스를 할 수 있고 비용을 받을 수 있으므로 고객에 대한 가설을 테스트하고 검증해야 한다. 가설 검증을 통해서 비즈니스 모델의 방향성을 수정하는 것을 피벗한다고 한다.

최소 가능 프로덕트(MVP, Minimum Viable Product)를 만들어 보자

반짝인다고 생각한 아이디어가 진짜로 다이아몬드인지를 검증하고자 하는 것이 MVP이다. 특히 사업의 아이디어를 구체화하여 구축을 하기 전에 되도록 빨리 그 안에 내재되어 있는 가설들을 테스트해보고 검증을 해보는 것이 좋다.

최소 가능 제품이라는 개념이 이래서 IT서비스 분야에서 등장을 하게 된다. 최소한의 기능만을 구현하여 되도록 빨리 고객의 피드백을 받기 위한 프로덕트이다. 경우에 따라서는 파워포인트 슬라이드나 비디오, 데모 목업과 같은 것들도 MVP로 친다. 지금 많이 쓰이는 드롭박스의 경우에는 프로그래밍을 전혀 안하고 동영상만으로 투자를 받은 사례로 아주 유명하다. 지금은 유명해진 우리나라의 토스도 같은 방법으로 투자를 받은 유명한 사례이다.

사례: 인스타그램

👆 그림 28 **인스타그램의 전신인 버번의 초기 스크린**

인스타그램의 시작은 복잡한 논리구조를 가진 위치공유앱이었다.[50] 개인이 특정한 위치에 가서 체크인을 하고 앞으로 또 언제 여기에 올 것인지 계획을 올리고 나중에 친구들을 거기서 만나면 포인트를 주고, 같이 사진을 올리는 등 위

이제는 IT서비스 기획이다

치를 공유하는 아이디어에 착안을 한 앱이었다. 그래서 이름도 창업자가 좋아하는 버번이라는 술 이름을 붙였다. 만나서 노는 것을 목적으로 한 앱이었던 것이다.

하지만 출시를 하고 인기를 얻지 못했다. 가장 큰 이유로 지나치게 복잡하고 다양한 기능들을 사용자들이 전혀 쓰지를 않고 있었던 것이다. 이 사실을 이미 앱을 다 만들어서 출시를 한 후에 발견한 것이다. 비즈니스 가설 검증이 너무 늦기는 했지만 창업자는 새로운 가설 검증 결과를 가지고 피벗을 했다. 제일 많이 쓰고 있는 사진 공유 기능을 중심으로 비즈니스 모델을 바꾸었다. 2010년 인스타그램으로 이름을 바꾼 지 1년 반 후 페이스북에 10억 달러에 인수된다.

사례: 슬랙

글리치라는 게임을 만들던 타이니스펙이라는 회사는 게임이 지지부진하자 자기들이 내부적으로 쓰던 파일 공유 시스템을 상품화하기로 피벗을 했다. 내부의 고객들이 검증을 한 것이다. 내부적으로 이름도 없던 소프트웨어를 대화와 지식의 기록(영어로 Searchable Log of All Conversation and Knowledge)의 머리글자를 따서 슬랙이라고 명명을 하고 외부 사용자들에게 개방을 했다. 2013년에 새롭게 출시해서 6년만인 2019년 6월에 상장을 해서 기업가치가 19조 달러에 이르렀다.

사례: 배달의 민족

배달의 민족도 처음에는 전화번호부 앱을 만들려고 시작을 했다. 정작 시작을 해보니 전화번호도 잘 모이지 않고 수익모델도 불확실해서 쿠폰 플랫폼으로 전환을 했다. 정작 쿠폰 나누어 주기를 시작을 했더니 실제 수요가 쿠폰보다는 배달에 있다는 것을 발견하고 음식배달로 서비스를 다시 피벗한다. 쿠폰이 붙어 있는 전단지의 용도가 쿠폰을 쓸 목적보다는 동네 치킨집이나 중국집의 전화번호를 확보하여 음식을 주문하고 배달을 받기를 위함인 것을 늦게나마 인식한 것이다. 그 당시만 해도 집집마다 전단지를 보관해 놓고 필요할 때 전화를 했다. 새로 아파트에 이사를 가면 동네상인들이 만든 생활안내지가 필수적이었다.
지금 그 생활안내지는 다 사라졌다.

사례: 우버

👉 그림 29 **우버캡의 초기 스크린**

UberCab apps

UberCab

- 1-Click request from Geo-aware devices
- SMS from any phone: "pickup @work in 5"

우버의 경우도 가설 검증을 소규모로 잘한 사례로 알려져 있다. 창업자들은
2008년도 파리 컨퍼런스에 참여하면서 택시잡는 어려움을 겪고 아이디어를 내
어 ubercab.com 도메인을 구입한다. 2009년도에 프로토타입 개발을 하여 실
제로는 2010년 1월에야 뉴욕에서 3대의 자동차를 가지고 파일럿 서비스를 시
작한다.

처음의 앱은 우버캡이라고 해서 콜만 할 수 있는 아주 간단한 앱이었다. 일반
택시보다 1.5배 비싼 가격이었지만 앱으로 호출할 수 있다는 점에서 평가가 좋
아서 입소문을 탄다. 그해 7월에 샌프란시스코에 서비스를 출시하고 10월에는
125만 달러의 시드투자를 유치한다.

우리가 알고 있는 모습의 우버는 2년여 뒤인 2012년 7월 우버엑스로 출시된

이제는 IT서비스 기획이다

다. 플랫폼으로서 일반자동차 운전자들이 가입할 수 있는 지금의 모습으로 출시한 것이다. 초기의 MVP는 앱을 통해 예약을 받고, GPS를 통해 경로 안내를 하고, 신용카드로 결제를 하는 세 가지 기능뿐이었다. 이제는 예약하기 전 근처의 우버를 보여주고, 승차 요금을 예상하고, 요금을 나누어 낼 수 있게 하면서 모바일 지갑과 연동하고, 드라이버들을 러시아워에 맞게 배치하는 등 많은 기능을 확장했다.

사례: 에어비앤비

👉 그림 30 **에어비앤비 처음 웹페이지**

에어비앤비의 시작도 비슷하다. 뉴욕의 유명한 디자인스쿨인 RISDI 출신 디자이너였던 브라이언 체스키와 조 개비아는 졸업 후 샌프란시스코로 이사해서 기회를 찾는다. 월세를 내는 데도 허덕였던 상황의 이들은 자신들의 복층 구조 원룸의 위층을 손님들에게 돈을 받고 빌려준다. 침대가 없어서 에어베드를 사다 놓고 아침으로 시리얼을 나누어 먹었다. 결코 편한 자리가 아니었음에도 좋은 반응을 얻게 되자 두 사람은 이를 사업으로 확장할 생각을 한다.

그 후 웹 사이트를 만들어 그들의 아파트를 찍어 올려 숙박 예약을 받았는데 사람들이 낯선 사람의 집에서 기꺼이 묵기를 원한다는 가설을 검증하게 된 것이다. 당시의 웹사이트의 모습은 현재 에어비앤비 앱의 모양과는 많이 다르다. 단순히 연락처와 방 사진, 그리고 위치뿐이었는데, 이제는 아주 완전히 다른 형태의 앱서비스로, 집 전체를 빌려주고, 멋있는 장소의 리조트도 빌려주고, 호텔도 참여하는 대형 플랫폼으로 성장했다. 10여 년만에 220개 이상의 국가, 10만 도시, 700만 개 숙소를 가진 유니콘으로 성장해서 시가총액이 839억 달러를 넘는다.

사실은 가설 검증에서 실패하면 피벗을 한다는 것은 잘못된 말이다. 가설을 검증하는 과정에서 새롭게 발견된 사실에 근거하여 피벗을 하는 것이다. 어떤 의미에서는 사업의 확장이나 사업 아이템의 변경과 일맥상통한다.

사례: 푸드노트서비스[51]

푸드노트서비스의 강병태 대표는 AT&T, NCR 등을 다니다가 2001년에 POS소프트웨어 회사를 창업한다. 그 후에 네 번에 걸쳐서 피벗을 한다. 일차적으로 2002년에는 POS에 코인디스펜서를 다는 기업으로, 2004년에는 POS부속 전자서명기로 피벗(내지는 사업확장)을 한다. 이후 우리나라에서는 음식배달 플랫폼들이 경쟁적으로 발달한다. 음식점마다 여러 개의 음식 배달용 태블릿을 운영하는 것을 보고 이들의 통합 운영이 필요한 점에 착안한다.

POS 시스템 내에 주문과 매장 정보, 메뉴와 주문 지역 정보, 배달과 고객 정보, 결제와 쿠폰 정보 등을 통합하고, 배달 대행과 배달 POS 등을 함께 관리하게 하고, 분리되어 있던 모바일 애플리케이션 주문, 온라인 주문, 콜센터 운영 등을 함께 연결했다. 배달 POS를 새로 개발한 것이다. 이 기능을 개발하기 위하여 2008년에 푸드테크㈜를 스핀오프하여 개발하고 2017년에는 배달의 민족에 인수된다.

재미있는 것은 이후 강병태 대표는 새로 푸드노트서비스를 설립하여 (사실 피벗이다) 장부대장을 출시한다. POS의 데이터들을 활용하여 음식점 업주들이 장부를 정리하는 것을 도와주는 서비스이다. 회계장부처럼 100% 정확한 것이 아니라 실제 자금의 흐름을 쫓아갈 수 있는 정도의 정확성만 목표로 하고 장부대장을 출시했다. 출시한 이후 수집하는 데이터의 범위를 넓혀서 장부뿐만 아니라 비즈니스 분석에 필요한 SNS의 정보를 크롤링하여 실제 매출과의 관련성을 찾아낼 수 있는 시스템으로 확장했다.

또한 실제로 중소규모 음식점들을 상대로 영업을 하다가 보니 실제로 음식점 점주들보다 프랜차이즈 본사에서 장부대장을 통해서 가맹점들을 관리할 수요가 더 많이 나타나서 장부대장 프랜차이즈 브랜드를 하나 더 출시한다. 이러한 과정들이 피벗인지 사업확장인지의 판단은 독자들에게 맡기도록 하겠다.

최소 가능 프로덕트는 어떻게 만들어야 하나?

최소 가능 프로덕트의 이름 자체는 오해될 가능성이 있다. 최소 가능 제품이라고 하니까 최소 한두 가지 기능만 만들어 테스트를 해본다고 오해를 할 수 있다. 업계에서 많이 돌아다니는 비유로 '자동차의 MVP가 바퀴 하나로 시작을 한다고 하는 것이 오해'라는 말이 있다(그림 31] 참조). 배달앱의 MVP는 전화번호만 보여주는 것이라고 이해할 수도 있다. 하지만 MVP가 아무리 기능적으로 최소한이라고 해도 고객 입장에서는 가치가 있는 혜택을 느끼고 이에 대해서 지불 의사가 실제로 있음을 확인할 수 있어야 한다.

[그림 31] 속 맨 위의 그림처럼 바퀴 하나부터 시작을 하거나, 두 번째 그림처럼 킥보드부터 발전하는 것은 자동차를 만들기 위한 MVP가 아니다. 자동차의 모양을 어느 정도 갖추어 놓고 아직 동력 장치가 없이 사람이 미는 세 번째 그림이 진정한 MVP의 개념이다. 고객은 바퀴 하나에서 자동차를 상상할 수 없고 킥보드에서 자동차를 상상해 낼 수 없다. 오즈의 마법사라는 용어를 쓰기도 하는데, 기술이 해야 할 부분을 수동적으로 수행하면서 그 가치를 보여주는 것이다. 토스의 경우 처음에는 대표가 송금을 받아서 실행을 해주면서 그 가능성을 보여주었다. 동화 오즈의 마법사에서 마법사의 정체는 커다란 가면 뒤에 숨어 있는 보통 사람이었던 것을 기억하는가?

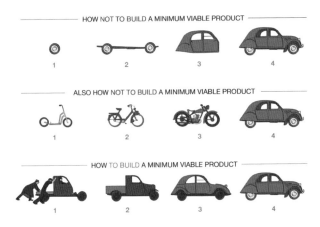

그림 31 **MVP 예시**

3.5 IT서비스 기획에서 방점은 기술이 아니라 서비스에 있다

> 최고의 고객 서비스는 고객이 전화를 걸거나 얘기할 필요가 없는 경우다.
> 그냥 작동해야 한다.
>
> – 제프 베조스

기획과 계획이 어떻게 다를까?

기획의 사전적 정의는 일을 꾀하여 계획함이다. 꾀할 기(企)와 그을 획(劃)이 합쳐진 말이다. 그러면 계획은 무엇인가? 계획은 '앞으로 할 일의 절차, 방법, 규모 따위를 미리 헤아려 얽이를 세움, 또는 그 내용'이라고 사전에 나와 있다. 한자로는 셀 계(計)와 그을 획(劃)으로 이루어져 있다. 글자 그대로 직역을 하자면 꾀하거나 도모하여 구획을 하는 것과 세어서 구획을 하는 것 두 가지로 구분이 될 수 있다. 그리고 사전적 정의에서 기획은 계획을 포함한다.

꾀하여 계획을 할 때는 왜 하는지를 분석하는 행위가 포함되어 있다. 이에 비해서 세어서 구획을 하는 것은 무엇을 하는지에 초점이 맞추어져 있다. 다시 말해서 기획은 왜(WHY)를 포함한 것이고 계획은 무엇(WHAT)이나 어떻게(HOW)가

이제는 IT서비스 기획이다

포함된 개념으로 보인다.

우리는 일반적으로 IT서비스를 기획한다고 하지 계획한다고는 하지 않는다. IT서비스를 왜 만들어야 하는지 근본적인 본질을 꿰어서 도모하는 것이 기획이고 기획에서 왜 필요한지를 규명한 후 무엇을 언제 어떻게 할 것인지가 계획이다. 기획은 계획을 포괄하는 좀 더 넓은 광의의 개념이다.

기술과 서비스를 어떻게 구분하지?

기획은 이렇게 이유와 목적으로 시작하기 때문에 기술에 방점을 주어서는 얘기가 잘 안 된다. 왜냐하면 기술이 목적이어서는 움직임이 무겁기 때문이다. 예를 들어서 인공지능을 활용해서 법률가의 소송 준비를 도와주는 IT서비스를 기획한다고 하자. 여기서 지금 소송 준비를 수동으로 하고 있는 것이 문제이고 이를 좀 더 빨리 효율적으로 해주고자 하는 것이 새로운 IT서비스를 구현하고자 하는 이유이며 목적이다.

인공지능은 이유나 목적이 아니라 수단이나 도구이다. 더 적합한 다른 기술이 있다면, 예를 들어서, 빅데이터 분석 기술로 처리를 해줄 수도 있는 것이다. 빅데이터 분석으로 한다고 해도 소송 준비의 효율화를 위한다는 서비스의 이유는 바뀌지 않을 것이다. 첨단 인공지능 기술을 활용해야 한다는 강박감은 문제의 본질을 보지 못하게 할 가능성이 높은 것이다.

서비스를 개발하면서 기술개발에 초점을 맞추기 시작하면 너무 무거워지는 이유이다. 기술은 가져다가 써야지 새로운 기술을 개발하는 데는 시간이 너무 걸리기 때문이다. 특히 IT서비스처럼 애자일하게 신속하게 피버팅하면서 움직여야 되는 비즈니스에서 원천기술을 개발하고 있으면 그 속도가 너무 느려진다. 물론 원천기술개발도 되어야 하고 이에 헌신하는 기업도 있어야 한다. 하지만 신속한 대응이 생명인 IT서비스에서 얼핏 기술개발에 시간을 투여하기 시작하면 개미지옥과 같이 빨려들어가는 수가 있다. 원천기술개발의 모드는 IT서비스의 모드와 맞지 않는다.

그래서 IT서비스의 구축에 있어서는 기술보다는 서비스에 방점이 있어야 한다. 우리는 주객이 전도된 사례들을 많이 보아왔다. 특히 기술의 발전이 급격한 IT분야에서 많이 나타나는 현상이다. 빅데이터 기술이 새로 개발이 되었다고 하는데 이 기술로 어떤 서비스를 개발할 수 있을까에 초점들을 많이 맞춘다. 하지만 이러한 생각들은 주객이 전도된, 망치를 가지고 못을 찾아 다니는 것에 비유할 수 있을 것이다. 못을 박는 것이 문제이고 더 나아가서는 접합을 하는 것이 목적이고 이유이지, 두들기는 게 목적은 아닌 것이다. 두들기기만 하면 경우에 따라서 진동 때문에 오히려 접합이 떨어질 수도 있다.

미래형 기술을 개발하는 것이 아니라 현재의 기술을 그대로 가져다가 무슨 문제를 해결할 수 있을까? 지금의 우리 시스템상의 문제를 해결하는 데 어떤 기술이 필요한가? 이러한 서비스 중심의 질문들에 초점이 맞추어져야 한다.

사용자 역시 현재 쓰이고 있는 IT서비스를 연상할 때 어떤 특정한 첨단기술을 생각하지는 않는다. 본인의 문제가 해결되었음에 감탄을 하지 기술의 수월성만 보고 돈을 내는 것은 아니다. 예를 들어 에어비앤비 서비스라고 하면 우리들한테 보이는 것은 방의 목록하고 사진, 가격 정도이지, 어떤 데이터베이스 기술이 들어가서 실제로 어떤 빅데이터들이 분석되는지는 우리는 모른다. 왜 이런 서비스가 필요한지, 그래서 어떤 서비스가 되는지가 기획의 방점이 되는 것이다. 어떤 사람들이 왜 방을 제공하고 어떤 사람들이 방을 찾아 들어가는지, 그 이유를 찾는 데서 시작하는 것이 기획이다.

사례: 리멤버

리멤버는 2014년 1월에 드라마앤컴퍼니에서 출시한 명함관리 앱이다. 스마트폰이 등장하고, 모바일을 활용한 온갖 기술이 앱으로 등장하고 있던 때였다. 리멤버는 그 가운데 명함관리에 착안을 해서 서비스를 기획했다. 세상이 복잡해지고 직장 이동이 많아져서 쌓이는 명함을 관리하는 것이 직장인들의 골치라는 점에 착안을 한 것이다.

회원가입을 하고 명함을 스캔하면 명함의 내용을 데이터베이스화하는 것이 첫번째의 문제였다. 처음에는 회원들이 명함을 스캔하면 당시 최신 기술인 광학문자인식 기술을 활용해서 문자화하고 데이터베이스에 저장할 예정이었다. 교환된 명함을 스캔하면 실제로 만난 관계를 기록한다는 의미로 시작했는데, 스캔해서 글자를 인식하는 효율이 너무 떨어졌다. 투자를 받기 위해 프로토타입 시연 준비를 하는데 오류가 너무 많아서 수정에 시간이 많이 들었다. 여기서 광학인식 기술개발에 착수를 하면 개미지옥에 빠진다는 것을 대표가 이해하였다.

리멤버 입장에서 조사를 해보니, 명함 한 장 수기 입력의 단가가 20원이었다. 명함 3천 개를 다 입력해봐야 장당 20원씩 6억이면 다 할 수 있는 것으로 계산이 되었다. 원천기술개발에 기대기보다는 가성비가 있는 수기 입력으로 방향을 튼 것이다. 초기 투자를 받는 과정에서 21세기에 수기라니, 이게 어떻게 IT기술 앱인가, 노동집약형 앱이라는 등 부정적인 의견도 있었으나 초기 역경을 잘 극복하고 2022년 말 현재 누적투자액이 2,190억 원에 이르는 시리즈D 스타트업이 되었다. 일단 입력해 놓으니 추가 비즈니스 모델들이 나타나기 시작했다.

오즈의 마법사

이런 테크닉을 오즈의 마법사라고 한다. 오즈의 마법사가 가면 뒤에 숨어있는 평범한 사람이었던 것처럼, 사용자가 실제로 작동하는 프로토타입을 사용하고 있다고 믿도록 만들고, 실제로는 사람이 커튼 뒤에서 시스템의 역할을 하는 방법이다. 리멤버는 이 방법을 써서 초기 데이터베이스를 구축했다. 비용을 들여서 실제 제품 제작을 하기 전에 개발 예정인 제품을 인터페이스 수준에서 이용하도록 하고 그 반응을 수집하는 것이다. 오즈의 마법사가 실제로는 조그마한 사람이었던 것처럼, 뒤에서 사람이 숨어서 IT서비스를 대응해주는 것이다. 사용자의 관심도를 직접적으로 관찰하고 혁신 기술 수용도도 측정하고 기술 수용의 사전 조건들을 찾아낸다는 목적을 달성할 수 있는 것이다.

리멤버가 당시 광학인식기술을 개발하여 최적화하겠다고 집착했으면 어땠을까? 물론 성공할 수도 있었겠지만 그렇게 되면 서비스가 아닌 광학인식기술개발기업이 되었을 것이다. 지금 리멤버는 아시아의 링크드인을 목표로 서비스를 확장하고 있다. 현재 회원 수가 300만 명을 넘고 명함의 수는 2억 장이 넘는다. 우리나라 취업 인구가 2천만을 조금 넘는 것을 고려하면 대단한 숫자이다.

중복도, 과거 정보도 당연히 있다. 하지만 이건 사용자의 이력 사항에 대한 아주 중요한 데이터이다. 커리어 서비스를 해줄 수 있는 근거 데이터가 되는 것이다. 10여 년간 어느 회사에서 어떤 직급으로 일하다가 언제 이직했고, 또 어떤 발령을 받았는지, 승진은 언제했는지를 가지고 앞으로 어디로 이직하고 언제 추가로 승진할지 예측도 할 수 있는 것이다. 이 데이터로 할 수 있는 일이 많다.

리멤버의 사례는 앞으로의 세상에서는 IT서비스를 기획하면 계속해서 키우고 새로운 서비스 모델을 만들어 나갈 수 있다는 가능성을 보여준다. 정보는 본질적으로 모여서 시너지를 발휘한다. 내 이름 하나만으로는 별다른 의미가 없지만 내 이름이 신용카드 정보와 연계되면 나의 생활을 속속들이 알 수 있다. 내 명함이 상대방의 명함과 연결이 되고 네트워크를 찾아 낼 수 있다면 누가 누구와 연결되어 있는지, 그 네트워크를 활용할 방안은 다양할 것이다. 친구들 사이에 쇼핑한 내역을 비교해서 선호도 매핑을 할 수도 있을 것이고 앞으로의 커리어도 예상하고 추천할 수 있을 것이다.

IT서비스에서 방점이 서비스에 있어야 비즈니스 모델의 진화를 손쉽게 할 수 있음을 보여주는 사례들이다.

3.6 IT서비스 개발 구축 프로젝트, 많이 실패한다

> "실패가 아니다. 동작하지 않는 수많은 방법을 찾았을 뿐이다."
>
> – 토마스 에디슨

우리나라에서 2023년 6월 21일 4세대 교육행정정보시스템(NEIS, 이하 나이스)을 개통하면서 작동 오류가 계속 발생하여 기말고사를 앞둔 학교 현장이 혼란을 가중시킨 경우가 있었다. 나이스는 우리나라 초중고교의 학사 및 교무 업무를 전자화하고 통합 관리하는 역할을 한다. 2002년도에 처음으로 도입된 이후 4세대 나이스로 2016년에 개통되었다.

그러나 개통 직후부터 접속이 안되거나 속도가 느려지고, 일부 학교에서는 다른 학교의 시험 답안지가 출력되는 등의 보안 문제도 발생했다. 갑자기 불어난 트래픽을 적절히 해결하지 못한 잘못된 ,시스템 구성으로 인해 접속이 느리거나 안 되는 문제가 발생했다고 해명하였지만 실제로 기업 차원에서 사전에 몰랐던 문제들은 아니었다. 피상적으로는 개발과 적용 과정에서 현장의 의견을 충분히 수렴하지 않고, 안정성이 입증되지 않은 새 시스템을 서둘러 개통한 교육부의 책임이라고 언론에서는 비판했다.

세월은 흘렀어도 IT의 실패율은 일관되게 70%이다

IT시스템 개발 구축에 관한 통계에 의하면 이상하게도 70년대부터 지금에 이르기까지 계속해서 실패율이 70% 가량으로 보고가 되고 있다.

1995년 스탠디쉬그룹 보고서

1995년에 스탠디쉬그룹에서는 미국의 365개 기업의 8,380개의 프로젝트 성패를 조사하여 CHAOS 보고서로 발간하였다. 보고서에 따르면 온전하게 성공한 IT프로젝트는 16.2%뿐이었다. 83.8%가 실패한 것으로 나타난 것이다. 문제가 있어서 취소된 완전 실패 프로젝트가 31.1%이고, 예산이나 기간이 초과된 반 실패 프로젝트가 전체의 52.7%라고 보고하고 있다. 1995년이니까 사실 우리가 초점을 맞추고 있는 현대식 IT서비스가 등장하기 전의 시스템들이다.

CHAOS 보고서에는 실패의 이유를 그 중요도 순으로 아래 10가지로 조사해서 보고하고 있다.

- 불완전한 요구사항
- 사용자 참여 부족
- 자원 부족
- 비현실적 기대
- 경영층 지원 부족

- 요구사항과 설계의 잦은 변경
- 기획 부재
- 필요 없어짐
- IT관리 부족
- 기술 해석 능력 부족

기획의 부재가 일곱 번째의 직접적 실패요인으로 간주되고 있다. 자세히 보면 다른 원인들도 간접적으로 기획의 역할과 긴밀하게 관계가 있어 보인다. 첫 번째의 불완전한 요구사항도 기획 과정에서 조사가 충분히 되지 않은 것으로 보이고, 비현실적 기대감도 소통의 중심에 서있는 기획팀의 탓이라고 할 수 있을 것이다. 여섯 번째의 요구사항과 설계의 잦은 변경도 원초적으로 기획이 제 역할을 수행하지 못한 탓이다.

2005년도 PTC보고서

기술이 발달하고 진화했다고 하지만 아직도 시스템 구축의 성공률은 30%를 못 넘는다. 2005년에 사물인터넷 기업인 PTC사도 2005년에 70% 이상의 시스템 프로젝트가 제시간에 못 끝나거나 비용이 더 들거나 제 목적을 달성하지 못해서 실패로 분류된다고 보고하고 있다.[52] IT서비스는 더 심할 것으로 추정된다. 여기서는 실패율이 높은 요인으로 아래 여섯 가지를 들고 있다.

- 요구사항이 제대로 정의되지 않음
- 요구사항에 대한 변경관리 부실

이제는 IT서비스 기획이다

- 요구사항 간 상호의존성 부재
- 요구사항과 테스트 간의 연계 미비
- 라이프사이클 전체 요구사항 추적 불가능
- 표준에 대한 추적 불가

자세히 보면 전부 기획 관련이다. 요구사항을 정리하고 관리하는 것이 기획자의 주 임무인 것을 고려하면 최소한 처음의 다섯 가지는 전적으로 기획이 제대로 안 된 탓이다. 여섯 번째 표준을 추적하기 어렵다는 것도 기획 문서가 제대로 업데이트가 안 되고 있는 점을 포함한 기술 표준의 얘기이다.

2020년 보스턴 컨설팅 그룹 보고서

최근에는 2020년에 보스턴 컨설팅 그룹이 디지털 전환 프로젝트를 수행한 기업 875개를 대상으로 조사해본 결과 70%가 목표를 못 맞추고 실패한 것으로 나타났다고 한다. 실패의 원인을 아래 열 가지로 분석하여 보고하고 있다.[53]

- 조직 전반에 걸쳐 합의가 부족하다.
- **성공에 대한 명확한 정의**가 없다.
- **작업에 우선순위**가 부여되지 않는다.
- **변화 관리의 가치**가 인정을 덜 받고 있다.
- 잠재적인 **위험을 적절히 예상**하지 못하고 있다.
- 민첩하지 못하다.
- IT전문가에게 필요한 재량을 부여하지 않는다.
- **과도하게 복잡**하다.
- 리소스 부족
- 구식 기술 고집하기.

볼드체로 표시한 다섯 가지는 기획과 직접 관련이 있다. 조직 전반에 걸친 합의는 물론 임원진의 책임도 있겠지만, 소통의 중심에 서있는 기획이 역시 공헌

해야 할 일로 보인다. 기획이 잘 되어 있으면 당해 시스템의 성공지표가 규정되어 있을 것이고 이에 근거해서 테스트 플랜이 나와 있을 것이다. 역시 기획의 역할이 여기서 중요하다. 작업의 우선 순위나 변화관리, 잠재적 위험은 역시 기획자가 현업과 같이 조사 분석을 마쳤 어야 할 항목이다.

IT서비스 개발이 왜 실패하는가?

많은 경우에 프로그래밍에서 구축에서 실패하는 것이 아니라 기획에서 실패한다. 기획이 잘못되어 설계가 잘못되고 디자인이 잘못되어 프로그래밍이 산으로 가는 것이다. 기획이 만사다.

개발자가 보기에도 기획은 절대적으로 필요하다

이렇게 프로젝트의 실패에 관한 조사들을 보면, IT서비스에서 기획이 점차로 더 중요해지고 있다. 기획을 어떻게 하느냐가 서비스의 성패를 가르고 있는 것이다. 작아도 강한 '작은 개발자'라는 유튜버는 IT서비스 구축이 실패하는 이유를 개발자 입장에서 아래와 같이 세 가지로 정리하고 있다.[54]

A. 사업모델은 확실한데 뭘 개발할지 모르는 경우
B. 기획을 너무 많이 하는 경우
C. 뭘 만들지 모르는데 개발자부터 구한 경우

실무 경험에서 우러난 얘기들이다. 안정적인 설계도가 있어야 집을 지을 수 있는 것인데, 개발 기획이 없이 말로만 설명해서는 문제가 많다는 점을 지적하고 있다. 기획이 필요한 바를 인지는 했으나 기획을 너무 많이 하는 경우도 문제가 된다. 개발자의 입장에서 기획에서 넘어오는 스토리보드의 숫자가 200페이지를 넘어가면 개발과정을 가늠하기가 어렵다고 한다. 분석에 시간이 너무 많이 들어간다는 것이다.

구축의 전 단계에서 기획이 필요함을 개발자가 강조하고 있는 것이다. 개발

이제는 IT서비스 기획이다

자는 항상 개발 지시를 기다리는 입장이라는 것을 강조하고 있다. 기획과 디자인에 프로젝트 시간의 30%는 투여할 것을 강조하고 있다. 대부분의 발주자들이 이 시간을 단순히 기다리거나 낭비하는 시간으로 간주하는 문제 역시 짚어 내고 있다.

이 시간을 기다리는 시간이 아니라, 같이 참여해서 기획을 온전하게 하는 시간으로 받아들여야 한다. 이 시간을 지루하게 생각하고 개발자들로 하여금 먼저 개발에 들어가게 하면 나중에 후회하게 되는 경우가 많다. 사업 모델은 내 머리에 있으니 내 말대로 개발만 하면 된다고 하면서 시작하는 것이다.

앞에서 30%의 시간을 아끼려고 기획을 뛰어넘고 선 개발에 착수했다가 실제로 나중에 궁지에 빠지게 되는 것이다. 거의 마무리가 되어 가는 단계에서 프로덕트를 고치고, 고치고, 고치고 하면서 시간이 흐르는 것이다. 그 단계에서의 수정은 앞에서 수행했던 수많은 기획과 디자인의 내용을 전부 고쳐야 하는 것이다. 아울러 각 모듈들 간에 또는 화면들 간의 연계가 다 된 상황이라서 한 군데를 고치면 리플이펙트가 나타난다.

프로젝트 기간이 예상보다 두 배 이상을 소요하게 되는 것이다. 당연히 발주, 기획, 디자인, 개발 등 관련된 사람들의 사이가 나빠지고 서로 책임전가를 하는 모습이 아주 흔하게 나타난다. 초기 기획이 안 되어 있으면 선 개발 후에 수정을 할 일이 몇 배 이상 골치가 아프다. 새로 하는 것보다도 고치는 것이 사실 더 쉽지 않다.

다음은 인터넷에서 퍼온 글[55]이다. 개발자의 정서를 잘 나타내고 있다.

A기업에서 위치기반 모바일 서비스를 기획하여 개발했습니다. 당시 모바일 기반의 App이 대중에게 조금씩 익숙해지기 시작했기 때문에 좋은 기회라고 생각되었습니다.

그런데 위치 기반의 서비스가 정말로 먹히는 타겟을 잡고 그 타겟의 Persona의 Life Cycle 스토리를 충분히 분석해야 하는데 그렇지 못하였습니다. 일단 타겟이 명확하지 않았습니다. 젊은 층에서 나이 든 층까지 아울러 사용할 수 있을 것이라 생각했던 것이 착오였죠. 그러다 보니 고객의 스토리가 명확하지 않았습니다. 스토리가 명확하지 않으니 요건도 모호하게 되고 출시된 앱도 정체성이 모호하게 된 것입니다.

여기서 더 중요한 불편한 사실은 진짜 만족시켜야 할 대상은 고객인데도 불구하고 서비스 기획자들은 최종 의사결정권자의 마음을 만족시키려고 한다는 겁니다. 회사 임직원은 결코 진짜 고객이 될 수 없음을 잊지 마세요.

프로젝트가 실패해도 IT서비스가 죽지 않는 경우도 많다

앞에서 소개한 교육행정시스템의 경우가 전형적인 개발 실패의 사례이다. 하지만 지금은 어떤가? 그 이후 수정 과정을 거쳐서 새로운 시스템에 적응하고 업그레이드하여 또 어떻게든 적응해가면서 잘 쓰고 있다. IT서비스의 성공과 실패를 분류하는 데 있어서 기준을 어떻게 잡느냐에 관한 문제가 여기 있다. 공공시스템이기 때문에 그리고 꼭 써야할 시스템이기 때문에 많은 오류가 있었음에도 불구하고 새로이 자원을 투여하여 수정하고 이제 안정화해서 다시 쓰고 있다. 이 시스템은 실패인가 성공인가?

물론 상업용 시스템이라면 아마도 고객들이 많이 실망하고 경쟁사로 넘어가면서 시스템의 실패가 기업의 실패로 이어졌을 것이다. 극단적인 경우에는 기업이 고객의 신뢰를 잃고 파산할 수도 있지만 또한 그렇지 않을 수도 있다. IT서비스라는 것이 이러한 생명성을 가지고 있는 것이다. 하지만 과거의 이력을 보면 IT서비스의 개발 구축에서 실패하는 비율이 지속적으로 70%가 넘는 것으로 보고되고 있다. 이 통계에서는 나이스와 같은 케이스도 아마 실패 사례로 구분이 되었을 것이다. 하지만 나이스는 지금 학교 현장에서 잘 쓰이고 있다.

이제는 IT서비스 기획이다

4

IT서비스 기획 및
구축의 방법론은
워터폴과 애자일
두 가지로
크게 나뉜다

04

IT서비스 기획 및 구축의 방법론은 워터폴과 애자일 두 가지로 크게 나뉜다

소프트웨어 공학의 목적은 복잡성을 관리하는 것이지,
복잡하게 만드는 것이 아니다.

– 파멜라 제이브, 『소프트웨어 요구사항 및 디자인』 저자

많은 사례들을 살펴보는 것에서 시작하여, 기획의 전반적인 과정, 그리고 디자인씽킹으로 아이디어 구체화하기를 살펴 보았다. 이어서 시장의 분석에 관해서 다루었다. 이어서 서비스 기획의 상부 프로세스인 아이디어를 내기 위한 퍼소나, 고객여정을 다루었고, 이렇게 서비스 아이디어를 확정한 다음에 전략 분석을 통해서 비즈니스 가설을 검증하고 피버팅을 한 사례들도 보았다.

이제 이러한 분석을 기반으로 개발을 준비한다. 지금까지의 산출물들은 개발자들에게 넘겨줄 수 있는 상태가 아니다. 프로그램을 개발하기 위해서는 좀더 상세한 시스템 관련 모델링이 필요하다. 어떠한 데이터들이 어떠한 프로세스들을 거쳐서 어떻게 처리가 되는지, 사용자와는 어떻게 상호작용을 할 것인지 등 상세한 모델링이 필요하다. 개발자는 여기서 산출되는 상세 모델들을 근거로 기술 스택들을 결정하고 프로그래밍을 하고 데이터베이스를 짜게 된다. 개발 기획을 해야 하는 것이다. 실제로 복잡하게 어우러져 있는 프론트엔드와 백엔드 시스템들을 개발을 해야 하는 것이다.

이 모델링의 상세는 5장에서 설명할 것이고 본 장에서는 실제 모델링에 들어가기 전에 IT서비스 관련해서 모델링과 기획을 아우르는 프로세스인 방법론에 대해서 논의해 보고자 한다. 복잡한 일일수록 체계화와 조직화를 위한 방법이 필요하다. 정의된 프로세스와 방법론이 있으면 새로이 발생하는 일에서도 반복해서 적용을 할 수 있기 때문에 효율성도 높고 참여 관련자들끼리 협업을 하는 것도 용이하다. 특히 관점이나 배경도 다르고, 각자 다른 역할을 하는 사람이 많을수록 공통의 방법론을 활용하면 서로의 이해도를 높이고 작업의 능률을 올릴 수 있으며 일정의 관리가 용이해진다.

IT서비스 분야에서는 기술의 발달에 따라서 개발을 통괄하고 관리하는 방법들이 진화를 해왔다. 역사적으로 보면 크게 두 갈래로 나뉘어 방법에 관한 생각이 흘러왔다. 하나는 오래전에 개발된 워터폴(폭포, waterfall)이라는 순차적 방법이고 또 하나는 이보다 상대적으로 나중에 개발 진화된 애자일(민첩, agile) 방법이다. 이 방법들은 각기 특정한 절차들을 제안하고 있는데 실제로 그 근간을 보면 특정 절차가 중요하다기보다는 IT서비스의 개발을 대하는 태도나 사상에 의한 구분에 가깝다.

50-60년대는 컴퓨터시스템에 있어서 메인프레임이 주종이었다. 그 시절에는 방법론없이 사례별로 연구 개발을 해서 시스템을 개발했다. 메인프레임 기술이 어느 정도 안정화되면서 되면서 개발의 프로세스를 폭포에 비유하여 워터폴이라 정리한 방법이 처음으로 제시된다. 1970년에 로켓 관련 소프드웨어를 개발하던 윈스턴 로이스 박사가 IEEE 학술대회에서 처음 발표한 소프트웨어 개발의 순차적 접근 방식이다. 소프트웨어 개발의 수명 주기를 요구 사항 분석, 시스템 설계, 구현, 테스트, 배포 및 유지 관리로 규정을 한 방법이다. 각 단계는 다음 단계로 전환하기 전에 완료되어 문서화를 하고 다음 단계로 넘어가는, 철저한 계획에 의한 개발을 추구하는 방법이다.

이후 80년대에는 기술적으로 상용 데이터베이스가 등장하고 네트워크 기술

이제는 IT서비스 기획이다

이 발달하고 4세대 프로그래밍 언어들이 나왔다. 그러면서 순차적 방법의 단점이 부각되기 시작하였다. 빨리 보여주고 피드백을 받아 수정을 하는 것이 좋다는 의견을 가진 그룹들이 나타난 것이다. 프로토타이핑이라고 불리던 이러한 관행들을 1991년에 제임스 마틴이 정리하여 신속소프트웨어개발(RAD: Rapid application Development)이라고 발표한다. 기본적으로 신속하게 프로토타입을 지속적으로 개발 진화 시키면서 피드백을 받아 수정하는 방법이었다.

프로토타이핑을 적극적으로 활용하던 17명의 소프트웨어 개발 전문가들이 2001년에 미국의 스노우버드 캐년에서 애자일 매니페스토를 발표한다. 애자일 개발 방법의 개막을 알린 것이다.

애자일 개발 방법은 워터폴 방법과는 다르게 순차적 개발을 모토로 하지 않는다. 핵심이 되는 요소와 기능을 파악하여 워킹 프로토타입을 빠른 시간 안에 개발해서 시장에 내놓고 사용자의 반응을 보면서 수정, 보완, 확충하는 방식이다. 프로젝트를 잘게 쪼개서 여러 부분들을 동시에 개발을 해나가자는 이론이다. 서비스의 기획, 디자인, 개발을 작은 규모로 작은 부분들을 반복 개발 통합을 하면서 완성해 나가는 방법론이다. 중요한 기능들을 먼저 개발해서 사용자들에게 내놓고 주기적으로 피드백을 받아서 추가 기능들을 개발해서 업데이트를 다시 릴리즈한다.

마이크로소프트가 익스플로러를 개발할 때 이러한 애자일 방법론을 정식으로 그리고 대규모로 썼던 것으로 알려져 있다. 신속하게 부분 부분을 기획하고 개발해서 진화 시키면서 새로운 버전을 계속 릴리즈 하는 것이다.

요구사항에 근거한 시스템의 모델링에 있어서도 워터폴에서는 순차적으로 모델링을 완성해 나가지만 애자일에서는 큰 덩어리들만을 찾아낸 다음에 쪼개서 부분별 모델링을 진행한다. [표 9]에서는 워터폴과 애자일의 특징을 비교했다. 두 가지 방법은 각각의 특성을 가지고 있지만, 서로 상충되는 것은 아니다. 오히려 두 방법의 기법과 테크닉은 종종 상호 보완적으로 사용되기도 하며, 필요에 따라 융합되기도 한다. 이는 IT서비스의 개발이 사람 중심의 작업이며, 상황에 따라 적절한 방법과 기법을 선택하고 조합하는 것이 좀 더 효과적일 수 있기 때문이다.

👉 표 9 워터폴과 애자일의 특성 비교

특징	워터폴 방법론	애자일 방법론
개요	프로젝트가 선형적으로 진행되는 방식	반복적이고 유연한 방식
개발 과정	단계적이고 순차적인 개발 과정을 따름	반복적이고 증분적인 개발 과정을 따름
요구 사항 관리	초기에 모든 요구 사항을 명확하게 정의하고 추후 변경이 어려움	요구 사항은 프로젝트 진행 중에 지속적으로 변경됨
시스템 모델링	전반적인 모델링을 하면서 순차적 프로세스를 통해서 심화해 나감	시작할 때는 큰 그림만 해놓고 부분별로 심화 모델링을 하면서 큰 그림을 채워 나감
유연성	변경이 발생하더라도 변경에 대한 대응이 어려움	변경에 빠르게 대응하여 프로젝트 방향 조정이 가능
품질 보증	전체 개발 과정에서 품질을 보장함	지속적인 피드백과 테스트를 통해 품질을 보장함
고객 참여	기획의 초기에만 참여하고 그 후 참여없이 최종 결과물만 확인	고객의 지속적인 참여와 피드백을 반영함
프로젝트 관리	예산, 일정, 범위 등을 미리 계획하고 엄격하게 관리함	유연한 계획을 통해 변화에 대응하고 프로젝트를 관리
리스크	관리변경에 대한 대응이 어려워 리스크 관리가 쉽지 않음	리스크를 지속적으로 감지하고 대응함
프로젝트 완료 시점	개발이 완료되면 최종 결과물이 제공됨	반복적인 개발 과정을 거쳐 지속적으로 결과물 제공
적합한 상황	• 요구사항이 아주 상세하고 명확한 프로젝트 • 변화가 적고 유동성이 낮은 프로젝트 • 큰 규모의 프로덕트, 주요 기능 개발 등에 적합	• 사용자의 피드백을 수집해서 신속하게 개선할 필요가 있는 경우 • 요구사항 변경이 잦은 프로젝트 • 고객과 시장의 변화에 빨리 대응해야 하는 프로젝트

　　두 가지 방법이 서로 섞여서 쓰이기도 하지만, 여기서는 이해를 돕고자 분리해서 설명한다. 두 가지 방법론의 상세를 우선 따로 다루었다. 워터폴에 관해서 설명하고 이에 비추어 애자일을 설명하였다. 이어서 두 가지 방법이 어떻게 조합이 될 수 있는지, 그리고 실제 실무에서는 어떠한 형태로 조합되어 많이 쓰이고 있는지 설명하였다.

4.1 소프트웨어 엔지니어링은 워터폴이다

워터폴은 소프트웨어 개발의 맥락에서 오래전부터 제시되어 온 방법이다. 우주항공용 시스템 소프트웨어를 개발하던 윈스턴 로이스가 복잡한 소프트웨어는 이렇게 개발한다고 1970년에 학술대회에서 발표한 내용[56]이 그 시초이다([그림 32] 참조). 애초에는 워터폴이라는 이름이 아니라 '고객을 위한 대규모 컴퓨터 프로그램 개발 구현 단계'라는 이름으로 발표를 했다. 워터폴이라는 용어는 1976년에 벨과 테이어라는 엔지니어들이 처음으로[57] 로이스의 방법에 대한 비유로 사용했다. [그림 32]에서 보이듯이 낙차를 가지고 있는 폭포에 비유하여 설명하고 있다.

그림 32 **윈스턴 로이스의 워터폴 모델(원문 번역 및 재구성)**

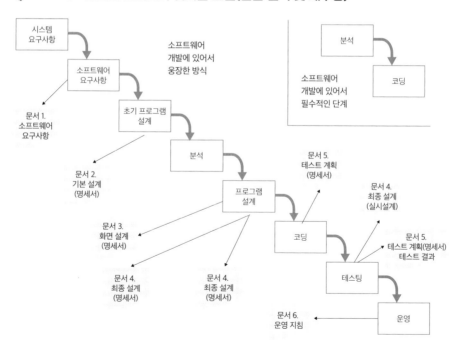

전통적 워터폴은 1970년대부터 활용되었다

워터폴이라는 용어가 나타내듯이 시스템 요구사항부터 마지막 운영까지 단계적으로, 순차적으로 개발을 한다. 각 단계별로 다음 단계로 전환하기 전에 해당 단계의 문서화를 마무리하는 것이다. 단계별로 거슬러 올라가기가 어렵다고 해서 워터폴, 폭포라고 비유를 한다.

워터폴 방법은 선형적이고 구조화된 특성으로 각 단계에서 포괄적인 문서화를 하는 관계로 지식 이전 및 향후 참조에 유용한 방법이다. 또한 단계가 명확하게 규정되어 있어 이에 근거해서 프로젝트 관리를 효과적으로 할 수 있고 참여자들이 진행 상황을 추적하고 그에 따라 자원을 배분하고 할당할 수 있는 근거를 제공한다. 또한 요구 사항 분석 및 사전 설계를 미리 하는 관계로 범위의 변경 가능성을 최소화하고 프로젝트의 일정과 비용의 예측이 비교적 용이하다.

하지만 순차적으로 단계를 진행하는 관계로 변경 사항이나 시장의 진화를 수용하는 데는 적합하지 않다. 뒤의 단계에서 수정을 하려면 거슬러 올라가야 하므로 비용이 많이 들게 된다. 테스트가 개발 프로세스의 후반에 위치하고 있어서 피드백 루프가 상당히 늦게 작동한다.

또한 사전 문서화 및 계획에 의존하기 때문에 '분석 마비(analysis paralysis)'가 일어날 가능성이 있다. 요구 사항과 설계를 완성하는 데 과도하게 시간을 투여하여 개발 진행이 늦어질 가능성도 있는 것이다. 우리말로는 분석 마비지만 원래 영어로는 발음이 애널리시스 패럴리시스가 되는 바, 발음의 어미가 비슷하여 많이 쓰이는 표현이다.

이렇게 70년대에 제시된 워터폴은 그 이후 기술이 발달함에 따라 폭포의 아래 부분보다는 위의 부분이 점차로 강화가 된다. 프로그래밍 언어가 진보하고 소프트웨어를 구축하는 환경이 좋아짐에 따라 앞부분 분석의 깊이가 심화될 필요가 점차로 더 높아진 것이다. 70년대의 소프트웨어들은 당시 기술의 특성상 기본적인 기능들을 구현하는 데 초점이 맞추어져 있었다.

기술 발달에 따라서 워터폴도 진화해왔다

그러던 중에 미국의 항공사들이 고객들을 위한 예약시스템을 개발하면서 소프트웨어가 단순한 정보처리를 위한 시스템이 아니라 실제로 수입을 창출할 수 있다는 것을 발견한다. 이렇게 비즈니스 전략을 전개하는 수단으로 쓸 수 있다는 것을 발견하면서 전략정보시스템이라는 용어가 등장하게 된다.

그 이후로 소프트웨어 시스템을 개발하는 과정의 첫 번째 단계로 전략적 방향과 미션을 분석해야 한다는 이론들이 등장하기 시작한다. 다시 말해서 개발에 초점이 맞추어 졌던 소프트웨어 엔지니어링이 공과대학을 벗어나 경영대학의 영역으로 들어오게 된 것이다. 정보시스템 분석 설계라는 과목이 경영대학에 도입되고 비즈니스에서도 적극적으로 활용이 되기 시작한 것이다.

정보시스템분석설계에서는 소프트웨어 엔지니어링에 뿌리를 가지고 있는 DFD, ERD, Structure Chart와 같은 모델링 기법들뿐만 아니라 전략 기획과 서비스 기획, 그리고 프로젝트 관리와 같은 사회과학적인 어프로치들이 워터폴의 앞 단에 포함되었다.

워터폴은 사실 개발 기획에서 유래한 방법론이다. 소프트웨어 개발 생명 주기를 단계적으로 수행하는 선형 모델로서 요구 분석, 설계, 구현, 테스트, 유지보수 등이 순차적으로 진행된다. 주로 큰 프로젝트에서 요구사항을 명확하게 이해하고, 단계적으로 작업을 진행해야 할 때 유용하다. 반면에 변화에 적응하기 어렵고, 프로젝트 초기에 요구사항을 완벽하게 이해해야 한다는 한계가 있다.

IT서비스에 있어서 서비스 기획, 전략 기획, 그리고 워터폴은 서로 연계되어 있다. 서비스 기획은 아이디어를 발현해서 구체화하고 이를 실현하기 위한 구체적인 프로덕트를 기획한다. 구체화되어 가는 아이디어의 전략적 방향을 확인하여 서비스 기획을 마무리한다. 서비스 기획의 마무리에서 개발자들에게 필요한 시스템 모델링을 해준다. 또한 워터폴 모델은 서비스 기획과 이어져서 개발기획까지 연결이 된다.

새로운 워터폴은 어떻게 다른가?

지금의 워터폴은 1970년에 처음으로 소개된 전통적인 워터폴과는 많이 다르다. 1970년대의 워터폴은 우선 기술이 지금 같지 않았고 거의 대부분의 시스템 개발이 대형 프로젝트여서 많은 사람들이 역할을 나누어 폭포 형태로 한 단계가 끝나면 그 다음, 또 그 다음 이렇게 손이 바뀌는 모델이었다. 요즈음은 폭포처럼 흘러간다는 전통적인 워터폴의 핵심 사상을 계승하면서도 새로운 기술과 기법, 디자인씽킹이나 애자일의 테크닉들도 같이 융합되어 실행된다.

👉 그림 33 **현대적 IT서비스 개발 구성원들인 기획, 디자인, 개발의 관점에서 본 워터폴**

네트워크기술과 인터넷이 발달하면서는 스크린의 디자인에 국한되어 있던 사용자에 대한 고려가 사용자 경험이라는 용어로 변화되어 그 범위를 넓히면서 디자인씽킹이 시스템의 영역으로 들어오게 된다. 자연스럽게 디자인씽킹을 포함한 서비스 기획이 시스템 분석 설계의 앞 단에 등장하게 된 것이다.

현대의 IT서비스 개발 구축에는 앞에서 설명한 바처럼 크게 서비스 기획자, 디자이너, 개발자의 세 그룹이 각자의 역할을 가지고 참여한다. 워터폴 방식에서는 서비스 기획, 디자인, 그리고 개발의 순서로 IT서비스 구축 프로세스가 일어난다. 크게는 서비스 기획이 아이디어를 찾아내고 이에 대한 전략적 분석, 고객 입장의 분석을 마무리하고 디자이너들과 같이 세부 모델링과 디자인을 하면, 이어서 개발자들이 개발을 한다. 서비스 기획자는 개발 프로세스에도 어느 정도 같이 관여한다. 서비스를 처음부터 끝까지 꿰뚫고 있는 것이 기획자이기 때문에 기획은 만능이고 모든 단계에서 소통의 중심에 서 있게 된다.

워터폴에서 단계별 산출물들은 어떻게 구성이 되어 있을까?

실무에서의 실제적인 워터폴 프로세스를 각 단계별 산출물 중심으로 다시 그려보면 아래 그림과 같다. 우선 대형 프로젝트의 경우에는 아이디어를 확정하고 전략 기획을 한 후에 큰 그림을 나누는 로드맵 작업을 한다. 마케팅 기획 후에 전체적인 서비스 기획을 한 다음에 큰 기능들을 나누는 것을 로드매핑이라고 한다. 지도에서 길을 나누는 작업에 비유한 것이다. 그리고 팀을 나누어 분업을 하면서 각각 맡은 부분들에 대해서 다시 상세 기획을 하면서 시스템의 모델링을 한다. 또 지도의 비유를 써서 중간중간에 마일스톤이라고 부르는 세부 목표들을 다른 팀들과 서로 소통을 하면서 전체적으로 일관성 있게 설정한다. 이 마일스톤을 기준으로 삼아서 각 부분의 코딩과 단위 테스트 후에 통합 테스트를 하고 운영 관리로 들어가게 되는 것이다.

그림 34 **현대 실무에서의 워터폴**

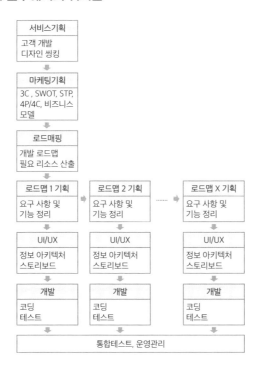

한 가지 워터폴과 관련하여 재미있는 역사적 사실은 당초 로이스의 논문에서는 워터폴이 탑다운, 즉 하향식 어프로치라고 규정을 했다는 것이다. 그리고 이 하향식 방법이 그 이전의 바텀업, 즉 상향식 어프로치보다 더 우수하다고 얘기를 하고 있다. 그 이전에는 바텀업, 즉 상향식으로 프로그래밍의 세부 부분을 부분별로 만들어 나가는, 다시 말해서 애자일에 가까운 프로토타이핑 방식이 이미 쓰이고 있었다는 점이 재미있다. 물론 프로그래밍 환경이 달라서 지금의 애자일과 같다고는 할 수 없겠지만 개념상으로는 일맥상통하는 방법이 애초의 시스템 개발 방법이었던 것이다.

> "소프트웨어 시스템 개발 방법에 대한 접근 방식의 진화는 일반적으로 코드 구현 아이디어의 진화와 병행되었습니다. 지난 10년 동안 더 많은 구조와 질서가 도입되었으며, 실무자들은 상향식 접근이 과거의 하향식 접근보다 우수하다는 결론을 내렸습니다."

이런 맥락에서 로이스 논문에는 규모가 작은 소프트웨어, 예를 들어 개인이 쓸 소프트웨어는 기본적으로 분석과 코딩만으로 하기도 한다고 [그림 32]의 상단 오른쪽과 같은 방법도 있다고 사례를 들어서 설명하고 있다. 워터폴 방법의 창시자라고 알려져는 있지만 실제로는 애자일과 프로토타이핑의 씨앗도 포함하고 있던 것이다.

4.2 애자일은 작게 쪼개서 조각조각 만들어 합치는 방법이다

소프트웨어 개발에서, 애자일은 자기 조직화되고 다기능적인 팀과 최종 사용자들이 협업을 해서 요구 사항을 찾아내고 솔루션을 개발하는 프로세스를 가리킨다. 애자일에서 주창하는 가치와 원칙들은 스크럼과 칸반을 포함한 다양한 소프트웨어 개발 프레임워크를 포함하고 애자일 프로세스의 근간을 이룬다.

역사적으로 워터폴 방법론이 너무 무거운 데 대한 반향으로 경량급, 좀 더 가벼운 개발 방법들이 이미 1990년에 진화하기 시작했다. Rapid Application Development(RAD)가 1991년에 발표되었고 동적시스템개발방법(DSDM)이 1994년도에, 그리고 지금 애자일에 포함되어 있는 스크럼이 1995년도에 발표되었다.

2001년도에 17명의 개발자들이 미국 유타주 스노우버드 리조트에 모여서 경량급 개발방법론에 대해서 토론을 하여 애자일 소프트웨어 개발 선언(이하 애자일 매니페스토)을 한다.

애자일 매니페스토는 무엇인가?

기술적 혁명이 계속 진행되고 있고 지속적인 혁신이 이에 따라 계속 일어나고 있다. 애자일 매니페스토는 마치 선박에 실린 화물로 제품을 배송하던 시절에서 드론을 이용한 당일 배송으로 변화하는 것에 비유할 수 있는 문화적 차이를 얘기하고 있다. 주 아이디어는 기업들이 소프트웨어 개발 주기를 너무 과도하게 신뢰하면서 계획하고 문서화하는 데 너무 집중하고 있어서 실제로 중요한 고객의 문제를 풀어간다는 점이 간과되고 있다는 데 초점을 맞춘 것이다.

애자일 매니페스토는 영어로 68개의 단어로 구성되어 있지만 짧고 명쾌하게 소프트웨어 개발의 원칙을 명시하고 있다.

네 가지 가치

우리는 소프트웨어를 개발하는 더 나은 방법을 찾아가며, 이를 실천하고 다른 이들에게 도움이 되고자 한다. 우리는 다음과 같은 가치를 중요시한다.

- 과정과 도구보다는 개인과 상호작용
- 포괄적인 문서보다는 작동하는 소프트웨어
- 계약 협상보다는 고객과의 협력
- 계획을 따르는 것보다는 변화에 대응하는 것

열두 가지 원칙

1. 최우선 목표는 가치 있는 소프트웨어를 조기에 그리고 지속적으로 고객에게 제공하여 고객을 만족시키는 것이다.
2. 요구사항 변경은 환영한다. 애자일 프로세스는 고객 경쟁 우위 확보를 위해 변경한다.
3. 되도록 신속하게, 몇 주일이나 몇 달 간격으로 작동하는 소프트웨어를 자주 제공한다.
4. 비즈니스와 개발자는 프로젝트 전체 기간 동안 매일 함께 일한다.
5. 동기부여가 된 개인에게 필요한 환경을 제공하고 지원하면서 믿음을 주어서 중심적인 역할을 하도록 한다.
6. 팀 내외 정보를 전달하고 공유하는 가장 효과적인 방법은 대면 대화이다.
7. 작동하는 소프트웨어로 진도를 측정한다.
8. 애자일 프로세스는 지속 가능한 개발을 지향한다. 스폰서, 개발자, 사용자는 진행 속도를 일정하게 유지할 수 있어야 한다.
9. 기술적 탁월성과 좋은 디자인에 초점을 맞추어 민첩한 정도를 높인다.
10. 안 하는 일을 최대화하는 기술인 단순함이 절대적이다.
11. 최고의 아키텍처, 요구사항, 디자인은 자기 조직화된 팀에서 나온다.
12. 정기적으로 팀은 더 효과적으로 되기 위해 어떻게 할지 고민하고, 그에 따라 행동을 조절한다.

애자일 프로세스에서는 스크럼을 짜서 스프린트를 한다

애자일 방법도 여러가지가 있는데 대부분 프로덕트[58]의 개발 실무를 아주 잘게 나누어서 실행한다. 잘게 나눌 때는 사전 기획이나 설계의 부담을 최소화할 수 있는 정도로 시스템을 잘게 나눈다. 이 조그마한 조각들은 다기능 멤버들로 구성된 한 팀이 맡아서 약 2주에서 4주정도 안에 기획, 분석, 설계, 코딩과 테스트를 끝낼 수 있는 정도의 업무량이다.

이 팀을 스크럼이라고 하고 한 사이클을 스프린트라고 부른다. 럭비의 스크럼과 단거리 달리기를 의미하는 스프린트에 비유한 표현이다. 애자일 스프린트는 작은 조각만을 책임지고 개발하기 때문에 리스크를 최소화하고 프로덕트가 변화에 빨리 적응할 수 있다는 장점이 있다. 각각을 짧은 단위로 계획을 하고 지속적으로 고쳐 나가는 사이클을 반복하는 소프트웨어 개발방법론이다. 그리하여 고객의 요구사항의 변화에 유연하고 신속하게 대응하는 것을 목적으로 한다. 애자일 단어 자체는 '기민한, 날렵한, 민첩한'이라는 뜻을 가지고 있다.

애자일의 탄생 배경은 워터폴의 단점을 극복하고자 하는 데 있다. 계획에 의존하고 절차를 지키는 것을 강조하는 워터폴에서 나타나는 시간과 비용의 낭비를 없애기 위하여 애자일이 주창되고 실행되었다. 기능들을 작게 나누어 각 단위를 빨리 개발하고 테스트하고 또 다음 것을 개발하고 테스트하는 프로세스를 거친다.

인터넷 기술이 성숙되면서 과거와는 비교하기 어려울 정도로 기술과 시장의 변화가 빨라지고 있어서 워터폴로 처리하기보다는 애자일하게 민첩하게 대응을 하여야 한다는 철학이자 사상인 것이다.

🔖 **그림 35 애자일 스프린트 개념도**[59]

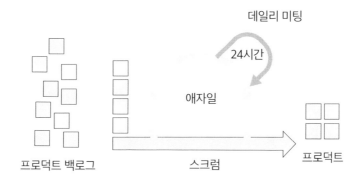

마이크로소프트의 익스플로러 개발에 애자일이 처음 적용된 것으로 알려져 있다. 1995년 12월 7일 첫 요구사항 리스트가 정의된 후 1996년 3월에 첫 번째 버전이 나왔다. 전체 요구사항의 30% 정도만 개발된 버전이 공개된 것이다. 4월에는 60% 정도가 구현된 베타 버전, 6월에는 80% 정도가 구현된 베타가 공개되었다. 최종 완제품인 IE3(Internet Explorer 3)는 1996년 8월에야 출시하였다. 첫 번째 공개를 하고 그 후로 1년 가깝게 부분별로 완성을 해나간 애자일 프로세스이다.

우리나라 기업 중에서 개발 조직 전체를 애자일 방식으로 운영하고 있다고 알려진 조직은 쿠팡이다. 신속한 업데이트와 서비스 개선을 구현한 애자일 방식이 지금까지 경쟁력의 숨은 원동력이라고 알려져 있다.

애자일은 철학이나 사상에 가까운 관계로 실제적으로는 여러가지 모양새로 쓰이고 있다. 예를 들어 스크럼(scrum), 칸반(kanban), 익스트림 프로그래밍(XP, eXtreme Programming) 등이 있다. 스크럼이 가장 대중적인 방법이다. 스프린트방법으로 짧은 기간 안에 완료할 수 있는 작업을 스토리티켓으로 정리하여, 5~9명으로 조직된 스크럼팀에 맡긴다. 일반적으로 스크럼은 대규모 프로젝트를 많은 수의 2~4주 스프린트로 분할할 수 있을 때 활용된다.

애자일 프로세스는 소프트웨어 개발 자체가 다른 공학적인 프로세스와는 큰 차이가 있음을 인지하는 데에서부터 시작되었다. 이는 소프트웨어 위기의 원인과 해결방안을 찾기 위해서 였다. 90년대 후반까지의 소프트웨어 공학과 개발 방법론은 장기간에 걸쳐 많은 사람들을 투입하고 충분한 비용을 투입하여 진행하는 공학의 다른 분야에서의 프로세스와 비슷한 맥락에서 진행되었다.

그러나 소프트웨어는 유동적이고 개방적이다. 또한 요구사항의 변경에 따른 작업량을 예측하기 힘들다. 그래서 이미 고전적인 소프트웨어 공학이나 관리 기법만으로는 대처할 수 없게 되었다. 애자일 개발 프로세스는 제한된 시간과 비용 안에서 정보는 불완전하고 예측은 불가능하다는 전제에서 시작한다. 그리고 그 전제 아래에서 합리적인 답을 내도록 하는 것이 애자일 개발 프로세스이다.

애자일은 디자인씽킹이나 린 스타트업과 맥락을 같이 하여 움직인다

한편 애자일은 디자인씽킹이나 린 스타트업과 그 맥락을 같이 한다. 애자일 선언의 시기에, 컴퓨팅에서 디자인의 필요성이 높아지면서 사용자 인터페이스가 주목을 받고 사용자 경험(UX)이 중요시되는 추세로 진입한다. 2008년에 IDEO 설립자인 팀 브라운이 하버드 비즈니스 리뷰에 같은 이름으로 발표한 논문을 통해 널리 알려진 디자인씽킹이 IT서비스 개발의 전면에 등장하였고, 2009년에는 스탠포드 대학에 d.school이 설립되어 IT 분야에 특화된 디자인 인력을 양성하기 시작했다.

또한 2007년 아이폰이 출시되고 플랫폼의 시대로 접어들면서 IT서비스로 창업하는 기업들이 늘어난다. '스타트업'이라는 용어가 창업이나 벤처와는 다른 의미로 사용되기 시작한다. 2011년에는 에릭 리스가 스타트업을 시작해서 성공시킨 경험을 살려 '린 스타트업' 방법을 책으로 발간하면서 이제 거의 표준화된 방법으로 자리잡았다.

역사적으로 보면 애자일, 디자인씽킹, 린 스타트업의 순서로 IT서비스 업계에 등장한 것이다.

표 10 **애자일, 디자인씽킹, 린 스타트업의 주창년도**

2001년	17인의 개발자	애자일	애자일 매니페스토 발표
2008년	팀 브라운	디자인씽킹	하버드 비즈니스 리뷰 논문 게재
2011년	에릭리스	린 스타트업	책 발간

애자일, 디자인씽킹, 린 스타트업은 맥락을 같이 한다.[60] 디자인씽킹으로 숨어있는 고객의 욕망을 찾아내어 새로운 서비스를 기획하고, 린 스타트업 방법으로 아이디어를 신속하게 테스트하고 수정하는 스타트업 주기로 가는데 실제 개발은 애자일한 방법으로 하는 것이다.

무엇보다도 애자일의 사상에서는 처음의 디자인씽킹부터 기획자, 디자이너, 개발자, 그리고 다른 중요한 관련자들이 한 팀으로 일한다. 팀원들이 아주 긴밀하게 같이 일을 해야하므로 비유적으로 럭비의 스크럼이라고 부른다. 하지만 실제 작업은 서비스를 잘게 나누어 각 부분을 2-3주 안에 빨리 개발하고 테스트하는 과정으로 가기 때문에 그러한 작업과정을 비유적으로 스프린트(빨리 달리기)라고 부른다.

위의 세 가지가 맥락을 공유한다는 것에 착안을 하여 2016년에 컨설팅 업체인 가트너에서는 아래와 같은 가이드라인을 발표한다. 디자인씽킹과 린 스타트업, 그리고 애자일의 관계를 명기하기 위한 개념도였다.

그림 36 **가트너 그룹의 디자인씽킹, 린 스타트업, 애자일의 관계도**[51]

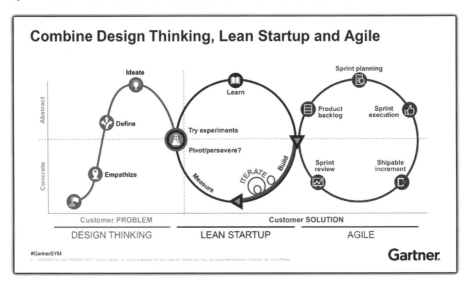

하지만 이 프레임워크는 발표된 후 오히려 워터폴과 같은 인상을 준다고 비판을 많이 받고 있다. 가로축이 문제와 해결책의 축인데 일반적으로 가로축을 시간의 흐름으로 보는 시각이 많아서 오해를 샀기 때문이다.

세 가지 방법이 서로 상호 관계를 지속적으로 가지면서 같이 실행된다는 점을 보면, 애자일의 프레임워크 안에 디자인씽킹과 린 스타트업이 포함된 것으로 보는 것이 맞을 것 같다([그림 37] 참조). 기획은 제품의 시장적합성을 검토하고 적절한 시점에 마케팅과 함께 서비스를 출시하고 관리하는 그룹이다. 개발은 실제 제품을 구현하는 그룹이고 디자인은 고객의 경험가치를 최대한 제품에 반영하는 그룹이다.

이렇게 참여자의 역할이 분담되기는 하지만 실제에 있어서는 처음 디자인씽킹 프로세스부터 참여자들이 모두 같이 하면서 린 스타트업의 사이클을 애자일

이제는 IT서비스 기획이다

한 방법으로 돌리는 것이라고 보아야 한다. 역할이 구분되어 있기는 하지만 린 스타트업–디자인씽킹–애자일 방법에서는 기획, 디자인, 개발이 마치 럭비에서 스크럼을 짜듯이 긴밀하게 협력하여 전체적인 과정을 같이 진행한다. 개념적으로는 린 스타트업이 디자인씽킹과 애자일을 포괄하고 있다고 얘기할 수 있다.

🐾 그림 37 **린 스타트업, 디자인씽킹, 애자일 프로세스 간의 연관 관계도**

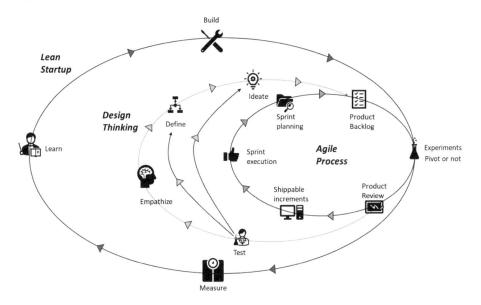

프로젝트의 시작에는 일단 디자인씽킹의 공감 프로세스로 같이 시작해서 문제를 인식하고 정의하여 프로토타입을 만들게 되는데 이 과정에서 애자일한 프로세스로 진행을 한다. 물론 이것은 많이 추상화한 얘기이고 실제에 있어서는 스크럼팀을 서비스 요소별로 여럿으로 분할하기도 한다. 어쨌든 서비스를 빠르게 개발하고 반복적으로 개선할 수 있는 유연한 방식으로 진행을 하는 것이 원칙이고 실제 프로토타입을 테스트한 후에는 다시 사이클에 태우는 것이다.

워터폴은 기획과 디자인 그리고 개발의 책임 범위가 명확한 반면 애자일 방법은 책임의 범위가 모호하다. 왜냐하면 애자일에는 기획, 디자인, 개발이 처음부터 같이 진행을 하기 때문이다. 워터폴은 프로젝트의 시작부터 끝까지 해야 할 일과 책임질 부분이 명확하게 규정된 역할이 있는 반면 애자일 방법은 역할 구분이 모호하고 같이 일하면서 환경변화에 대응하여 변화 및 진화시켜 나간다. 워터폴은 당초 기획한 서비스를 만드는 데 비해 애자일은 변화에 대응하면서 최종 프로덕트의 모습을 계속해서 바꾸면서 완성해 나가는 형태이다.

애자일에서는 기획자, 디자이너, 개발자가 함께 스크럼을 짜고 스프린트를 한다. 럭비에서 공격과 수비를 하는 형태인 스크럼의 비유를 활용한 것이다.

☞ **그림 38 스크럼의 일반적 구성원들**

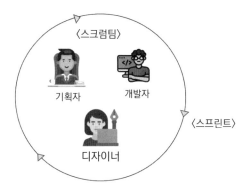

4.3 워터폴과 애자일이 만나서 워터스크럼폴이 된다

애자일 선언문 4개 조항과 12가지 원칙에서 나타나듯이 애자일은 사실 특정 방법론보다는 일종의 사상에 가깝다. 개인과 상호작용을 중시하고 워킹 소프트웨어를 만들면서 고객과 협력하면서 변화에 대응한다는, 일종의 자유주의나 고객중심주의, 그리고 프로덕트 중심주의라고 할 수 있다. 이러한 맥락에서 애자일은 실제로 IT서비스 구축의 방법론이라기보다는 사상이나 철학에 가까워서 조직문화를 바꾸는 데 적용되기도 한다.[52]

2001년도에 애자일 매니페스토가 발표된 이후 포레스터사에서는 그 후로 많은 IT서비스가 개발되는 것을 관찰했다. 실제로 많은 조직에서는 워터폴과 애자일이 결합되어 있는 것을 발견했다. 2011년에는 이를 워터-스크럼-폴이라고 명명하고 이에 관한 보고서[63]를 만들어 발표한다.

크게 봐서 서비스의 기획 및 설계 단계에서 워터폴을 사용하고 구현 및 단위 테스트 단계에서는 애자일을 사용하며 통합 테스트와 운영에서는 다시 워터폴로 가는 것이다. 이 혼합 방법은 때로 '와자일(Wagile)'이라고도 불리운다.

워터폴에서는 프로젝트 초기에 너무 많은 시간을 소비하면서 낭비가 발생하며 변화에 적응하기가 어렵고 따라서 초기 비용이 많이 발생한다. 그래서 성급한 발주자들은 기획 단계를 뛰어 넘어 바로 애자일로 들어가기도 한다. 하지만 대규모 조직은 현상을 유지하려는 항상성이 강하고 아울러 전반적인 기획을 미리 해 놓아야 할 필요성 때문에 바로 애자일을 시행하는 것이 쉽지가 않다.

따라서 개발 팀의 일상 업무에는 애자일 방법을 적용하지만, 기획, 예산 및 프로젝트 관리에는 워터폴을 사용하는 경향이 있다. 기획을 하는 과정에서 워터폴처럼 전반적으로 탑다운으로 실행하는 것이다. 그리고 나서 프로젝트를 작은 조각으로 나누어 스크럼팀들이 스프린트를 진행한다. 워터스크럼폴이라는 용어는 이런 맥락에서 나왔다. 개발은 애자일 방식으로 운영하면서 스크럼팀 외부에서 움직이고 있는 워터폴 프로세스와 상호작용을 하게 만드는 것이다. 본질적으로 스크럼이 워터폴의 중간에 삽입되는 것이다.

워터-스크럼-폴 환경에서 프로젝트의 전반적인 계획은 전통적인 워터폴 방식을 따른다. 개발 팀은 이러한 프로젝트 관리팀과 비애자일적 상호 작용을 한다. 각 애자일 스프린트의 뒷부분에서도 역시 비애자일적 상호 작용을 하면서 전체 관리팀의 통제를 받는다.

하지만 전통적인 프로세스는 무겁고 느리며 확실해야 한다는 마인드셋에 갇혀 있다. 반면 스크럼은 실험적이고 탐구적으로 그리고 쉽게 변형할 수 있게 설계되어있다. 그리고 피드백이나 점진적인 개선에 크게 의존한다. 워터스크럼폴에서는 이 두 프로세스의 특성들을 조화시키는 것이 성공의 관건이다. 스크럼팀에게 설계 계획을 제공하기는 하지만 이를 유연하게 설계할 수 있는 여지는 주어야 하고, 실험적으로 그림을 그려보고 수정할 기회를 주어야 한다. 그렇지 못하면 애자일과 스크럼의 많은 장점들이 없어진다. 실험적인 성격이 약화되고, 프로세스는 기능과 사람 중심에서 시간 관리를 통한 고정된 마일스톤 확인 체계로 전환될 수도 있다.

👉 그림 39 **워터-스크럼-폴 프로세스**

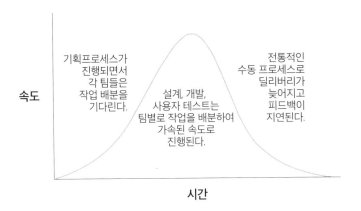

일부 기관은 애자일 원칙과 스크럼 커뮤니케이션 기술을 제품 개발의 일상에 적용하지만, 계획, 예산 편성 또는 프로젝트 진행 상황 문서 작성 시에는 워터폴을 활용한다. 실제로 많이 일어나고 있는 일이다. 하지만 여기서 설명하고 있는 워터스크럼폴은 일반론이다. 정해져 있는 방법이나 테크닉이 없다. 각 조직들이 자체적으로 변형해서 쓰고 있는 것이다.

이제는 IT서비스 기획이다

인터넷 한 개발자의 블로그에서 이러한 워터스크럼폴에 관한 개발자의 의견을 여기 인용한다.[64]

"… (개발자들은) 우선 절대적으로 시간이 부족하다. 애자일 방법론에 입각한 2주 혹은 4주 정도의 스프린트에서 개발팀원들은 실제 개발은 물론 단위테스트까지 완료하고 이에 덧붙여 리뷰를 진행하고 여기에서 도출된 변경, 추가 요건도 반영해야 한다… 프로덕트오너와 프로젝트 오너인 간부급 고객은 그들대로 산출물을 요구한다. 프로젝트가 애자일 방법을 쓰고 있지만 이들은 프로젝트 관리자의 관점에서 워터폴에 머물러 있는 경우가 다반사이다. 요구하는 문서가 많다. 요구사항 정의서, 추적표, 인터페이스 정의서, 화면정의서, 데이터 정의서 등등"

애자일에서 원초적으로 발생하는 위와 같은 문제를 해결하기 위하여 이 개발자는 아래와 같은 하이브리드 모델을 제안하고 있다. 워터스크럼폴의 실제를 그리고 있는 것으로 보인다.

그림 40 **개발자 입장에서 본 워터스크럼폴**

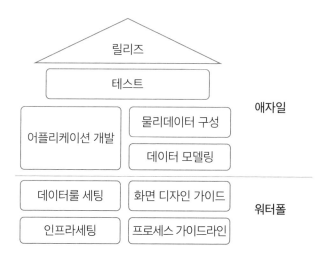

이외에도 많은 컨설팅 기업들은 그들만의 워터스크럼폴들을 개발 변형하여 활용하고 있다. 아래는 그 예시들이다.

- DaD (Disciplined Agile Delivery, https://disciplinedagiledelivery.com)
- SAFe (Scaled Agile framework, https://www.scaledagileframework.com)
- LeSS (Large Scaled Scrum, https://less.works)

4.4 서비스 기획자에서 프로덕트 매니저, 프로덕트 오너로

"프로덕트 매니저는 그 프로덕트의 최고 경영자여야 한다."

– 벤 호로위츠, 벤처캐피탈리스트

IT서비스 개발 구축 프로세스의 앞 단에서 먼저 작업을 시작하고 큰 그림을 그리기 위해, 고객, 경영진, 디자이너, 개발자 등을 포함한 이해관계자들과의 소통에 있어서 서비스 기획자가 그 중심에 있다. 서비스 기획의 의도를 설명하고 의문을 풀어주면서 공통의 목표를 지향하도록 가이드를 해야 한다. 질문이 있으면 서비스 기획자에게 오기 십상이다.

기획이라는 용어는 영어로 번역하기가 어렵다. 한영 사전을 보면 기획은 plan이나 design으로 번역된다. 하지만 영한 사전을 보면 plan은 계획이라고 번역되고 design은 설계로 번역된다. 우리 말 사전에 나와 있는 '일을 꾀하여 계획한다'라는 의미가 이 두 가지 영어 단어로 그대로 전달이 되지는 않는다.

우리나라에서는 기획실, 전략 기획, 마케팅 기획 등 기획이라는 용어를 이미 예전부터 많이 쓰고 있었다. IT서비스가 비즈니스의 전면에 등장하면서 자연스럽게 IT서비스를 활용하여 일을 꾀하여 계획하는 기능을 IT서비스 기획이라 부르게 된 것이다. 국제적으로는 서비스 기획에 해당되는 용어는 없고 비즈니스 분석가, 시스템 분석가로 비공식적으로 부르다가 IT서비스가 프로덕트화되기

이제는 IT서비스 기획이다

시작하면서 프로덕트 매니저와 프로덕트 오너라는 용어가 등장했다.

프로덕트 매니지먼트는 어떻게 등장했나

IT서비스 기획자와 프로덕트 매니저, 프로덕트 오너는 모두 서비스의 개발과 출시를 담당하는 직무이지만 그 역할은 조금씩 서로 다르다. 시간의 흐름에 따라서 개발 환경과 방법론의 변화가 일어나면서 기획자에게 요구되는 역량과 역할이 변화해온 것이다. 아래 표는 우리나라의 경우의 기획자 호칭의 변화를 요약해본 것이다.

표 11 시대에 따라 달라진 IT서비스 기획자의 상[65]

	1990년대	2000년대	2010년대	2020년대
시대구분	게시판 시대	포털 시대	모바일 시대	CASMIoTAI시대
등장배경	인터넷의 활성화	전자상거래 등 인터넷산업의 고도화	스타트업과 애자일의 등장	스타트업의 성숙과 2세대 애자일
개발방법	홈페이지 개발	워터폴	애자일	애자일(개발) + 워터폴(관리)
기획자 역할	웹페이지 유지 관리	서비스의 일회성 기획	프로덕트의 개발운영관리	프로덕트에 관한 의사결정
기획자 명칭	웹마스터	서비스 기획자	프로덕트 매니저	프로덕트 오너

국제적으로는 프로덕트 매니지먼트라는 용어가 우리의 서비스 기획에 가장 근접한다. 아니 근접이라고 하기보다는 우리 말 뜻의 기획을 포괄하는 좀 더 넓은 용어이다. 기획은 일회성이라는 함의를 가지고 있는데 비해서 매니지먼트는 지속성을 가지고 있기 때문이다. IT서비스가 한 번 기획하고 끝나는 것이 아니라 지속적으로 관리가 되어야 한다는 의미를 포함하고 있다. 그리고 지속적으로 관리를 하는 것은 사실 서비스보다는 제품에 해당된다고 생각되어 프로덕트라는 용어를 쓴 것이다. 프로덕트 매니지먼트라고 부르고 그 직군을 프로덕트 매니저라고 칭하기 시작한 것이다. 여기서 프로덕트는 IT서비스를 가리킨다.

사실 프로덕트 매니지먼트라는 용어 자체는 오래된 용어[66]이다. IT서비스 이전에 상품이나 제품의 관리부문에서 써왔다. 1931년 프록터앤갬블의 마케팅 디렉터였던 닐 매킬로이가 처음으로 상품이나 제품의 브랜드를 관리해야 한다는 의미로 제안을 해서 쓰이기 시작했다. 당시 기업들은 생산, 회계, 마케팅 등 기능별로만 조직화되어 있었다.

기업들이 대형화하고 제품라인들이 복잡해지면서 마케팅 부서에서 모든 제품들을 한꺼번에 다 같이 책임지고 마케팅을 하는 것이 어려워지기 시작했다. 그래서 각 제품, 또는 브랜드를 책임지고 마케팅하는 담당자를 별도로 임명하고 필요하면 브랜드별로 부서를 만든다는 것이 처음의 아이디어였다. 처음에는 브랜드 매니저라고 했다. 나중에 50년대에 이르러서 조직 구조가 부문별 조직(divisional structure)으로 진화하면서 거의 모든 기업에서 제품 관리부서 제도를 도입한다.

따라서 원래의 프로덕트 매니저들은 마케팅 기능의 일부였고 제품의 진화 과정을 관리하는 책임을 가지고 있었다. 전자제품이나 화장품 등, 특정 상품에 대해서 고객의 요구를 이해하고 요구의 변화를 읽어내고 그 요구를 반영하기 위해 장소, 가격, 홍보, 그리고 제품을 어떻게 변화시킬지를 실무에서 관리하는 직군이었다. 실제 상품의 개발을 직접 하지는 않았지만 연구 개발 부서와 요구사항에 대한 논의를 하는 직무가 포함되어 있었다.

프로덕트 매니저의 개념이 IT서비스에 도입이 된 이유는 당초에 브랜드에 프로덕트 매니저가 도입된 이유와 비슷하다. 이제 마케팅이나 IT부서 등 어느 한 부서에서 IT서비스들을 관리하기에는 조직에서 관리해야 하는 IT서비스가 숫자도 많아지고 깊이도 깊어지면서 이와 관련한 업무가 커지고 복삽해진 것이다. 그리고 IT서비스 자체가 개발 구축함으로써 일회성으로 끝나는 것이 아니라 고객들이 지속적으로 사용하는 프로덕트의 성격을 띠기 시작한 것이다.

상품이나 제품을 관리하듯이 IT서비스들을 전적으로 관리하면서 고객들의 동태를 살피고 피드백에 따라서 지속적으로 업그레이드를 하면서 주관할 관리 역할이 필요하게 되었다. UI/UX가 시대적 트렌드에 따라서 변화가 되기도 하고 환경의 변화에 따라 새로운 요구사항을 반영시켜야 할 필요성이 자주 생겨났다. 이것이 프로덕트 매니지먼트가 필요해진 이유이다.

프로덕트 매니지먼트와 서비스 기획은 어떻게 다른가?

IT서비스 프로덕트의 개발 구축은 가치 사슬형 생산 위주 산업형 패러다임에서의 제품 개발과는 다른 전략이 필요하다. 디지털 세상은 정보로 이루어진 세상이라 움직이고 변화하는 속도도 빠르고, 현실의 변화를 신속하게 반영하지 않으면 고객들에게 외면당하게 된다.

예전의 전략 실행 사이클이 연 단위였다면 IT서비스에서는 주간, 월 단위로 전략의 환경이 바뀐다. 디지털 세상에서 1년을 기다린다는 것은 바로 뒤처지고 퇴출된다는 것을 의미한다. 또한 IT서비스는 기업의 최전선에 있기 때문에 전사적 전략과 일관된 서비스 전략이 수립되서 반영되어야 한다. 기업 전략을 바탕으로 비즈니스 모델을 설계하고 실제 서비스의 상세를 구축하여 실행한다. 이제는 기업의 전략 기획이 IT서비스의 기획 구축에도 직접적으로 영향을 미친다.

IT서비스는 출시 이후에도 지속적으로 고객과 소통하면서 기능을 추가하고 변화시키고 진화해야 한다. 디지털 세상은 특성상 고객 중심이면서 변화 속도가 빠르기 때문이다. 전략과 비즈니스 모델을 주 단위, 월 단위로 수정해 나가는 것이다. 정보는 서로 모이면 자연적으로 시너지가 난다. 이러한 특성 때문에 비즈니스 모델의 변화 속도도 빠르고, 또한 고객의 변화를 바로 반영시킨다. 서비스의 모습도 꾸준히 진화한다.

마틴에릭슨은 2016년도 한 컨퍼런스[57]에서 프로덕트 매니지먼트는 비즈니스, UX, 테크놀로지의 접점 영역이라 정의했다. UX는 디자이너의 영역이고 기술이 개발자의 영역이라고 한다면 비즈니스는 실제 현업이 될 것이고 이 세 분야에 모두 걸쳐서 활동하는 것이 프로덕트 매니지먼트라고 정의한다.

이전 산업에서의 마케팅에 초점을 맞추고 활동한 제품 매니저와는 다른 형태의 IT서비스 프로덕트 매니저를 정의했다. 현재의 비즈니스를 분석하여 문제를 찾고 이의 해결에 관해서 연구하고 UX디자이너 및 개발자와 협의하면서 프로젝트를 진행하는 것이다. 세 분야의 소통 한 가운데 있는 것이 IT서비스에서의 프로덕트 매니저이다. 다시 말해서 이는 우리나라의 서비스 기획자의 역할을 포함하고 있다. 하지만 프로덕트 매니저는 좀 더 넓은 의미에서 프로덕트가 진화해 나간다는 전제하에 프로덕트 라이프 사이클 전체를 관리한다.

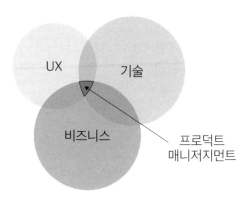

IT서비스를 기획개발해서 출시하고 프로젝트를 마무리하는 서비스 기획자와는 달리 출시 이후에 피드백을 수집해서 개선하는 과정도 책임진다. 이후 환경의 변화에 따라서 요구사항이 변화되는 것도 같이 추적하고 해당 프로덕트를 어떻게 진화시킬지 책임지고 진행하는 것이다. 아울러 프로덕트가 복잡해짐에 따라서 하나의 프로덕트 안에서도 소규모 프로덕트들을 책임지는 프로덕트 매니저들이 임명될 수도 있다. 예를 들어 배달의 민족 전체를 책임지는 프로덕트 매니저 산하에 주문서비스를 책임지는 프로덕트 매니저, 배달 연계 서비스를 책임지는 프로덕트 매니저와 같이 세부 시스템으로 나누어 할당하는 것이다.

프로덕트 오너

프로덕트 오너라는 용어는 애자일 방법 중에서도 스크럼팀에서 유래한 용어이다. 스크럼팀을 가이드하면서 이끄는 스크럼 마스터가 있고 이에 상응해서 고객과 비즈니스를 대표하는 역할을 하는 사람을 프로덕트 오너라고 불렀다. 이제는 스크럼에 국한하지 않고 일반적인 용어로 전환이 되고 있는데 아직 명확한 정의는 없으나 아래와 같이 세 가지[68]로 정의되고 있다.

• 정의 1: 프로덕트 개발팀의 구성원으로서 매일 스크럼 회의에 참석하고 백로그 항목들의 우선 순위를 결정한다. 개발자들이 효율적으로 정해

진 항목에 대해서 작업을 하고 있는지 확인한다.

- 정의 2: 고객들의 이해관계를 대변하면서 전략적 역할을 한다. 개발 미팅들에 참여하면서 고객의 이해가 반영되도록 전략적 결정을 한다.
- 정의 3: 스프린트를 감독하는 데 지정된 프로덕트 매니저다. 개발팀이 질문이 있거나 도움이 필요할 때 도와주는 역할이다.

위의 정의에서 보듯이 아직 그 명칭과 역할이 명확하게 정해져 있지는 않다. 프로젝트 매니저와의 역할 구분도 아직 정해져 있지는 않다. 하지만 일반적으로 프로덕트 매니저가 매니지먼트의 여러 측면을 관장하는 한편 프로덕트 오너라고 하면 전략적 방향성에 대한 결정권을 가지고 있는 역할이라고 구분한다. 우리나라의 경우 전통적인 프로젝트 매니저와 구분하기 위해서 실무에서는 프로덕트 오너라는 명칭을 선호하기도 한다.

5

IT서비스 기획의
최종 모델링은
어떤 것들이
있어야 하는가?

IT서비스 기획의 최종 모델링은
어떤 것들이 있어야 하는가?

근본적으로 모든 모델은 안 맞지만, 유용한 면이 있다.
하지만 모델이 유사한 것이라는 점은 항상 염두에 두어야 한다.

- 조지 박스(영국의 통계학자)

이제 지금까지의 이야기를 정리해 보자. IT서비스 기획이란 고객들이 겪고 있는 문제들을 발견(또는 개발)해서 IT기술을 통해 해결하는 것이다. 환경과 인프라, 경쟁사 등을 조사하고 벤치마킹하여 요구사항들을 정의하고 서비스 정책을 만든다. 이 정보들을 근거로 서비스 구현의 청사진으로서 스토리보드를 작성한다. 이러한 과정에서 거의 모든 이해관계자들과 이 청사진에 관해서 논의하고 정보를 수집하고 설득하고 설명한다.

IT서비스 기획의 최종 결과물로서는 개발자들에게 제시하여 줄 IT서비스 모델이 필요하다. 개발자들이 참고하면서 프로그램을 짤 수 있는 모델이 필요하다. 실제 구축을 하기 이전에 어떤 것들을 어떻게 구축할 것인지 설계가 필요하고 이러한 설계는 기본적으로 모델링이다. 건축에서 설계도가 필요하고, 소설에 줄거리가 필요하듯이, 소프트웨어를 개발하는 데 있어서도 설계도가 필요하다.

IT서비스를 건축과 비교하자면 기획은 건축사무실에서 고객과 만나서 요구 사항을 듣고 조감도를 스케치하는 초기 작업에서부터 전문적인 설계도면들을 만들어 기술자와 기능공들에게 넘기는 과정까지를 포함한다고 할 수 있다. 계속 건축에비유하자면, 목공이나 미장 전문가가 설계서 없이 뚝딱뚝딱 집을 짓는 것은 헛간이나 창고 같은 간단한 구조물로 제한되며, 또한 경험에 의한 것이다. 2, 3층이 넘어가는 건물을 짓는 데에는 조감도, 설계도 그리고 각 분야별 청사진이 필요하다. 배관설계, 전기설계 등등 다른 관점에서 그려진 설계도가 있어야 각 분야의 전문가들이 협업을 통해서 지을 수 있다.

사실 IT서비스도 마찬가지이다. 설계도 없이 프로그래머가 구축할 수 있는 범위는 간단한 웹사이트나 아니면 이미 구조화가 다 되어 있는 단순 쇼핑몰 정도이다. 3층 이상에 해당되는 복잡한 구조의 IT서비스를 개발 구축하려면 상세한 설계도가 필요하다. 프로그래머가 머릿속에서 경험에 의거해서 개발하는 것은 한계가 있다. 그리고 이러한 설계도는 사실 앞 단에서 시행한 서비스를 둘러싼 환경의 분석과 서비스 개념화의 결과와 직접적으로 연결이 되어 있어야 한다. 건축의 모든 설계도들이 조감도에 기반하고 있는 것처럼 IT서비스 기획에서도 조감도를 설계도로 상세화해야 한다.

실제로 건물을 지을 때는 건축사와 상의하고 조감도를 그리며 설계를 진행한다. 법 규정으로도 그렇게 되어 있다. 하지만 IT서비스 분야에서는 건축사에 해당하는 기획자를 뛰어넘고 개발자들과 직접 소통하려는 경향이 있다. 이는 프로그래밍만 잘하면 된다는 생각으로 기획 과정을 건너뛰려는 성급한 태도이다. 서비스의 기획이 절대적으로 필요한 대규모 프로젝트의 경우에도 기획의 과정을 견디지 못하고 빨리 개발하라는 압력을 넣는 경우도 많다.

기획서가 없으면 개발할 수 없다는 개발자를 만났다면 아주 좋은 개발자를 만난 것이다. 설계도 없이 개발을 할 수 있다고 덤비는 것은 초보일 가능성이 아주 높다. 더군다나 요즈음은 개발 환경이 다변화되어 있어서 여러 가지의 전문 분야가 아우러져 개발을 하게 된다. 데이터 분석은 전문가이면서 프로그래밍은 못하는 사람들도 많다. 예전에는 컴퓨터를 한다고 하면 네트워킹부터 프로그래

　　　　　　　　　　　이제는 IT서비스 기획이다

밍까지 모두 다 할 줄 아는 것으로 여겼던 시절도 있었지만 그런 시절은 이제 갔다. 배관 전문가한테 전기 공사를 맡길 수는 없는 세상이 IT서비스에도 온 것이다.

이런 맥락에서 디자인씽킹과 전략 분석을 통해서 서비스를 확정하는 IT서비스 기획의 상부 기획과 이어지는 하부 기획 과정은 세부적인 모델링의 단계이고 이 단계는 직접적으로 개발 기획과 맞물려 있다. 우선 서비스 기획의 결과물들이 어떻게 구성되어 있는지 몇 가지 사례를 보자. 아래는 유명한 서비스 기획 강의에서 강의 완료 후에 나오는 포트폴리오[59]이다. IT서비스 기획의 기본적인 구성요소들이라고 할 수 있다. IT서비스에 관한 교육에서 기본적으로 다루는 아이템들이다.

👉 표 12 **서비스 기획 강의에서 요구하는 결과물들**

1. 요구사항 정의서 (엑셀)	6. 수행 계획서 샘플 (PDF)
2. 리서치 보고서 (파워포인트 약 10장)	7. WBS 샘플 (MS Project)
3. 정보 구조도 (엑셀)	8. 작업 관리서 샘플 (엑셀)
4. 화면 설계서 (파워포인트 약 20장)	9. 사용자 매뉴얼 (PDF)
5. 테스트 시나리오 (엑셀)	

이 책에서 지금까지 설명한 내용으로는 1, 2번 정도밖에 작성하기 어렵다. 나머지는 이제부터 작성해야 될 부분이다. 실제 실무에서는 이보다 조금 더 복잡하다. 개발자들과의 협업, 그리고 디자이너들과의 협업도 필요하다. 기획자가 사실은 IT서비스 구축에 있어서 중심축의 역할을 하게 된다. 고객을 상대로 하여 서비스 기획의 기본이 되는 요구사항 정의를 해야 하고 서비스의 기초 시나리오를 구성해야 한다. 기능 리스트도 기획자가 만들어야 하고 이러한 기능들이 어떻게 조직화되어야 하는지 정보아키텍처를 구성하고 서비스 플로우차트도 그려야 한다. 이어서 기초 화면구성으로서 와이어프레임을 작성하고 거기에 상세 기능들을 첨부하여 스토리보드를 만든다.

실무를 해보지 않았더라도 이 정도의 일들을 IT서비스 기획자가 한다는 것을 들으면 협업의 과정에서 거의 모든 관련자들의 질문이 기획자들에게 향하고 있음을 상상할 수 있을 것이다. 또한 기획자들이 기획 작업을 하면서 시작 단계에서부터 디자이너, 개발자, 고객들과 끊임없이 소통을 하면서 문서작업을 해야함도 알 수 있을 것이다. 디자이너들과 협업하면서 디자인가이드를 같이 리뷰하고 테마를 잡는 데 관여를 한다. 개발자들과는 스토리보드를 완결하고 후반부의 테스트 가이드를 미리 개발해서 같이 검토를 해야 한다.

디자인과 개발을 포함하는 IT서비스의 기획 과정의 상세는 [표 13]과 같다. 대규모 IT서비스 기획 개발 구축 과정의 하위구조로서 앱서비스를 개발하는 실무 프로세스를 정리해 보았다. 앱 서비스를 개발하는 업체들이나 전문가들이 블로그나 웹에 올려놓은 자료들을 종합해서 공통요소들을 찾아내서 구성을 해서 아래 8개의 단계를 찾아내었다.

☞ 표 13 개발자의 시각에서 본 기획과 개발의 프로세스

[1] 서비스 구상 및 프로젝트 구성	[4] 앱 디자인
1. 아이디어 정리	1. 디자인 가이드 검토 (I)
2. 시나리오 정리 (P, D)	2. 유사 어플리케이션 UX/UI 사례 검토 (I)
3. 기능 리스트 작성 (P)	3. 테마 선택 (I)
4. 프로젝트 인원 구성	4. 테마 커스텀 작업 (I)
5. 자체 개발 vs 외주 개발사	

[2] 앱 기획	[5] API 서버 개발
1. 정보아키텍처 (IA)구성	1. 인터페이스 설계 (I)
2. 화면 플로우 차트 작성	2. DB 설계 (D)
3. 와이어 프레임 작성	3. 개발 환경 세팅 및 개발 진행
4. 스토리보드/상세 기능 리스트 작성	

[3] 기술 검토 및 견적	[6] 앱 개발
1. 서버 사용 여부 결정	[7] 앱 테스트
2. 서버 아키텍처 설계	1. 테스트 명세서 정리
3. 앱 아키텍처 설계	2. 통합 테스트
4. 지원 플랫폼 결정	3. 디바이스 테스트
5. 지원 API 버전 결정	4. 사용자 베타 테스트
6. 지원 디바이스 결정	[8] 앱 배포
7. 프로젝트 기간 및 견적 도출	1. 배포용 앱 빌드
	2. 마켓 등록 (승인 필요)
	3. 마케팅 활동 (SEO 고려)

*참고한 웹사이트
https://kyungsnim.net/31
https://aragagi.tistory.com/10
https://zero-base.co.kr/pages/43445?_token=test_token&

초창기 컴퓨터가 만들어졌을 때 주요 용도는 수치 계산이었다. 시간이 흐르고 기술이 발달하면서 계산 외에 문서 작업, 그림 편집, 게임 등 다양한 분야로 용도가 확장되었다. 원하는 기능들도 꾸준히 늘고 있고 소프트웨어의 크기도 점점 커지고 있다. 예전에는 단순히 머릿속에서 설계를 해서 코딩을 할 수 있었으나 이제는 머릿속의 암산만으로는 불가능하다. 자동차, 전자제품들이 그러했듯이 IT서비스를 만들 때에도 이제는 밑그림이 필요하다. 그래야 디자이너 및 각종 개발자들과 이를 공유하고, 보다 명확한 개발 프로세스에 들어갈 수 있다.

기획이 책임지고 그리는 IT서비스의 밑그림은 [표 14]의 절차를 거친다. 디자이너와 개발자 고유의 업무를 제외하고 기획의 활동만 모아 놓은 것이다. IT서비스 기획은 환경과 상황을 분석하고 필요한 모델링을 아래 같이 수행한다. 하부 기획 항목들이 본 장에서 다룰 모델링 활동들을 나타낸다. 크게 보면 데이터, 프로세스, 그리고 인터페이스에 관한 모델링으로 나누어진다. 그리고 이 모델링의 결과를 종합하여 스토리보드를 구성하게 된다.

이제는 IT서비스 기획이다

표 14 기획자의 시각에서 본 기획과 개발의 프로세스

	분류	내용
상부 기획	사전조사	데스크 리서치, 필드 리서치, 벤치마킹, 사용자 인터뷰, 전문가 인터뷰
	디자인씽킹	고객과의 공감을 통해서 문제들을 찾아본다.
	문제 정의	문제와 해결책을 정의한다.
	시장 분석	TAM, SAM, SOM 을 찾아본다.
	전략 분석	마케팅 전략을 구성해서 가설들을 찾아본다.
	요구사항 수집 분석	해결책을 구성하는 요구사항들을 수집한다.
	퍼소나 구축	고객 퍼소나를 설정한다.
	여정지도 그리기	퍼소나별 서비스 사용 맥락을 파악한다.
하부 기획	정보구조/ 메뉴 구조	필요로 하는 데이터와 기능들을 정의한다.
	서비스 흐름도	서비스의 흐름을 플로우차트로 그린다.
	와이어프레임	사용자 인터페이스의 기본적인 구조를 그린다(기본 설계).
	기능 명세서	기능들을 상세하게 정의한다.
	화면 설계서	스토리보드(상세설계).
	정책서	서비스 과정에서 필요한 규칙과 정책을 정의한다 .
운영관리	WBS/일정 계획	역할과 과업의 분담과 일정을 정한다.
	테스트 시나리오	테스트를 위한 시나리오를 짠다.
	운영계획	서비스의 운영을 어떻게 할 것인가?
	홍보마케팅 지원 계획	홍보와 마케팅에 관한 계획을 한다.
	고객 대응 계획	고객과의 상호작용을 어떻게 할 것인가?
	성과 측정 계획	운영 후에 측정할 사용지표를 정의한다.

> "정교하게 구축된 전략은 뼈대이며, 섬세한 설계는 여기에 살과 근육을
> 덧붙여서 생명을 불어넣는 일이다"
>
> – 저자

구상하고 있는 IT서비스의 전략적 검토를 마치고 벤치마킹을 해서 비전과 목표를 수립했다. 고객군 분석도 해서 퍼소나까지도 몇 가지가 있는지 실험을 통해서 정리를 했다. 각 고객군별로 여정지도도 만들어 보고 고객들이 어떤 문제들을 겪고 있는지도 어느 정도 파악했다. 해결책에서 제공해야 할 핵심 가치도 식별을 했고 비즈니스 모델도 캔버스에 그려 놓았다.

이제 해결책을 상세하게 디자인 해야 할 타이밍이다. 창의적인 아이디어가 다양한 기술로 실현 가능한 아이디어로 구체화되어야 하는 것이다. 구체화의 첫 단계는 새로운 IT서비스의 요구사항을 정리하는 것이다. 물론 한 번에 모든 요구사항을 다 정리한다는 것은 불가능하다. 전략을 짜고 리서치를 하는 과정에서, 그리고 벤치마킹을 통해서 수집된 정보들에 근거해서 본 IT서비스의 요구사항으로 만들어야 하는 것이다.

방법론상으로는 여기서 요구사항 목록이 나오고, 이를 정리하여 정보 아키텍처를 구축하게 된다. 정보아키텍처에 나타난 기능들의 프로세스들을 식별하여 이를 플로우차트로 구체화하는 것이 다음 단계이다. 이렇게 되면 이제 화면의 틀을 잡을 수 있게 된다. 와이어프레임이다. 정보아키텍처의 항목들이 화면들 간을 오가게 해주는 메뉴 구조로 나타나게 되며 그 메뉴 구조가 나오면 화면들의 그룹이 나오게 되고 각각의 화면에 담아야 할 기능들의 명세를 뽑을 수 있게 된다.

그러면 이제 화면에 관해서 아이디어를 낼 수 있게 된다. 화면설계서를 저충실도(low fidelity)의 와이어프레임으로 시작해서 상세 내용까지 담은 고충실도

(high fidelity)의 스토리보드[70]까지 발전시킨다. 이제 개발할 준비가 되었다. 개발자들이 이 스토리보드에 근거해서 프로덕트를 개발할 수 있다.

☞ 표 15 **기획자가 수행하는 하부 기획의 모델링**

정보 구조/ 메뉴 구조	필요로 하는 데이터와 기능들을 정의한다.
서비스 흐름도	서비스를 플로우차트로 그린다.
와이어프레임	인터페이스의 기본 구조를 그린다.
기능명세서	각 기능들의 상세를 정의한다.
화면설계서	흔히 스토리보드라고도 한다.
정책서	규칙과 정책을 정의한다 .

5.2 데이터와 프로세스들 간의 관계는 정보구조도로 그려낸다 ⌖

당신이 하는 일을 프로세스로 설명할 수 없다면,
당신은 무엇을 하는지 모르는 것이다.

- W. 에드워즈 데밍

이 단계에서 기획자가 가장 먼저 하는 일은 그간의 정보를 종합해서 이제 서비스의 뼈대를 만드는 것이다. 서비스에 어떤 화면들이 필요한지 그리고 각 화면들에서 움직이는 정보는 어떻게 되는지, 그리고 정보의 속성이나 어떤 기능에서 쓰이는 지를 정리한다.

이를 정보구조도(IA, information architecture)라고 한다. 정보구조도를 먼저 그리는 목적은 사용자가 원하는 정보 및 이와 관련된 기능들에 빠르고 쉽게 접근하도록 화면들을 구성하기 위함이다. 서비스 내의 정보와 기능들을 유기적으로 구성하고 구조화하는 것이다.

정보구조도를 그리다 보면 첫 화면에 무엇을 둘 것인지, 제일 먼저 보는 상단의 메뉴에는 어떤 항목들을 놓을 것인지, 하단에는 어떤 메뉴를 구성할 것인지, 서비스의 기능과 정보의 전반적인 배치를 하게 된다. 사용자가 서비스 내에서 원하는 기능들에 도달하기까지 불편함은 없는지, 자주 쓰는 기능은 어떤 것들인지를 식별해야 한다.

일단 지금까지 작업을 한 내용을 가지고 처음 기획하는 사람들이 정보구조도를 바로 그리려면 막막한 경우가 많다. 우선 지금까지 기획에서 산출된 요구 사항들에서 목록을 뽑아내고 이 목록의 항목들을 분류한다. 이 단계에서 엑셀을 많이 쓰는데, 트리 구조로 그리려면 마인드맵 등의 프로그램을 써서 우선 초안을 만든다.

기존에 없었던 서비스라면 다른 서비스들의 메뉴 구조나 화면 목록들을 참고해서 구축하고자 하는 서비스의 메뉴 구조나 화면 목록을 유추해서 작성한다. 작성하는 과정에서 카드 소팅이나 포스트잇 소팅과 같은 방법을 써서 고객을 포함한 몇 사람들이 모여서 정리를 하기도 한다.

첫번째는 우선 리스팅을 해서 목록을 만드는 것이다. 이전에 벤치마킹했던 앱들도 검토하고, 앱들 간의 공통된 기능들은 다른 IT서비스의 IA에서 가져오기도 한다. 예를 들어 회원 관리 기능이나 로그인 기능 같은 것들은 어떤 서비스이건 필요하므로 그런 것들을 우선 정리한다.

이 작업은 MECE(미씨라고 발음한다)를 염두에 두고 작업을 하는 것이 좋다. MECE는 논리적으로 빠진 것이 없도록 생각을 하는 방법인데 구성 요소들 간에 서로 배타적이면서(mutually exclusive) 전체를 포괄(collectively exhaustive)하도록 만들어야 한다는 뜻이다. 정보구조도에서 같은 수준의 요소들 간에는 각 항목이 다른 항목과 중복되지 않으면서 전체적으로는 모든 것을 포괄해야 한다는 원칙이다.

이 단계에서 쓰는 방법들은 이외에도 여러가지가 있는데 마인드맵이나 컨셉맵을 써서 목록화의 큰 그림을 보면서도 할 수 있다. 분류를 하는 데 있어서는 포스트잇에 각각을 써서 이리저리 옮기면서 그룹화를 해보기도 한다. 일반적으

이제는 IT서비스 기획이다

로 트리 구조 다이어그램과 엑셀로 된 상세 버전을 기획 문서에는 같이 넣는다.

IA를 작성하면, 서비스의 전반적인 구조를 한눈에 파악할 수 있고 페이지 사이의 상하 구조를 명확히 정의할 수 있다. 디자이너와 개발자와 협업을 하는 데 있어서도 필수이다. 기획 과정에 참여하지 않은 디자이너와 개발자, 그리고 고객들도 잘 짜인 IA를 보고 서비스의 전체 구조를 신속하게 파악할 수 있다. IA는 페이지 단위로 설계해야 하고, 기능 단위까지 설계를 하고 설명에 쓰게 되는 정보들을 명기하여야 한다.

IA를 작성할 때는 각 화면이나 메뉴의 깊이를 고려해서 작성해야 한다. 사용자가 몇 번을 클릭해서 들어가게 할지 설정하고, 자주 쓰는 화면이나 메뉴는 깊이가 낮은 곳에 놓아두어야 한다. 또 필요에 따라서는 다른 깊이의 항목들 간에 서로 뛰어 넘어 연결하는 것이 사용자의 편의성이 좋을 때도 있다.

👉 그림 42 **정보구조도 예시(마켓컬리)**

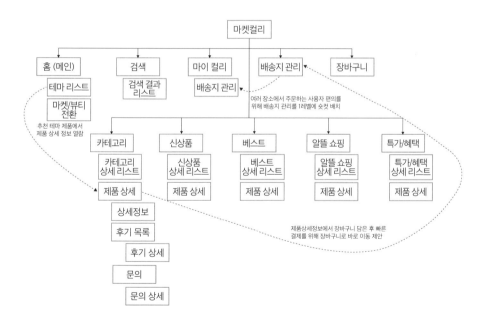

여기 예시는 마켓 컬리 IA의 일부이다. 각 대항목마다 깊이는 3레벨까지 작성을 했고 다른 깊이의 항목들 간의 연계는 붉은 선으로 표시했다. IA와 메뉴 구조도, 그리고 화면 목록은 구성이 비슷하고 일맥 상통하지만 각기 다른 목적을 가지고 작성이 된다. 필요에 따라서는 세 가지를 다 문서화하기도 하지만 IA가 기본이 된다. 화면 목록은 대형 시스템의 경우에 몇백 개가 될 수도 있기 때문에 코드화된 화면 번호를 매겨야 한다. 각 화면들이 고유의 번호를 가지고 있어야 디자이너가 디자인을 입히거나 개발자들이 개발을 하면서 서로 소통을 할 수 있다. 각 화면들이 스토리보드의 내용과도 연계가 되고 기능명세서의 기능 설명들과 연계가 되어야 한다.

5.3 프로세스는 플로우차트를 그린다

IA작성이 완료되면 서비스 안의 기능들이 수행하는 서비스들의 실제 프로세스를 구체화하기 위하여 사용자가 쓰는 서비스의 흐름을 플로우차트로 그린다. 플로우차트는 사용자가 특정 작업을 수행하기 위해서 서비스 안에서 어떤 경로로 움직이는지, 어떤 의사결정을 하는지를 보여준다. 플로우 차트 안의 경로들을 분석해서 사용자들이 움직일 최적의 경로들을 짠다. 우선 가장 핵심적인 기능의 경로를 작성하고 그 다음에는 필요에 따라 작성한다.

그림 43 **플로우차트 심볼들**

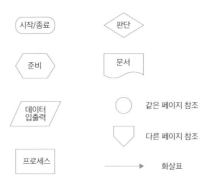

이제는 IT서비스 기획이다

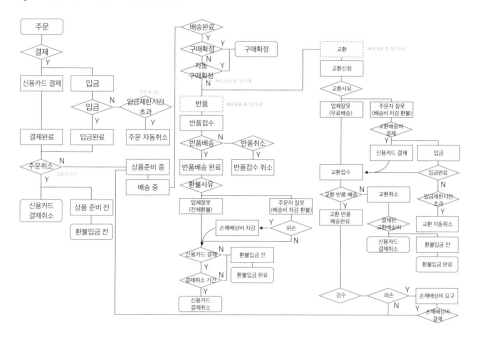

우선 기획서를 보는 개발자나 팀원들은 플로우 차트를 보면서 시스템의 전체 구조를 빠르게 파악할 수 있다. 두번째는 프로세스상에서 발생할 수 있는 문제를 미리 파악하고 누락된 프로세스는 없는지 사전에 체크를 할 수 있게 해준다. 또 하나는 프로세스상의 사용자 UX를 점검하기 위한 도구이기도 하다. 사용자에게 너무 많은 클릭을 요구하는 것은 아닌지, 중복된 입력을 요구하는 것은 아닌지 등을 한눈에 파악할 수 있다.

5.4 화면은 와이어프레임으로 모델링하고
기능 명세를 첨부한다

"인터페이스는 기능적이고 이해하기 쉽고 사용하기 쉬운 것만으로는
충분하지 않다. 사람들의 삶에 기쁨과 흥분, 즐거움, 그리고 아름다움을
가져다 주어야 한다."

- 도널드 노먼

IA를 확정하고 플로우차트를 그리고 나면 이제 화면 설계를 할 순서이다. 첫째로 화면설계서는 선(wire)으로 이루어진 구조(frame)라 해서 영어로 와이어프레임이라는 용어를 쓴다. 화면을 그림으로 그리기 때문에 시각적으로 이해시키기가 쉽다. 디자이너는 화면설계서를 보고 디자인 작업을 한다. 또는 디자인을 입힌다고도 한다.

그림 45 모바일 와이어프레임의 예시

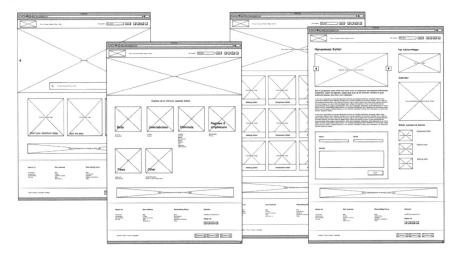

* 출처: https://medium.com/@robertsmith_co

이제는 IT서비스 기획이다

웹이나 모바일이나 IT서비스에서는 사용자가 화면을 통해서 서비스를 접하기 때문에 화면 단위로 작성한다. 일반적으로는 스케치보다는 화면을 좀 더 상세하게 그린다. 구조(화면 요소의 구성), 콘텐츠(화면의 내용) 및 기능(작동방식)을 어느 정도 포함하고 있는 것이다. 건축의 청사진처럼 각 방마다 특정한 공간이 할당되었으나 아직 색의 테마나 이미지, 비디오 등 디자인적인 요소는 반영되지 않은 상태이다. 따라서 기획자가 그린 와이어프레임은 디자이너가 받아서 디자인 작업을 시작하고 디자인의 방향을 설정하는 기초가 된다. 세부적인 시각화/그래픽 작업을 시작하기 전, 디자인 프로세스의 초기 단계에서 와이어프레임을 보면서 디자인을 입혀보는 것이다.

화면설계서는 겉으로 보기에는 단순하게 텍스트와 선으로만 이루어져 있지만 그 안에는 필요한 기능들이 시각적으로 배치가 되어 있고 기본적으로 UI/UX의 기본 설계가 담겨 있다. 디자인이 입혀진 다음에는 좀 더 상세한 스토리보드(다음 꼭지에서 설명)들을 작성하는데 스토리보드 단계에서 수정하는 데에는 많은 노력이 들어간다.

단적으로 말하면 와이퍼프레임은 주로 몇 장만 그려서 예시를 하는 것이고 스토리보드라고 하면 백 장에서 몇백 장에 이르는 실제 화면과 거의 1:1 대응하는 화면 디자인인 것이다. 그래서 디자이너는 비교적 구축이 간단하고 비용이 많이 들지 않는 와이어프레임으로 콘텐츠와 요소의 위치를 바꾸어 볼 수 있다. 콘텐츠와 개체의 위치를 실험적으로, 디자인의 관점에서 그룹으로 묶거나 추가, 제거, 이동을 해볼 수 있는 것이다.

와이어프레임을 저충실도(low fidelity)와 고충실도(high fidelity)로 구분을 하기도 한다. 디자이너가 와이이프레임을 받아서 거기에 디자인을 입힌 것을 디자인 시안이라고 한다. 말 그대로 아직 완전한 디자인은 아니지만 의견을 취합하기 위한 시안으로서 색의 테마와 사이즈, 폰트 등 디자인의 기본 요소 작업들을 한 것이다. 고객, 기획자, 개발자와 공유하면서 서로 소통을 하면서 맞추는 것이다.

와이어프레임은 의사 소통의 수단이다. 화면을 보여주는 것이 기능정의서의 몇백 마디 말을 대신할 수 있다. 팀원들 사이에, 그리고 이해관계자들 사이에,

디자인에 관한 의사 결정을 명확히 전달하는 수단이 된다. 비록 화면의 많은 부분이 아직은 자리 표시로 채워져 있다고 해도 디자인이 어떻게 구성될지는 시각적으로 파악할 수 있다.

실무에서는 와이어프레임, 목업, 프로토타입과 같은 말들이 혼용된다. 와이어프레임은 화면설계의 기본적인 구조와 기초 요소들을 검증하는 것이 목적이다. 목업은 시각적으로 디자인이 된 것을 검증하는 목적이다. 프로토타입은 주로 사용성을 테스트하는 것을 목적으로 한다.

그리고 와이어프레임은 완성되기까지 오랜 시간이 걸리고 피드백을 받아서 지속적으로 개정을 해야 하기 때문에 변경내용의 버전 관리를 해야한다.

☞ 그림 46 **버전관리 페이지 예시**

버전관리

JDC			Storyboard			
SYSTEM		문서명	JDC 클라이언트	작성일	2012.08.03	
TASK	설계 & 기획	문서번호	20120712	버전	1.3	

버전	일자	설명	작성자	검서명
1.0	2012.07.06	JDC 소개	최미정	COSCOI
1.1	2012.07.12	경영공시 분리, 대메뉴 수정	최미정	COSCOI
1.2	2012.07.25	서비스만족도 실명인증 후 가능하도록 로직 변경	최미정	COSCOI
1.3	2012.08.03	이사장과의 대화 답변쓰기 관리자페이지로 이전	최미정	COSCOI

* 출처: https://slidesplayer.org/slide/11291988/

위의 예시에서처럼 버전의 날짜와 변경된 내용을 계속 기록을 해야한다.

이제는 IT서비스 기획이다

서비스 기획자는 열심히 삽질을 해서
스토리보드를 만들어 디자이너와 개발자에게 넘긴다.

- 저자

만들어야 할 서비스의 윤곽이 명확해지면 이제 디자이너와 개발자가 구현해 줄 서비스의 실체를 설계한 도면이 필요하다. 이때 기획자가 작성하는 서비스의 설계도를 스토리보드라고 한다.

스토리보드라는 용어를 처음 들으면 이게 무엇인가 헷갈리기 쉽다. 마치 무슨 보드판을 가리키는 것 같아 화면설계를 가리킨다고 생각하기 쉽다. 하지만 스토리보드라는 용어는 사실 광고와 같은 영상 촬영에서 쓰이는 용어를 수입한 것이다. 미디어에서 스토리보드는 시나리오보다 더 상세한 내용을 포함하고 있다.

IT서비스도 일종의 미디어의 성격을 가지고 있는 바 용어를 도입해서 쓰는 것이다. IT서비스에서 상세한 스토리보드는 모든 화면의 구성뿐만 아니라 각 구성요소들의 역할과 상세한 기능까지도 명시하고 있어야 한다. 실제로 화면을 그리고 코딩을 할 수 있는 수준까지 상세하게 규정을 해야 하는 것이다. 스토리보드는 표지, 버전 정보, 정보구조도, 화면 목록, 플로우 차트, 서비스 정책, 그리고 기능명세를 포함한 화면설계서로 구성이 된다.

실무적으로는 여기에서의 화면설계서를 스토리보드라고 부르기도 한다. 중의적으로 쓰이는 것이다. 또 하나는 와이어프레임과 모양이 비슷하다고 해서 혼동하면 안 된다. 와이어프레임이 화면의 구성을 잡기 위한 골격이라고 한다면 스토리보드에 포함되는 화면설계서는 진짜 설계서이다. 와이어프레임은 조감도이고 스토리보드의 설계서는 청사진인 것이다. 청사진에는 조감도에 포함이 되지 않는 실제 기능들의 디테일이 들어간다. 와이어프레임은 레이아웃을 잡는 데 중점을 두며, 각 요소에 대한 정보는 일반적으로 상세하게 명시하지는 않는다.

필요한 경우에는 백엔드 서버 개발팀과 협의해서 시스템에서 데이터가 제공되는지, 제공되는 형태는 어떤 것인지, 저장을 하려면 어떤 형식의 데이터가 되어야 하는지도 협의가 필요할 수도 있다.

스토리보드는 디자이너와 개발자가 서비스를 이해할 수 있는 최종 산출물이자 소통 도구이다. 본격적인 프로젝트에 앞서 각자 머릿속에 있는 것들을 하나의 문서로 통일하는 과정을 거치면서 서비스를 만들기 위한 기초 작업을 하게된다. 물론 처음부터 완성된 스토리 보드는 없다. 기획자가 먼저 스토리보드를 가지고 개발자와 디자이너와 함께 의견을 주고 받으며 이들과 합의된 내용을 담아야 비로소 완성된 스토리보드라고 할 수 없다.

스토리보드는 회사마다 파워포인트나 Axure, 구글 프레젠테이션, Figma 등의 도구를 사용하는데, 가장 많이 쓰는 것은 우리에게 익숙한 파워포인트이다.

스토리보드의 구성

- 표지
- 정보구조도
- 기능프로세스(플로우 차트)
- 서비스 정책
- 화면목록
- 화면설계서(기능 명세 포함)

먼저 표지에는 프로젝트 이름과 문서 버전, 최종 업데이트 일자와 작성자의 정보를 담는다. 표지는 어떤 기능들이 추가, 구성, 제거되었는지를 상세하게 적는 것이 목적이다. 버전 정보 기재는 사소한 변경은 소수점 단위로, 채널 단위의 큰 기능 변화가 있었다면 숫자를 하나씩 더하면 된다. 문서 버전 관리는 일정을 관리해야 하는 기획자 입장에서는 프로젝트의 진행 정도를 파악하는 데 아주 중요하다.

이제는 IT서비스 기획이다

표 16 **스토리보드 표지(예시)**

		버전	1.5
		채널	어드민
음식 배달 플랫폼 프로젝트		작성자	홍길동
		작성일	2024. 1. 3
제개정번호	제개정 페이지 및 내용	작성자	일자
1.0	최초 작성	홍길동	2024.1.5.
1.1	주문 분리사항 반영(p. 33)	홍길동	2024.1.10.
1.2	회원정보 주소입력방법 변경 추가 (p. 55)	홍길동	2024.1.15.
2.0	반품 프로세스 추가 (p. 100-150)	홍길동	2024.1.25.

정보구조도와 플로우 차트는 앞에서 작성된 것들을 최종화하여 스토리보드에 같이 포함시킨다. 물론 앞에다 별도로 놓아둘 수도 있다. 하지만 디자이너나 개발자, 다른 이해관계자들의 열람 편의상 스토리보드에 같이 포함시키는 것이 일반적이다.

화면 목록에는 각 화면에 고유번호를 부여하여 목록화한다. 기획서의 페이지 수가 아니라 화면 고유번호를 기준으로 작업을 할 수 있도록 정리해주는 것이다. 또한 페이지가 추가될 경우에도 변경된 기획서 페이지의 수에 맞춰 별도의 명세를 추가할 필요가 없다.

서비스 정책은 사용자가 서비스를 어떻게 경험하고 서비스 제공자가 어떤 원칙과 규칙을 따르는지 규정하는 정책과 가이드라인이다. 서비스 정책은 다양한 측면에서 구성될 수 있으며, 주요 예시는 다음과 같다.

- 개인정보 보호 정책: 사용자의 개인정보 수집, 보관, 처리 및 보호와 관련된 규정을 제시한다. GDPR(일반 개인정보 보호법)과 같은 규정을 준수하기 위한 내용이 포함될 수 있다.

- 이용 약관: 서비스를 이용하는 데 사용자가 동의해야 하는 일반적인 규정들이 포함된다. 예를 들어, 서비스 이용의 조건, 권리 및 책임, 계정 사용 규칙 등이 여기에 해당한다.
- 보안 정책: 사용자 데이터의 보안, 접근 제어, 비인가된 액세스 방지 등과 관련된 사항들을 다룬다.
- 커뮤니케이션 정책: 서비스 제공자와 사용자 간의 소통 방식, 공지사항, 지원 서비스 등에 대한 가이드라인을 정의한다.
- 접근성 정책: 모든 사용자가 서비스를 쉽게 이용할 수 있도록 하는 데 관한 내용이 포함된다. 웹 접근성, 장애인을 위한 특별한 지원 등이 여기에 해당된다.
- 콘텐츠 이용 규칙: 사용자가 서비스를 통해 공유하거나 업로드하는 콘텐츠에 대한 규제 및 가이드라인이 여기에 속한다.
- 결제 및 환불 정책: 서비스의 유료 기능에 대한 결제 방법, 가격 정책, 환불 규정 등이 여기에 해당된다.

☞ 표 17 **서비스 정책(예시)**

구분	내용	검토사항
주문	제휴몰 주문 상태: 결제 완료-배송 준비-배송 중-배송 완료	
취소	• 즉시 취소만 존재 • 제휴몰 주문 최소 가능 시점: 결제 완료 단계에서만 취소 가능 • 품절 취소 처리: 네휴몰 즉시 최소환료 불가(어드민 권한 필요)	주문제작 상품의 취소 보류 프로세스

화면설계서는 UI 화면설계와 함께 각 기능의 설명을 우측에 번호와 함께 부가한다. 명세에는 어떤 버튼이 어떤 기능을 수행하는지, 색 변경 및 어떤 링크로 이동되는지, 어떤 데이터를 불러오는지 등 상세한 내용을 기록한다.

앞에서 작성했던 와이어프레임은 시안이었고 스토리보드의 화면설계서는 거기에 상세한 기능 설명이 더해진다. 따라서 여기의 화면설계서는 원칙적으로 실제 화면의 숫자만큼 작성이 되어야 한다. 화면설계서는 디자이너와 개발자가 업무를 할 때 가장 많이 참조하는 화면이기 때문에 개발자와 디자이너가 이해하기 쉽게 작성해야 한다.

이제는 IT서비스 기획이다

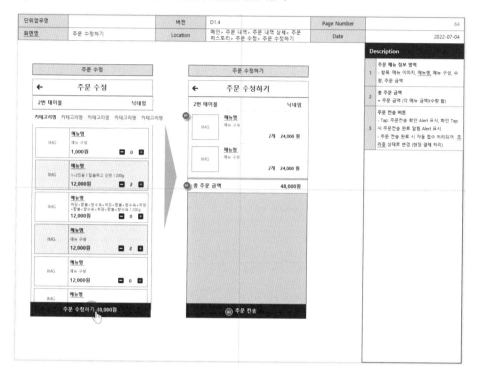

스토리보드가 완성된다는 것은 기획 단계가 완료되었음을 의미한다. 디자이너는 스토리보드에 명시된 내용을 가지고 화면 디자인 등 각각의 일러스트를 그려 디자인 리뷰를 준비한다. 개발자는 스토리보드를 보면서 프로그램을 설계하고 각 세부 로직을 코딩한다.

첫 단계인 기획에서 기획자가 '제대로 된' 스토리 보드를 제시할 수 있다면 그 바로 다음인 디자인 단계에서 디자이너가 더 효과적으로 작업할 수 있다. 각 구성 요소와 그 목적에 대해 파악하고 있어야 사용자를 위해 어떻게 디자인을 구현하는 것이 가장 좋은지 구상을 할 수 있는 것이다. 한 화면에서 특정 버튼의 역할이 무엇인지 또는 얼마나 중요한지 안다면 이를 강조할 수 있는 디자인을 고민할 것이다.

그리고 개발에서도 각 담당자가 스토리보드를 바탕으로 실제로 구현 가능한지, 오류가 발생할 가능성이 있는지 등에 대한 검토를 통해 실제 개발 단계에서 발생할 수 있는 문제들을 사전 예방하기도 한다. 실제 일의 분담도 스토리보드를 중심으로 일어난다.

스토리보드는 서비스 기획의 최종 결과물 집합체이다. 개발의 설계도이자 구체적인 작업 지침서로의 역할을 한다. 워터폴의 스토리보드는 애자일에서는 유저스토리 또는 스토리티켓에 해당된다

5.6 애자일에서는 스토리지도를 그려서 스토리티켓으로 쪼갠다.

마틴에릭슨은 프로덕트 매니저가 구성하는 프로덕트를 의사결정위계로[72] 아래 [그림 48]과 같이 정의하는 것을 추천하고 있다.

비전에서 전략을 도출하고 전략에 의거한 목표들을 식별한 후에 각각의 목표를 이룰 수 있는 서사(epic)를 소프트웨어 상으로 구축할 수 있도록 나누는 것이다. 더 깊이 들어가면 각각의 에픽은 여러 개의 스토리로 구성되어 있고 애자일에서는 이 스토리를 자그마한 티켓의 사이즈로 나누어 스크럼팀에게 부여하여 스프린트 프로세스를 거쳐 해결하도록 한다. 워터폴에서의 스토리보드에 해당하는 모델이다.

☞ 그림 48 **스토리 지도 구성도**

비전					
전략					
목표			목표		
에픽	에픽	에픽	에픽	에픽	에픽
원칙					

이제는 IT서비스 기획이다

스토리 지도는 서사에 따라 나누어 스토리 티켓을 만든다.

사용자여정 매핑이 고객여정 매핑에서 유래하고 디자인씽킹과 함께 개발된 비교적 오래된 도구임에 비해 최근의 애자일에서는 '사용자 스토리 매핑'이라는 용어를 쓴다. 사용자 스토리라는 용어는 애자일 매니페스토에 서명한 알리스터 콕번(Alistair Cockburn)이 1998년에 처음 쓴 것으로 알려졌다.[73] 이후에 프로덕트 디자이너인 제프 패튼(Jeff Patton)이 2005년에 논문으로 정리하여 스토리 매핑에 대한 가이드라인을 발간했다.[74]

스토리매핑에서는 여정매핑에서 나타난 활동 상황들을 더 세분화하여 가로축에는 워크플로우를, 세로축에는 우선순위를 나타내서 시각화를 한다. 아울러 각각의 기능들을 어느 릴리즈에 포함시킬지를 결정하여 해당 스크럼팀의 스프린트 스케줄에 반영한다.

🗨️ 그림 49 **인터넷 쇼핑의 스토리 맵**

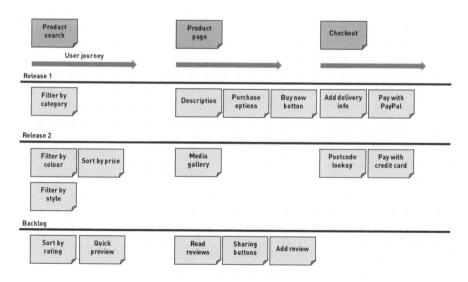

고객여정은 제품에서 고객을 대상으로 하는 전체 흐름과 과정을 이해하는 데 도움을 준다. 고객여정을 식별한 후에는 스토리 맵이 프로덕트를 자세히 설명하

고 개발할 기능들을 인식하고 우선순위로 정하는 데 유용하다.

스토리매핑의 과정은 다음과 같다. 우선 각각의 퍼소나가 가지고 있는 여정에 나타나 있는 활동을 크기에 따라 테마나 에픽으로 배정한다. 여정 맵의 활동들을 모두 배정하고 나서 각각의 액티비티를 구성하는 세부 스토리들을 구성한다. 이어서 각각의 스토리들 간 선후관계와 우선순위를 파악하여 각 릴리즈에 배정한다. 마지막으로 스크럼팀이 다수라면 각각의 팀에 배정을 하고 팀별로 스프린트 일정을 조정하고 계획한다.

에픽은 서사라고 번역되는데, 큰 범주의 기능 또는 작업 단위를 나타낸다. 에픽은 여러 스토리나 태스크로 세분화된다. 스토리는 사용자 관점에서 기능을 묘사한다. 사용자 스토리로 불리며 완전한 하나의 단위이다. 태스크는 스토리를 더 상세하게 나눈 작은 작업 단위다. 스토리가 완료되기 위해서는 여러 태스크가 수행되어야 한다.

스토리매핑은 프로덕트 발견(product discovery)에서 사용되는 테크닉이다. 프로덕트 발견이 완료되면 사용자 스토리티켓들을 스크럼팀들에게 할당하고 스프린트 계획에 반영한다.

스토리 매핑 작업 시 주의해야 할 사항[75]

- 고객 또는 사용자 참여 없이 작업: 사용자와의 협업이 매우 중요하다. 사용자의 참여없이 개발자나 기획자의 추측만으로 작성하게 되면 부정확할 가능성이 높다.
- 목표나 해결할 문제가 없는 상태에서 작업: 명확한 문제나 달성할 목표가 있어야 스토리 매핑이 용이하다. 문제와 목표가 명확하지 않으면 일정이나 우선순위의 조정이 어려워진다.
- 스토리 맵을 숨겨놓기: 스토리 맵은 항상 팀원들 사이에 공유가 되고 잘 보이는 곳에 나와 있도록 한다. 각자 맡은 세부 사항에 매몰되어 큰 그림을 놓치면 속도와 소통이라는 애자일의 본질을 해치게 된다.

- 원격 팀을 위한 시각성 부족: 디지털 환경에서 원격 근무를 하는 팀들 사이에도 스토리 맵의 가시성을 유지하는 것이 중요하다.

 그림 50 **소통관리에 관한 스토리맵**

사용자	퍼소나 1					퍼소나 2				퍼소나 3		
테마	이메일 정리		이메일 관리			일정 관리				연락처 관리		
액티비티	이메일 검색	이메일 파일하기	이메일 작성	이메일 읽기	이메일 삭제	일정 보기	약속 잡기	약속 갱신	약속 보기	연락처 만들기	연락처 갱신	연락처 삭제
스토리	키워드로 찾기	이메일 옮기기	이메일 써보내기	이메일 열기	이메일 삭제	약속 목록 보기	기본 약속 잡기	장소 갱신	약속 보기	기본 연락처	연락처 갱신	
		하위 폴더 만들기	이메일 RTF 작성	이메일 RTF 보기		약속 월별 목록 보기	RTF 약속 추가		수락 거절 미정			릴리즈 1
	한 필드 검색		HTML메일 보내기	HTML 메일 열기	휴지통 비우기	약속 일별 목록 보기	HTML약속 만들기	새로운 시간 제안		주소 추가	주소 갱신	연락처 삭제
	여러 필드 검색		우선순위 정하기	붙임 열기			의무/ 선택					릴리즈 2
	붙임 검색		주소 가져오기			약속 주별 목록 보기	주소 가져오기			연락처 가져오기		
	하위 폴더 검색		붙임 보내기			일정 검색	붙임 추가			연락처 내보내기		릴리즈 3

5.7 개발로 넘어가면서 무슨 일이 일어나는가?

사용자 인터페이스는 농담과 같다.

설명이 필요하면 그렇게 좋은 것이 아니다.

- 작자미상

기획자가 스토리보드까지 완결을 했다면 이제 실제적인 구축 작업에 착수하게 된다. 스토리보드를 가지고 작업을 할 사람은 우선 디자이너이다. 스토리보드 안의 와이어프레임에 디자인을 입혀서 시안을 만들어 승인을 받는다. 사실이 작업은 스토리보드 완성 이전에 대부분 기획자의 초기 와이어프레임을 가지고 디자인의 테마를 잡고 시안은 이미 승인이 난 상황일 경우가 많다.

퍼블리셔, 프론트엔드와 백엔드는 무엇인가?

이제 그 다음 단계에서는 개발자들이 관여해서 개발을 하게 되는데 이 개발자 그룹이 크게 프론트엔드 개발자와 백엔드 개발자로 나뉜다. 실제로 프론트엔드와 백엔드의 구분은 인터넷이 발전하면서 생겨난 인터넷상의 프로그래밍에 의한 구분이다. 인터넷의 초창기에는 프론트와 백의 구분이 없었다. 프론트엔드가 백엔드로부터 구분되기 시작한 것은 웹 2.0시대의 중반부터였다.

1990년대를 웹 1.0의 시대라고 칭하는데 이 당시 초창기의 웹은 주로 정보를 일방적으로 제공하면 사용자는 이를 읽기만 하는 시대였다. 지금처럼 물건을 주문하거나 댓글을 달거나, 자기 글을 올리거나 하는 기능이 없었다. HTML 1.0은 1991년에 발표되었는데 아래 12개의 태그가 전부였다.[76] 지금의 HTML 5와 비교하면 빈약하기 짝이 없다.

Title: 〈title 〉   NextID: 〈nextid〉

Anchors: 〈a〉   IsIndex: 〈isindex〉

Plaintext: 〈plaintext〉   Example section: 〈listing〉

Paragraph: 〈p〉   Headings: 〈h1〉 ~ 〈h6〉

Address: 〈address〉   Highlighting: 〈hp1〉, 〈hp2〉 …

Glossaries: 〈dl〉, 〈dt〉, 〈dd〉   Lists: 〈ul〉, 〈menu〉, 〈dir〉, 〈li〉

이 당시 사용자와의 상호작용은 읽는 행위로 한정이 되어 있었다. 이미지를 삽입하기 위한 〈img〉태그도 1993년에야 HTML 2.0에 포함이 되었다. 이어서 이러한 태그들을 각 페이지들 사이에서도 일관되게 쓸 수 있게 하기 위하여 CSS(cascading style sheet)가 1996년에야 HTML 3에 포함되었다. 그래도 아직은 모두 정적인 페이지들이라서 코딩이 필요하지 않았다.

웹 2.0은 사용자가 상호작용을 할 수 있는 자바스크립트가 등장하면서 시작된 것으로 볼 수 있다. 웹페이지에서 동적인 프로그래밍을 가능하게 하는 자바스크립트는 1995년에 개발이 되었는데 본격적으로 자바스크립트가 대대적으로 쓰이기 시작한 것은 비동기식 자바스크립트가 개발이 되고 페이스북과 같은 소셜미디어가 활성화되기 시작한 2000년대 초반 정도로 본다. 참고로 아마존 페이지는 아래와 같이 진화를 해왔다.[77] 어떤 부분에 프로그래밍이 들어갔을지 상상해보자.

그림 51 **1995년 최초의 아마존 웹 페이지**

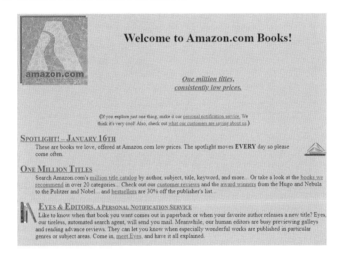

그림 52 **2000년 아마존 웹 페이지**

그림 53 **2023년 아마존 웹 페이지**

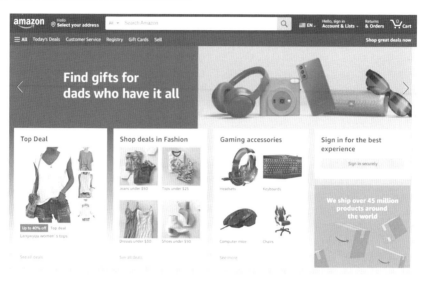

이제 웹 인터페이스 자체에서 프로그래밍이 필요해지면서 프론트엔드가 백엔드로부터 분리되기 시작한다. 사용자들이 웹사이트에서 보고 상호작용하는 모든 것들이 프론트엔드 개발에 속한다. 슬라이더, 드롭다운 메뉴, 레이아웃, 폰트 컬러 등 모든 요소들이 프론트엔드 개발을 이루는 부분인데 HTML, CSS, 자바스크립트가 중요한 역할을 한다. 아울러 최종적인 사용자 인터페이스를 디자인하기 전에 목업이나 와이어프레임, 클릭할 수 있는 프로토타입을 만들어서 사용자 경험을 테스트하는 역할을 한다. 프론트엔드 개발자는 기획자나 디자이너와의 상호작용이 중요한데 특히 디자이너와 전체적인 사용자 경험 프로세스에 관해서 소통을 하는 것이 중요하다.

프론트엔드 개발에서는 자바스크립트를 기반으로 한 프레임워크와 라이브러리가 주로 사용된다. 먼저 프레임워크란, 웹 개발을 쉽고 간편하게 할 수 있도록 도와주는 도구이다. 어느 정도 구조가 이미 잡혀 있기 때문에 고객의 요구에 따라 코딩을 할 수 있는 준비가 되어 있는 것이다. 라이브러리는 개발에 필요한 것들을 미리 구현해 놓은 도구로써 재사용이 가능한 기능들을 미리 구현한 후 필요한 곳에서 호출 가능하도록 만들어진 것이다.

프론트엔드는 처리된 데이터를 사용하는 이용자 화면 구성 및 코딩을 하는 것이다. 현재 프론트엔드에서 많이 쓰이는 프레임워크는 앵귤러(Angular)다. 구글이 만든 오픈소스 자바스크립트 프레임워크이다. 또 많이 쓰이는 뷰(Vue.js)는 대규모의 커뮤니티 개발자들이 합심하여 만든 프레임워크로 많은 인기를 얻고 있다. 라이브러리로서는 리액트(React)가 많이 쓰이고 있다.

백엔드는 서버 내부에서 데이터 처리를 하는 것으로 구분이 된다. 프론트엔드와는 프로그래밍의 성격도 다르고 사용하는 환경도 다르다. 백엔드에서는 사용자가 필요로 하는 정보를 저장하고 관리하며 전달하는 역할을 담당한다. 서버, 데이터베이스, API 등을 총괄하기 때문에 서비스의 전체적인 구조를 이해하고 설계가 되어야 한다. 백엔드 개발에는 사용자 인터페이스가 없는 시스템 컴포넌트 작업, AAPI작성, 라이브러리 생성, 데이터베이스 통합 및 생성 등의 다양한 활동들이 있다.

서버 측 스크립트 언어인 PHP, 브라우저 외부에서 쓰이는 자바인 Node.js 도 많이 활용이 된다. 자바와 파이썬 같은 프로그래밍 언어들이 쓰이고 SQL 같은 데이터베이스 언어들도 같이 쓰인다. Node.js를 쓰도록 도와주는 익스프레스 프레임워크도 많이 쓰이고 오픈소스 PHP 프레임워크로서 라라벨도 많이 쓰인다.

프론트엔드 개발자는 사실 디자이너와 협업을 하면서도 백엔드 개발자와도 협업을 해야 한다. 그래서 일이 복잡해지는 관계로, 프론트엔드 업무 중에서 디자이너와 관련된 업무를 주로 하는 퍼블리셔라는 직종으로 분화가 되고 있다. 퍼블리셔는 그 단어가 함의하는 대로 디자인된 페이지를 웹화면으로 구현하여 퍼블리시를 하는 업무를 한다. 서버를 관할하는 백엔드와의 인터페이스를 제외한 부분을 핸들링 하는 것이다. 디자인을 웹 표준성과 접근성에 부합하도록 재정리하는 작업도 퍼블리셔가 한다.

표 18 **퍼블리셔와 프론트엔드 비교**

	퍼블리셔	프론트엔드개발자
업무의 초점	디자인, 웹접근성, 웹표준	백엔드통신, 데이터 가공 저장 및 화면 표시
JS사용 목적	UI의 움직임이나 화면에서 나타나는 시각적인 부분	백엔드 API의 상호작용 및 받은 데이터의 표현, 백엔드서버와의 통신
경력 중점	디자인처럼 포트폴리오	어떤 서비스를 어떻게 개발했는지

서비스 기획이 마무리되면 이제 디자이너 및 개발자들과 소통하면서 개발에 착수를 해야 하는데, 이에 참고하기 위하여 프론트엔드 개발, 백엔드 개발 그리고 퍼블리싱에 관해서 알아보았다. 화면 디자인에 집중해서 일을 처리하는 사람을 퍼블리셔라고 볼 수 있고, 그것에서 나아가 사용자가 사이트와 상호작용하는 모든 부분에 대한 개발, 관리, 유지 보수를 하는 것이 프론트엔드 개발자라고 할 수 있다. 백엔드 개발자는 주로 서버사이드에서 업무를 보는 사람을 가리킨다. 프론트엔드와 백엔드를 같이 할 수 있는 개발자를 실무에서는 풀스택 개발자라고 한다.

5.8 문제가 주어질 때도 있다

지금까지 IT서비스의 개발 구축 과정은 상위 기획에서 시작해서 실제 구축에 이르기까지 지속적으로 프로세스가 계속된다는 것을 전제로 하고 설명했다. 하지만 실제에 있어서는 프로젝트의 부분 또는 전부를 외부에 발주를 하는 경우가 있다. 기획을 내부에서 하면 인하우스라고 하고 외부에 발주를 하면 에이전시에게 맡긴다고 한다. IT에서는 온프레미스와 아웃소싱이라는 용어를 쓰기도 하고 개발에 있어서는 하청이나 원청이라는 용어도 섞어서 쓰기도 하는데, IT서비스의 기획과 디자인에 있어서는 광고 업계의 관행을 따라서 에이전시와 인하우스라는 용어를 쓰고 있다.

IT서비스 개발 구축을 위한 외주 프로젝트에서는 발주를 하고 수주를 하는데, 여기서 에이전시가 수주를 하는 입장이다. 일단 발주를 한다는 것은 고객이 문제를 식별을 해서 이에 대해서 실무를 해줄 IT서비스 기획 에이전시를 찾는 것이다. 따라서 문제가 어느 정도 정의가 되어 있다고 보아야 한다. 하지만 발주의 범위는 광범위해서 문제의 식별과 정의부터 발주를 할 수도 있다.

발주의 경우는 일괄 발주와 분할 발주가 있다. 일괄 발주는 서비스 기획, 디자인 및 개발까지 전 과정을 포함해서 발주하는 것을 일괄 발주라고 한다. IT서비스에서의 분할 발주는 일반적으로 일단 기획과 디자인을 포함한 앞부분을 먼저 발주하고 그 결과를 가지고 나머지 개발을 발주하는 것을 말한다. 또 나중에 IT서비스의 운영도 별도로 발주를 하는 경우가 있다. 이러한 운영 사업의 경우에는 개발 업체가 수주를 하는 것이 보통이다.

한편 실제 수행 인력이 사용자(발주자)의 직접 지휘를 받고 일을 하는 것을 파견 근무라고 하고 사용자가 아닌 수주 업체의 지휘를 받아서 일을 하는 것을 도급이라고 한다. 기획, 디자인과 같은 경우 발주 업체가 실제 지휘를 하는 것이 쉽지 않아서 많은 경우 도급 계약을 하지만 실제 실무의 편의상 현장 파견을 많이들 선호한다. 이러한 경우에 필요로 하는 절차와 서류는 다음과 같다.

● 사전정보 요청서(RFI, Request for information)

발주사는 제안서를 보내기 전에 관련 업체들을 식별해서 업체들에게 RFI를 보내 정보를 수집한다. 외주 업체는 필요한 정보를 작성해서 의뢰 업체에 제출한다. 발주사는 업체의 재무제표와 기존에 수행한 프로젝트들을 검토한다.

● 제안 요청서(RFP, Request for proposal)

제안서를 작성하기 쉽도록 도움을 주는 문서, 보통은 견적 요청도 같이 포함한다.

● 제안서(Proposal)

발주자의 RFP를 보고 수주하려는 에이전시에서 제안서를 작성해서 제출한다. 보통 발주사 측에서 RFP공지를 할 때 자기들의 양식도 알려주는 경우가 많고 발주하는 IT서비스에 대한 상세도 알려주거나 검토할 수 있도록 해준다. 일반적으로 에이전시의 기획자는 현재의 화면을 분석하고 개선점을 제시하면서 IA나 시안 등을 제안서에 넣어야 하기 때문에 보통 기획자는 제안 단계부터 참여한다. 제안 작업은 보통 개발을 담당할 업체와 기획 에이전시가 같이 작성하는 경우가 많다. 많은 경우에 기획 에이전시는 개발 인력을 보유하고 있지 않기 때문이다.

수주사 입장에서의 프로젝트 프로세스[78]를 살펴보자. 무슨 업무를 해야할지 분석하고 인력과 환경을 세팅 후 상세 일정(Work Breakdown Structure, WBS)을 짠다. 아래 [그림 54]에서 개발 쪽에서 시스템 분석을 하는 걸 제외하면 굵은 글씨로 표시된 부분은 전부 서비스 기획자의 업무다. 분석 단계에서 나온 요건이나 정책을 정리해서, 서비스 프로세스 + 와이어프레임까지 완성하여 스토리보드를 만든다. 출시의 시점에 맞춰서 문서들을 업데이트하고 운영 매뉴얼을 만드는 것도 기획자의 역할이다.

아래 그림에서 볼드체로 된 부분이 기획자가 수행할 역할이다. 요즘에는 애자일의 형태로 계약을 하는 경우도 있기는 하지만 발주 측의 부담이 커서 주로 워터폴의 형태로 발주를 한다.

그림 54 **실제 워터폴 행위 구성도**

계획	분석	설계	구현	검수	완료
업무분석	**환경분석**	**정보 구조**	디자인	QA	**문서 최신화**
인력구성	**요건 분석**	**기능 정의**	퍼블리싱	웹 접근성 검사	**운영 매뉴얼**
환경 세팅	**콘텐츠 분석**	**플로우차트**	시스템 개발	단위 테스트	**인수인계**
프로세스 정의	**정책 정의**	**와이어프레임**	**스토리보드리뷰**	통합 테스트	안정화 준비
산출물 정의	**가이드 정의**	**스토리보드 구성**	**스토리보드 현행화**	웹 표준 검사	
일정 계획하기	시스템 분석	시스템 설계	단위 테스트	**스토리보드 고도화**	

이제는 IT서비스 기획이다

맺음말

모든 소통의 중심에 기획자가 있다.

　지금은 IT서비스의 개발과 구축에 관련된 사람들이 모두 개발자는 아니다. 80년대까지는 소프트웨어나 시스템 개발이 주로 개발자들에 의해 주도되었다. 그 당시에는 인터페이스 디자인에 대한 선택의 여지가 많지 않았다. 예를 들어, 워드스타나 워드퍼펙트, 혹은 터보프로그램들의 화면을 기억하는 분도 있을 거다. 윈도우 이전의 인터페이스는 주로 번호가 붙어있는 텍스트로만 이루어진 메뉴시스템이었다. 80행 25줄의 블루스크린에서 번호를 선택하면 다음 메뉴로 이동하는 등 디자인에 큰 변화가 없었다. 프로그래머는 디자인을 별로 고려하지 않고 만들었다.

　인터넷의 활성화와 함께 사용자 인터페이스(UI, user interface)의 중요성이 강조되기 시작했다. 윈도우가 도입되면서 패러다임이 마우스 클릭으로 변화하였고, 클릭이 시작되면서 사용자 인터페이스의 혁신도 함께 시작되었다. 버튼, 드롭다운 리스트, 빈칸을 채우는 방식 등 다양한 디자인 선택지가 생겨났다. 색상도 2도색상에서 총천연색으로 바뀌었다. 프로그래밍이 상대적으로 쉬워지면서 소프트웨어의 표준화가 진행되었고, 이에 따라 인터페이스 디자인의 중요성이 상대적으로 높아졌다.

이러한 변화로 시스템 개발에 화면 디자이너들이 참여하기 시작하며, UI의 중요성이 강조되기 시작했다. 시스템 내부의 표준화와 데이터베이스의 안정화로 인터페이스의 차이가 더욱 중요해진 것이다. 이어서 인터페이스가 단순히 예쁜 디자인보다는 사용자의 행동을 반영해야 한다는 점에서 사용자 경험(UX, user experience)의 분석이 중요한 요소로 부상하게 되었다.

비슷한 시기에 디자인씽킹도 IT서비스를 개발하는 방법론으로 각광을 받기 시작한다. 디자인씽킹은 디자인에 관한 것이 아니다. 잘하는 디자이너는 고객과 공감하면서 고객이 미처 깨닫지 못한 것까지 찾아낸다는 점에 착안한 일종의 기획 방법이다. 디자이너한테 디자인에만 신경을 쓰지 말고 디자인 하기 전에 시스템을 구상하고 기획하는 단계를 고객과의 공감부터 시작하라는 것이다. 디자인은 예쁘게 하는 것이 아니라 사람들이 필요로 하고 공감하는 것을 찾아내는 과정이라는, 디자인을 선행하는 기획 방법론이다. 디자인이 아니라 디자인 이전의 기획에 초점이 맞추어져 있다. IT서비스를 개발하는 데 있어서 기획의 중요성이 높아지고 강조되기 시작한 것이다.

IT서비스 기획 분야에는 다양한 배경을 가진 개인들이 유입되고 있고 따라서 개인 간의 격차가 크게 드러난다. IT서비스 기획자의 수요가 급격하게 증가하여 다른 분야에서도 넘어와서 기획업무를 수행하고 있다. 디자이너들이 기획을 맡기도 하고, 개발자들이 기획자로 전향하기도 한다. 또한, 비즈니스 기획 전문가들도 IT서비스 기획으로 이동하는 경우가 있다. 이러한 변화에 따라 전문적인 IT서비스 기획을 가르치는 프로그램들도 이제서야 점차 생겨나고 있다.

그러나 많은 경우에는 IT서비스의 특성을 충분히 이해하지 못해 기획에 어려움을 겪거나, 각자의 역량과 경험에 따라 성과에 큰 차이가 발생한다. 단순히 절차적인 방법만을 익히는 것으로는 이러한 차이를 극복하고 성과를 달성하기 어렵다. 수박 겉핥기식의 교육만을 통해서는 기획의 본래 목적을 달성하고 내실을 갖추는 것이 쉽지 않다.

IT서비스 기획 방법론의 각 단계들이 어떻게 구성이 되어 있고, 어떤 역할을 하는지, 그 배경은 무엇인지, 선택할 수 있는 경로는 어떤 것들이 있는지, 그 방법들의 뒤에 숨어있는 기획의 본질에 대한 이해가 필요하다. 각 방법들의 관점에 대해서 이해를 하고 각각의 모델링을 어떤 목적으로 하는지 어떤 배경으로 하는지를 알아야 상황에 맞게 변형하면서 유동적으로 기획의 목적을 달성할 수 있다. 이 책에서는 방법론에 있어서의 실제적인 절차의 세부사항보다는 주로 배경이 되는 기획의 철학 및 그 배경이 되는 스토리라인들과 더불어 좀 더 근본적인 이슈들에 대해서 다뤘다.

소프트웨어 공학은 개발자들을 대상으로 구조화된 개발방법론이고 디자인 씽킹은 디자이너들의 입장에서 서술되어 있는 개발방법론이다. 최근에 유행하는 린 스타트업은 창업을 하는 과정에서 기획을 어떻게 해야 할지 설명하는 개발방법론이다. 모두 IT서비스 개발방법론들이다. 소프트웨어 공학에서 시작해서 디자인씽킹으로, 서비스 기획으로, 그리고 전략 기획까지 어떻게 연결이 되는지 그 배경을 얘기하고 이해를 돕는 것이 본 서의 목적이다. 본질을 이해하면 방법론의 디테일은 상황에 따라 유동적으로 그리고 창의적으로 변형·응용할 수 있다. 상황에 맞추어 적절하게 변형·응용이 되어야 기획에서 창의성이 발휘될 수 있다. 방법론이 한계가 되어서는 안 된다. 방법론의 진수는 각 단계를 지켜나가는 고정관념이 아니라 필요할 때의 자유로운 응용이다.

IT서비스의 기획은 사실 쉽지 않은 작업이다. 고객의 고충을 해결해줄 새로운 아이디어도 내야 하고, 이를 구체화해서 실제 시스템으로 구축할 수 있도록 문서화를 해야 하고 관련자들이 설득하고 가이드 해야 한다. 어쩌면 화려하게 보일 수도 있겠지만 실제 기획자들이 일하는 모습을 보면 삽질을 하는 것처럼 보이는 부분도 많다. 개발자와 디자이너, 그리고 그 외 관련자들과의 소통의 한가운데서 중심축의 역할도 해야 한다.

다음의 그림은 IT서비스 개발에 있어서의 관점의 차이가 결과적으로 어느 정도의 차이를 만들어 내는지를 비유한 그림이다. 이 스토리의 맥락은 '나무에 그네를 만들고자 하는 프로젝트'이다. 첫 그림은 고객이 설명하고 있는 요구사항이다. 머릿속에서 상상만 하기 때문에 고객들은 그림처럼 삼단으로 구성된, 필요없는 부분이 있는 그네를 묘사한다. 이를 들은 프로젝트 리더는 단순히 흔들리지 못하는 상태의 그네 이해하고, 이어서 이를 이어받은 애널리스트가 거기에서 흔들리게 하려면 본체인 나무를 잘라서 그네를 뛰도록 틈새를 만들어야 한다는 아이디어를 추가한다.

프로그래머는 현실적으로 불가능한 조건들을 다 반영해서 주저앉아 있는 그네를 묶어놓는 반면에, 영업에서는 나뭇가지에 달린 화려한 소파를 내세운다. 그러는 동안 문서들에는 공허한 내용들만 들어가고 실제 구현은 너무나도 타기 힘든 아주 단순한 타잔형 그네가 되어 버린다. 그 과정에서 비용은 천문학적으로 오르락내리락하고 애프터서비스에서는 나무를 통으로 잘라버리고 만다.

고객이 설명한 요건

프로젝트 리더의 이해

애널리스트의 디자인

프로그래머의 코드

영업의 표현, 약속

프로젝트의 서류

이제는 IT서비스 기획이다

구현된 운용

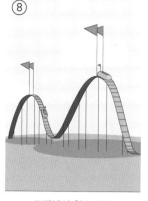

고객에의 청구 금액

받은 서포트

비유적으로 설명하고 있지만 위 그림은 실제 IT서비스의 개발 상황에서 나타나는 현상들에 관해서 많은 교훈을 준다. 관련자들이 많아질수록 소통이 아주 중요하다. 70% 이상의 프로젝트가 실패하는 이유가 여기에서 기인한다. 현실적으로 사용자에게는 아래 그림과 같은 아주 단순한 타이어가 매달린 그네로 충분하다.

고객이 정말 필요한 것

하지만 아주 재미있는 것은 실패한 프로젝트 관련자들을 인터뷰해 보면 아무도 이것이 실패라고 얘기하지 않는다. 추가 자원을 투여해서 어떻게든 시스템, IT서비스를 쓰고 있는 것이다. 오류와 에러가 있다고 해도 사람들이 거기에 적응하면서 쓰고 있는 경우가 대부분이다. 실패해서 아예 덮어버리는 프로젝트는 사실 이 분야에서는 거의 없다.

미래의 세상에 IT서비스는 점점 더 중요한 위치를 차지할 것으로 보이고 관련 기획은 점차로 그 역할이 더 중요해질 것으로 보인다. 일반 고객들이나 사용자들도 IT서비스의 기획에 관해서 알아야 하는 시대가 다가오고 있다. 고객이나 사용자가 직접 기획을 하는 것이 기획자를 찾아서 소통을 하는 것보다 더 효율적일 가능성이 높다. IT서비스의 개발 구축을 통째로 외부에 발주를 하는 입장에서도 기획을 모르면 성공의 확률이 떨어진다. 기획은 기획자가 독자적으로 맨땅에 헤딩해서 새로운 아이디어를 내는 발명이 아니라 고객의 필요에서 시작하는 발견이기 때문이다.

미주

1 · https://www.businessofapps.com/data/app-statistics/

2 · https://explodingtopics.com/blog/smartphone-usage-stats

3 · http://www.snakorea.com/news/articleView.html?idxno=744433

4 · https://m.khan.co.kr/world/america/article/201306042214345#c2b

5 · https://www.sedaily.com/NewsView/264VPX8Y0P

6 · https://www.forbes.com/advisor/business/remote-work-statistics/

7 · https://www.localyze.com/blog/digital-nomad-statistics-trends-2023-2024

8 · https://visaguide.world/digital-nomad-visa/

9 · https://seniornomads.com/

10 · https://digitalnomadandadog.com/older-digital-nomads/

11 · 이슬아(2022) 가녀장의 시대, 이야기장수

12 · https://thielfellowship.org/

13 · Brant Cooper & Patrick Vlaskovits (2022) The Entrepreneur's Guide to Customer Development

14 · https://www.k2base.re.kr/news/trendAnal/list.do#none

15 · Mark W. Johnson, Reinvent your business model: how to seize the white space for transformative growth, Harvard Business Review Press, 2018

16 · https://www.brainyquote.com/quotes/stephen_jay_gould_471602, accessed December 6, 2023.

17 · https://www.aitimes.com/news/articleView.html?idxno=152669

18 · https://www.gartner.com/en/information-technology/insights/top-technology-trends

19 · https://www.statista.com/statistics/1020964/apple-app-store-app-releases-world-wide/ 에서 관련 데이터 수집 변형

20 · https://sensortower.com/ko/blog/state-of-ai-apps-2023-report-KR

21 · https://www.kised.or.kr/board.es?mid=a10309000000&bid=0008&act=view&list_no=3039&tag=&nPage=1

22 · https://en.wikipedia.org/wiki/File:Startup_financing_cycle.JPG, Kompere 버전 번역

23 · https://www.mss.go.kr/site/smba/ex/bbs/View.do?cbIdx=86&bcIdx=1026105&parent-Seq=1026105

24 · 카를로타 페레스(2006) 기술혁명과 금융자본, 한국경제신문사

25 · 카를로타 페레스(2006) 기술혁명과 금융자본, 한국경제신문사

26 · https://www.cnet.com/pictures/a-look-back-at-every-ipod-model-ever-released/2/

27 · https://www.facebook.com/AppleRepairGeeks/?paipv=0&eav=AfZVc2e4l7kkh35Tjib-z04n0j1_nGgcEdGGfVmJAhCs2Y7BRdVDAExYSU-QRKG3beoQ&_rdr

28 · Gerald Zaltman and Lindsay Zaltman (2008) Marketing Metaphoria: What Deep Metaphors Reveal About The Minds of Consumers

29 · 메라비언의 법칙, https://www.hankyung.com/article/2012081636737

30 · Lewrick, Michael, Patrick Link, and Larry Leifer. The design thinking toolbox: A guide to mastering the most popular and valuable innovation methods. John Wiley & Sons, 2020.

31 · 시제품을 만드는 전 단계에서 제품의 가장 단순한 버전을 만들어 아이디어를 저렴한 비용을 테스트하는 것. Free+Prototype=Freetotype.

32 · https://www.chosun.com/economy/smb-venture/2022/07/28/I2PRUGTK3ZESJMMYY-5CEQFWNDY/

33 · Steve Blank and Bob Dorf, The Startup Owner's Manual, K & S Ranch, first edition (March 1, 2012), ISBN 978-0984999309

34 · https://www.jarada.co.kr/

35 · https://www.slideshare.net/ArtilleryMarketing/the-buyer-persona

36 · 앨런쿠퍼, 로버트라이만, 데이빗크로닌, 크리스토퍼 노셀(2015) About Face, 에이콘출판사

37 · https://www.minseop.kim/7

38 · Annette Franz (2019) Customer Understanding, independently published

39 · Holbrook, Morris B.; Hirschman, Elizabeth C. (1982-09-01). "The Experiential Aspects of Consumption: Consumer Fantasies, Feelings, and Fun". Journal of Consumer Research. 9 (2): 132-140.

40 · Lynn Shostack, (1984) Designing Services That Deliver, Harvard Business Review, 62(1), pp. 133-139

41 · https://ortto.com/learn/marketing-funnel-explained/

42 · https://web-strategist.com/blog/2011/05/09/keynote-how-to-develop-a-mobile-strategy-video-and-slides/

43 · https://500hats.typepad.com/500blogs/2007/09/startup-metrics.html

44 · https://libquotes.com/confucius/quote/lbo1f0v

45 · https://theorg.com/iterate/ideal-ratio-for-pm-ux-and-engineering

46 · https://blog.gangnamunni.com/post/how-to-reflect-business-strategy-in-your-product

47 · 비즈니스모델의 탄생, 2011, 비즈니스북스

48 · 미로와 캔버나이저 사이트의 정보를 합쳐서 재정리 (https://miro.com/strategic-planning/lean-canvas-vs-business-model-canvas/, https://canvanizer.com/how-to-use/which-canvas-template-to-choose)

49 · https://stevebizblog.com/why-you-need-to-practice-evidence-based-entrepreneurship/

50 · https://disquiet.io/@polyme/makerlog/6434

51 · 김정은, 강병태, 이정우. (2021). POS 터미널을 축으로 한 다중 피벗 사례연구. Korea Business Review, 25(1), 1-25

52 · https://www.ptc.com/ko/blogs/plm/6-reasons-your-projects-fail

53 · https://www.ciokorea.com/news/220579

54 · https://www.youtube.com/watch?app=desktop&v=o4aYUuQfnNI

55 · https://cv2lab.com/planning_story

56 · Winston Royce, Managing the Development of Large Software Systems in Proceedings of IEEE WESCON, August 1970, pp. 1-9

57 · Bell, Thomas E., and T. A. Thayer. Software requirements: Are they really a problem? Proceedings of the 2nd international conference on Software engineering. IEEE Computer Society Press, 1976.

58 · 여기서는 소프트웨어나 IT서비스, 앱이라는 용어보다는 프로덕트라고 쓴다.

59 · https://blog-ko.superb-ai.com/sprint-superbai/ 수퍼브 에이아이 블로그에서 인용 개작

60 · 김영욱(2023) 프로덕트매니지먼트, 한빛미디어, pp. 83~85

61 · https://www.gartner.com/en/documents/3941917, https://www.linkedin.com/pulse/design-thinking-lean-startup-agile-pradeep-patel/ 에서 재인용

62 · http://www.asiae.co.kr/news/view.htm?idxno=2018040313250224966

63 · https://www.forrester.com/report/water-scrum-fall-is-the-reality-of-agile-for-most-organizations-today/RES60109

64 · 1. https://engineering-skcc.github.io/culture/hybridagile/

65 · 세균무기, 서비스기획의 모든 것, 2024

66 · https://www.mindtheproduct.com/history-evolution-product-management/

67 · https://medium.com/@bfgmartin/what-is-a-product-manager-ce0efdcf114c

68 · https://www.productplan.com/glossary/product-owner/

69 · https://cafe.naver.com/netmaru

70 · 스토리보드나 와이어프레임 둘 다 화면 설계도를 가리키는데 스토리보드가 더 광의이고 다른 요소들도 포함한다. 뒤에서 다시 설명한다.

71 · https://blog.naver.com/nononii/223245786641

72 · https://www.mindtheproduct.com/the-product-decision-stack-martin-eriksson/

73 · https://medium.com/paloit/how-to-write-a-proper-user-story-33d939e6f714

74 · Jeff Patton (2015), It's All in How You Slice It, Better Software Magazine, https://www.jpattonassociates.com/wp-content/uploads/2015/01/how_you_slice_it.pdf

75 · https://www.nimblework.com/agile/story-mapping/

76 · https://info.cern.ch/hypertext/WWW/MarkUp/Tags.html

77 · https://www.webdesignmuseum.org/gallery/amazon-in-2023

78 · https://dewworld27.tistory.com/entry/프로젝트-진행시-발주사와-구축사의-업무-정리

부록

음식배달을 위한 IT서비스 기획(예시)

목차

현황과 미래

문제점

퍼소나 (설명)

고객 여정지도 (설명)

3C 분석

SWOT 분석

STP분석

4P분석

4C분석

정보구조도

MVP개발의 주의점

현황과 미래

- 현황(As-Is): 현재 음식점들은 전화로 주문을 받고 주문에 따라 조리된 음식을 직원이 직접 배달을 한다.
- 미래(To-Be): IT서비스를 통해서 음식 주문을 받고 조리된 후에 전문 배달 회사의 배달원들이 배달을 한다.

IT서비스가 없는 경우의 음식배달의 문제점

- 주문 관리의 어려움: 주문이 전화나 직접 방문을 통해 이루어졌기 때문에 주문의 정확한 기록과 관리가 어려웠다. 펜과 종이를 써서 수동으로 주문을 처리하다 보니 주문 내역의 오류나 누락이 발생했다. 이로 인해 고객의 주문을 정확하게 이행하는 데 어려움이 있었다.
- 배달 시간의 불확실성: 주문이 들어온 후 음식이 배달되기까지의 시간이 불확실했다. 조리 시간은 음식점이 스스로 예상할 수 있었으나 배달이 얼마나 걸릴지는 예상이 어려웠다. IT 기술이 없던 시기에는 배달원이 주문을 받고 처리하는 과정이 수동적으로 이루어졌기 때문에 배달 시간을 예측하기 어려웠다. 이로 인해 고객은 배달 시간을 예상하기 어려워 자꾸 재촉 전화를 하고 배달음식점의 신뢰도가 낮아졌다.
- 통신의 제약: IT 기술이 없던 시절에는 주문과 배달 간의 실시간 통신이 제한되었다. 주문이 전화로 이루어졌기 때문에 고객과 식당 또는 배달원 간의 실시간 정보 교환 및 업데이트가 어려웠다. 이는 주문 처리 및 배달 과정에서 효율성과 정확성을 떨어뜨렸다.
- 음식 품질 관리의 어려움: 주문된 음식이 배달되기까지의 시간 동안 음식의 품질과 신선도를 유지하는 것이 어려웠다. 특히 시간이 오래 걸리는 배달인 경우 음식의 품질이 저하되거나 적정 온도를 유지하기 어려웠다. 이는 고객의 만족도를 저하시키고 음식 안전 문제를 야기할 수 있었다.
- 시간과 거리 관리의 제한: IT 기술이 없던 시기에는 주문과 배달 사이의 시간과 거리를 효율적으로 관리하기 어려웠다. 배달원은 지도나 경로 안내 없이 주소를 찾아가야 했고, 주문의 우선순위나 배송 경로를 최적화하는 것이 어려웠다. 이는 배송 시간과 품질을 향상시키는 데 제약이 되었다.

- 불편한 결제: 주문과 배달 과정에서 현금이나 수표로 결제가 이루어졌기 때문에 현금을 손에 들고 있어야 했고, 정확한 금액을 지불하기 위해 거스름돈이나 수표를 준비해야 했다. 이로 인해 고객과 식당 또는 배달원 사이의 거래 과정에서 결제가 불편했고 재무적인 사고 발생 우려가 있었다.
- 정보의 부족: 주문을 하거나 배달 상태를 확인하기 위해 고객은 직접 식당이나 배달원에게 전화해야 했다. 이로 인해 주문의 상태나 배달 시간 등에 대한 정보가 부족했고, 고객이 식당이나 배달원에게 자주 연락해야 했다.
- 주문의 제한: 주문이 전화로 이루어지기 때문에 통화량이 한정되어 있었고, 특히 피크 시간에는 주문이 몰려 통화 중일 경우가 많았다. 이로 인해 고객은 주문을 하기 위해 오랜 시간을 기다려야 했고, 주문을 포기하는 경우도 있었다.
- 고객 서비스의 부족: 주문이나 배달 과정에서 고객에 대한 서비스가 제한적이었다. 주문을 받는 직원이나 배달원은 고객의 요구사항을 정확히 이해하기 어려웠고, 고객의 불만이나 요청에 신속하게 대응하기 어려웠다.
- 데이터의 부재: 주문 이력이나 고객 정보 등의 데이터가 부족했기 때문에 효율적인 주문 관리나 고객 관리가 어려웠다. 데이터의 부재로 인해 효과적인 데이터 분석이 불가능했고, 음식배달 서비스의 개선과 고객 만족도 향상을 위한 방안을 마련하기 어려웠다.

고객 퍼소나(설명)

- 바쁜 직장인: 이 그룹은 주로 일정이 바빠서 집에서 요리하는 시간이 부족한 사람들이다. 이들은 편리함과 시간 절약을 위해 음식배달 서비스를 이용한다. 이 그룹은 주로 식사를 할 때 빠르고 쉽게 배달되는 옵션을 찾으며, 종종 건강한 옵션을 선호하는 경향이 있다.

- 집에서 일하는 프로페셔널: 이 그룹은 주로 재택 근무를 하는 사람들이다. 이들은 집에서 일하는 동안 식사를 준비하는 시간이 부족하거나 요리를 잘 하지 않는 경우가 많아 음식배달 서비스를 이용한다. 이 그룹은 주로 편리함과 다양한 음식 옵션을 중요시하며, 종종 빨리 배달 받기를 원한다.

- 늦은 밤에 배달을 주문하는 사람들: 이 그룹은 주로 편의점이나 레스토랑이 닫은 후에 배달 서비스를 이용하여 식사를 즐기는 경향이 있다. 이 그룹은 빠른 배달과 다양한 음식 옵션을 중요시하며, 종종 야간에도 서비스를 제공하는 업체를 찾는다.

- 커플 또는 가족: 이 그룹은 주로 두 명 이상의 사람들이 함께 식사를 할 때 음식배달 서비스를 이용한다. 이들은 주말이나 특별한 이벤트를 위해 배달을 주문하며, 종종 대량 주문이나 패밀리 세트를 주문하는 경우가 많다. 이 그룹은 주로 식사의 품질과 양, 가격 등을 중요시하며, 가족 친화적인 메뉴나 할인 혜택을 찾는 경향이 있다.

퍼소나 별 고객 여정지도(설명)

- **바쁜 직장인**

  1. 음식 주문 전(사전 고려 단계)
  - 필요성 인지: 바쁜 업무로 시간이 부족하며 직접 요리하기 어려움을 인지한다.
  - 선택 평가: 다양한 음식배달 서비스의 메뉴, 가격, 리뷰 등을 비교평가한다.

  2. 음식 주문 과정
  - 음식 주문: 모바일 앱 또는 웹사이트를 통해 음식을 선택하고 주문한다.
  - 배달 요청: 주소와 배달 시간을 선택하여 주문을 완료한다.

  3. 음식 수령 및 소비
  - 음식 수령: 배달원이 음식을 배달하고 수령한다.
  - 식사: 바쁜 업무 중간에 휴식을 취하면서 음식을 소비한다.

  4. 서비스 평가 및 피드백
  - 만족도 확인: 받은 서비스와 음식의 만족도를 확인한다.
  - 피드백 제공: 서비스나 음식에 대한 피드백을 서비스 업체에 제공한다.

- **집에서 일하는 프로페셔널**

  (위 과정과 유사하나, 주로 식사를 취할 때와는 별도의 장소에서 주문하는 경우가 많다.)

- **늦은 밤에 배달을 주문하는 사람들**

  (위 과정과 유사하나, 배달 시간과 배달원의 안전에 대한 고려가 더 필요할 수 있다.)

- **커플 또는 가족**

  1. 음식 주문 전(사전 고려 단계)
  - 필요성 인지: 주말이나 가족 행사를 위해 특별한 음식을 주문하기로 결정한다.
  - 선택 평가: 가족이나 커플의 취향과 요구에 맞는 메뉴를 선택하고 가격과 양을 고려한다.

  2. 음식 주문 과정
  - 음식 주문: 가족이나 커플이 함께 웹사이트나 앱을 통해 음식을 주문한다.
  - 배달 요청: 배달 시간을 조율하고 배달원에게 요청한다.

3. 음식 수령 및 소비
 - 음식 수령: 가족이나 커플이 함께 음식을 수령하고 실내나 야외에서 식사를 한다.
 - 공유 및 대화: 함께 식사를 즐기며 가족이나 커플과의 대화를 나누고 공유한다.

4. 서비스 평가 및 피드백
 - 만족도 확인: 받은 서비스와 음식의 만족도를 확인하고 가족이나 커플끼리 서로
   공유한다.
 - 피드백 제공: 서비스 업체에 대한 피드백을 주고 개선점을 제안한다.

3C 분석

3C 분석은 Company(회사), Customer(고객), Competition(경쟁)을 중심으로 비즈니스 상황을 분석하는 방법이다. 아래는 음식배달 서비스에 대한 3C 분석이다.

- **Company**(회사)

강점(Strengths)
- 기술 인프라: 높은 수준의 기술 인프라와 데이터 분석 능력을 보유하고 있어 실시간 주문 처리와 배달 최적화를 가능하게 한다.
- 사용자 친화적 인터페이스: 직관적인 사용자 인터페이스(UI)와 사용자 경험(UX)을 제공하여 고객 만족도를 높인다.
- 광범위한 제휴: 다양한 음식점과 제휴를 맺고 있어 다양한 음식 선택권을 제공한다.
- 빠른 배달 서비스: 효율적인 배달 시스템을 통해 고객에게 신속한 서비스를 제공한다.

약점(Weaknesses)
- 높은 운영 비용: 배달 인력과 물류 관리에 상당한 비용이 소요된다.
- 의존성: 음식점 파트너와 배달 인력에 대한 의존도가 높다.
- 품질 관리: 음식의 품질과 배달 서비스의 일관성을 유지하는 데 어려움이 있을 수 있다.

기회(Opportunities)
- 시장 확장: 새로운 지역으로 서비스 영역을 확장할 기회가 있다.
- 서비스 다양화: 비슷한 로직으로 다른 상품(예: 장보기, 약국 배달 등)으로 서비스를 확대할 수 있다.
- 기술 발전: AI와 머신러닝을 이용한 예측 모델링과 맞춤형 서비스 제공 가능성이 있다.

위협(Threats)
- 경쟁 심화: 새로운 경쟁자의 등장과 기존 경쟁자의 강화
- 규제 변화: 배달 서비스와 관련된 법규 및 규제 변화
- 고객 이탈: 서비스 품질 저하나 경쟁사의 더 나은 서비스로 인한 고객 이탈 위험

- **Customer**(고객)

  필요 및 요구(Needs and Wants)

  - 편리성: 손쉽고 빠른 주문 및 배달 절차
  - 다양성: 다양한 음식 선택 가능성
  - 신뢰성: 일관된 품질의 음식과 정확한 배달 시간
  - 가격: 합리적인 가격 및 할인 혜택

  행동 패턴(Behavior Patterns)

  - 시간대별 주문: 점심, 저녁, 야식 시간대에 주문 집중
  - 반복 주문: 만족도가 높은 음식점에서 반복적으로 주문
  - 리뷰 참조: 다른 고객의 리뷰와 평점을 참고하여 음식점 선택

  세분화(Segmentation)

  - 바쁜 직장인: 점심시간에 빠르고 편리한 음식배달을 원하는 고객
  - 재택 근무자: 집에서 일하면서 간편하게 음식을 해결하려는 고객
  - 야식 주문자: 늦은 시간에 간편하게 음식을 시키려는 고객
  - 가족 및 커플: 주말이나 휴일에 함께 음식을 주문하려는 고객

- **Competition**(경쟁)

  직접 경쟁자(Direct Competitors)

  - 기존 음식배달 서비스: 배달의 민족, 요기요 등 이미 시장에서 자리 잡은 경쟁자
  - 신규 진입자: 새로운 스타트업이나 외국 기업의 진입

  간접 경쟁자(Indirect Competitors)

  - 음식점 자체 배달: 일부 음식점에서 자체적으로 배달 서비스를 운영
  - 포장 및 테이크아웃: 고객이 직접 음식을 픽업하는 경우

  경쟁자의 강점(Competitors' Strengths)

  - 브랜드 인지도: 이미 잘 알려진 브랜드와 충성 고객
  - 규모의 경제: 대규모 운영을 통해 비용 효율성을 확보
  - 기술력: 최신 기술을 활용한 효율적인 운영 시스템

경쟁자의 약점(Competitors' Weaknesses)

- 서비스 품질: 일부 경쟁자의 경우 서비스 품질의 일관성이 떨어짐
- 유연성 부족: 큰 조직일수록 변화에 대한 대응이 느림
- 고객 서비스: 고객 지원의 신속성과 품질에서 문제 발생 가능성

종합

음식배달 서비스는 빠르게 성장하고 있으며, 고객의 요구는 편리성과 다양성에 중점을 두고 있다. 강력한 기술 인프라와 사용자 친화적 인터페이스는 중요한 강점이지만, 높은 운영 비용과 경쟁 심화는 주요 도전 과제이다.

전략적 제안

- 기술 투자: AI와 머신러닝을 통해 배달 최적화 및 맞춤형 서비스 제공
- 서비스 확장: 비슷한 로직을 다른 분야로 확대, 예를 들어 장보기, 약국 배달 등
- 고객 유지: 충성 고객을 위한 프로그램과 지속적인 피드백 시스템 구축
- 비용 효율화: 배달 인력과 물류 관리의 효율성을 높이기 위한 전략 마련
- 파트너십 강화: 다양한 음식점과의 제휴를 통해 선택의 폭 확대

SWOT 분석

- **Strengths**(강점)
  - 기술 인프라: 실시간 주문 처리와 배달 최적화를 가능하게 하는 높은 수준의 기술 인프라를 보유
  - 사용자 친화적 인터페이스: 직관적인 사용자 인터페이스(UI)와 사용자 경험(UX)을 제공하여 고객 만족도가 높음
  - 광범위한 제휴: 다양한 음식점과 제휴를 맺고 있어 다양한 음식 선택권 제공
  - 빠른 배달 서비스: 효율적인 배달 시스템을 통해 고객에게 신속한 서비스 제공
  - 데이터 분석 능력: 고객 행동 데이터를 분석하여 맞춤형 서비스를 제공할 수 있음

- **Weaknesses**(약점)
  - 높은 운영 비용: 배달 인력과 물류 관리에 상당한 비용이 소요
  - 의존성: 음식점 파트너와 배달 인력에 대한 의존도가 높음
  - 품질 관리: 음식의 품질과 배달 서비스의 일관성을 유지하는 데 어려움
  - 시장 포화: 대도시를 중심으로 경쟁이 치열하여 신규 고객 확보가 어려울 수 있음
  - 인력 문제: 배달 인력의 확보와 유지가 어려움

- **Opportunities**(기회)
  - 시장 확장: 새로운 지역으로 서비스 영역을 확장할 기회
  - 서비스 다양화: 비슷한 로직으로 다른 상품(예: 장보기, 약국 배달 등)으로 서비스를 확대
  - 기술 발전: AI와 머신러닝을 이용한 예측 모델링과 맞춤형 서비스 제공 가능성
  - 파트너십 확대: 다양한 음식점 및 소매업체와의 제휴를 통해 고객에게 더 많은 선택지 제공
  - 신규 고객 유치: 신규 고객 유치를 위한 다양한 마케팅 전략과 프로모션 기회

- **Threats**(위협)
  - 경쟁 심화: 새로운 경쟁자의 등장과 기존 경쟁자의 강화
  - 규제 변화: 배달 서비스와 관련된 법규 및 규제 변화
  - 고객 이탈: 서비스 품질 저하나 경쟁사의 더 나은 서비스로 인한 고객 이탈 위험
  - 경제적 불확실성: 경제 상황에 따른 소비자 지출 감소 가능성
  - 기술 변화: 빠르게 변화하는 기술 환경에 대한 적응 필요성

종합

음식배달 서비스는 기술 인프라와 사용자 경험 측면에서 강점을 지니고 있지만, 높은 운영 비용과 품질 관리에서 약점을 보인다. 시장 확장과 서비스 다양화의 기회가 있으며, 경쟁 심화와 규제 변화는 주요 위협으로 작용할 수 있다.

전략적 제안

- 기술 투자: AI와 머신러닝을 통해 배달 최적화 및 맞춤형 서비스 제공
- 서비스 확장: 비슷한 로직을 다른 분야로 확대, 예를 들어 장보기, 약국 배달 등
- 비용 효율화: 배달 인력과 물류 관리의 효율성을 높이기 위한 전략 마련
- 품질 관리 강화: 음식의 품질과 배달 서비스의 일관성을 유지하기 위한 표준화된 프로세스 도입
- 고객 유치 및 유지 전략: 충성 고객을 위한 프로그램과 지속적인 피드백 시스템 구축
- 시장 조사: 새로운 지역과 고객층에 대한 철저한 시장 조사와 분석을 통해 타겟팅 전략 수립
- 파트너십 확대: 다양한 음식점 및 소매업체와의 제휴를 통해 고객에게 더 많은 선택지 제공

STP 분석

STP분석은 S(Segmentation; 시장세분화), T(Targeting; 표적시장), P(Positioning; 포지셔닝)의 영어 스펠링 첫 글자를 딴 마케팅 기법 중의 하나이다. S는 제공되는 제품과 서비스의 시장을 정의하고 소비자층을 세분화하는 것을 말한다. T는 시장 세분화를 통해 구분된 소비자 층 중에서 자사의 제품/서비스를 선택할 가능성이 가장 높은 핵심소비자층을 선별하는 것을 말한다. P는 선별된 목표 고객이 우리 제품을 어떻게 생각할지, 경쟁품과 비교해서 어떤 포지션을 차지하도록 해야 할지 결정하는 것을 말한다.

- **Segmentation**(시장 세분화)

  인구통계적 세분화
  - 연령: 젊은 세대(20대30대), 중년층(40대50대)
  - 소득 수준: 중산층, 고소득층
  - 가족 구성: 1인 가구, 2인 가구, 다인가구

  지리적 세분화
  - 도시 지역: 대도시, 중소도시
  - 거주지 유형: 아파트, 단독주택

  행동적 세분화
  - 구매 빈도: 정기적 이용자, 비정기적 이용자
  - 주문 시간대: 평일 저녁, 주말, 야식 시간
  - 구매 동기: 편의성, 시간 절약, 다양한 음식 선택

  심리적 세분화
  - 라이프스타일: 바쁜 직장인, 헬스/웰니스 지향 고객, 미식가
  - 가치관: 품질 중시, 가격 중시, 브랜드 중시

- **Targeting**(목표 시장 선정)

  바쁜 직장인
  - 특징: 주로 평일 저녁이나 점심 시간에 음식을 주문하며, 빠르고 간편한 식사를 선호
  - 니즈: 빠른 배달, 다양한 메뉴 선택, 주문의 간편함

  1인 가구
  - 특징: 주로 혼자 생활하며 요리를 자주 하지 않고 배달 음식에 의존하는 경향이 있음
  - 니즈: 소량 주문 가능, 다양한 음식 선택, 합리적인 가격

  가족 단위 고객
  - 특징: 주로 저녁이나 주말에 가족 단위로 음식을 주문하며, 대량 주문이 많음
  - 니즈: 다양한 음식 옵션, 가족 메뉴 세트, 배달 시간의 정확성

  미식가
  - 특징: 다양한 음식 경험을 즐기며 새로운 맛을 시도하는 것을 좋아함
  - 니즈: 고품질 음식, 다양한 레스토랑 선택, 독특한 메뉴

  헬스/웰니스 지향 고객
  - 특징: 건강을 중요시하며 건강식을 선호
  - 니즈: 건강한 메뉴 옵션, 칼로리 정보 제공, 신선한 재료 사용

- **Positioning**(포지셔닝)

  바쁜 직장인
  - 포지셔닝: "빠르고 간편한 식사 솔루션"
  - 슬로건: "바쁜 하루, 빠르고 맛있는 식사로 채우세요"

  1인 가구
  - 포지셔닝: "혼자서도 다양한 음식을 즐길 수 있는 배달 서비스"
  - 슬로건: "혼자서도 풍성하게, 다양한 맛을 집에서"

  가족 단위 고객
  - 포지셔닝: "가족 모두가 만족하는 배달 서비스"
  - 슬로건: "가족이 함께 즐기는 맛있는 식사"

미식가

- 포지셔닝: "새로운 맛을 탐험하는 미식가의 선택"

- 슬로건: "집에서 즐기는 다양한 미식의 세계"

헬스/웰니스 지향 고객

- 포지셔닝: "건강과 맛을 동시에 잡는 배달 서비스"

- 슬로건: "건강한 한 끼, 신선하게 배달됩니다"

종합

음식배달 서비스는 다양한 세그먼트를 타겟으로 다양한 포지셔닝 전략을 활용하여 고객의 다양한 니즈를 충족시킬 수 있다. 각 세그먼트별로 맞춤형 서비스를 제공하여 고객 만족도를 높이고, 충성 고객을 확보하는 것이 중요하다.

전략적 제안

- 다양한 메뉴 제공: 각 타겟 세그먼트의 니즈를 반영한 메뉴 구성

- 맞춤형 마케팅: 세그먼트별로 특화된 마케팅 전략 및 프로모션 진행

- 고객 피드백 반영: 지속적인 고객 피드백 수집 및 서비스 개선

- 브랜드 강화: 세그먼트별로 맞는 브랜드 메시지와 슬로건을 통해 브랜드 인지도 강화

- 기술 활용: 개인화된 추천 시스템과 AI를 통한 배달 최적화 기술 도입

4P 분석

4P는 마케팅 관련 용어로서 효과적인 마케팅 프로세스를 진행할 때 핵심적인 네 가지 요소를 말한다. Product, Price, Place, Promotion의 네 가지 요소들에 관한 전략을 어떻게 짜는가에 관한 분석이다. 실제로 이 네 가지는 서로 연관이 되어 있어서 4P 믹스라고도 한다.

- **Product**(제품)
  - 핵심 서비스: 다양한 음식을 고객의 위치로 신속하게 배달하는 서비스
  - 메뉴 구성: 다양한 음식 카테고리(한식, 중식, 일식, 양식 등)와 특정 식사 시간대(아침, 점심, 저녁, 야식) 및 특별한 요구(채식, 글루텐 프리, 저칼로리 등)를 고려한 메뉴
  - 품질 관리: 배달 음식의 신선도와 맛을 유지하기 위한 고품질 재료 사용과 조리 방법 정기적인 품질 점검
  - 앱 기능: 사용자 친화적인 인터페이스, 실시간 배달 추적, 사용자 리뷰 및 평가 시스템, 주문 내역 저장 및 즐겨찾기 기능
  - 고객 서비스: 신속한 문제 해결, 고객 지원 센터 운영, 피드백 시스템을 통한 서비스 개선

- **Price**(가격)

  가격 전략
  - 경쟁 기반 가격: 주요 경쟁사의 가격을 참고하여 비슷한 수준으로 설정
  - 가치 기반 가격: 제공하는 서비스와 품질에 비례하는 가격 책정
  - 프로모션 및 할인: 신규 고객 할인, 첫 주문 할인, 친구 추천 보너스, 정기 이용 고객을 위한 할인 쿠폰
  - 배달 요금: 지역 및 거리별 배달 요금 차등 적용, 최소 주문 금액 설정
  - 패키지 및 세트 메뉴: 가족 단위 고객을 위한 세트 메뉴, 반복 주문 고객을 위한 구독 모델 제안

- **Place**(장소)
  - 온라인 플랫폼: 웹사이트 및 모바일 앱을 통해 주문 접수 및 서비스 제공
  - 지역 커버리지: 주요 도심 지역 및 근교 지역, 서비스 가능한 배달 지역 확대
  - 파트너십: 다양한 레스토랑 및 음식점과의 제휴를 통해 메뉴 확장
  - 배송 인프라: 자체 배달 인력과 제3자 배달 서비스(예: 배달의민족, 요기요) 활용
  - 고객 접근성: 간편한 주문 프로세스, 다국어 지원, 다양한 결제 옵션(카드 결제, 모바일 결제, 현금 결제)

- **Promotion**(촉진)

  디지털 마케팅
  - 소셜 미디어: 페이스북, 인스타그램, 유튜브 등에서의 광고 캠페인 및 이벤트
  - SEO 및 SEM: 검색 엔진 최적화(SEO) 및 검색 엔진 마케팅(SEM)을 통한 온라인 가시성 향상
  - 이메일 마케팅: 뉴스레터와 프로모션 이메일을 통해 고객에게 최신 정보 제공

  프로모션 캠페인
  - 첫 주문 할인: 신규 고객 유치를 위한 첫 주문 할인 프로모션
  - 정기 이벤트: 특정 요일에만 적용되는 할인 이벤트(예: 월요일 피자 20% 할인)
  - 로열티 프로그램: 포인트 적립 및 사용, VIP 고객을 위한 특별 혜택

  오프라인 마케팅
  - 전단지 및 포스터: 지역 상점과 협력하여 전단지 배포 및 포스터 부착
  - 콜라보 이벤트: 지역 축제나 행사와 연계한 프로모션

  광고 및 PR
  - 미디어 광고: TV, 라디오, 신문 등 전통 매체를 통한 광고
  - 인플루언서 마케팅: 인기 블로거나 유튜버와 협력하여 브랜드 홍보

종합

음식배달 서비스는 제품 품질과 다양한 메뉴 제공을 통해 고객 만족을 높이고, 경쟁력 있는 가격과 다양한 프로모션을 통해 시장 점유율을 확대할 수 있다. 온라인 플랫폼의 접근성과 파트너십을 통해 서비스 범위를 확장하고, 디지털 마케팅 및 오프라인 마케팅을 통해 브랜드 인지도를 높이는 것이 중요하다.

4C 분석

4P분석이 기업입장에서 접근한 개념이라면 4C는 고객 입장에서 바라본 마케팅의 요소들이다. 4C는 Customer, Competitor, Company, Context이다.

- **Customer**(고객)

고객 세분화

- 학생: 기숙사나 학교 근처에서 식사를 해결하려는 학생들
- 직장인: 점심시간이나 야근 시 간편하게 식사를 해결하려는 직장인들
- 가정주부: 바쁜 일상에서 간편하게 식사를 해결하려는 가정주부들
- 싱글족: 혼자 사는 사람들로, 요리를 번거로워하며 배달을 선호하는 사람들
- 특별한 식단을 필요로 하는 고객: 채식주의자, 글루텐 프리 식단을 필요로 하는 고객들

고객 니즈

- 편리성: 간편하고 신속한 주문과 배달
- 다양성: 다양한 음식 선택지
- 품질: 신선하고 맛있는 음식
- 가격: 합리적인 가격과 할인 혜택
- 서비스: 신뢰할 수 있는 배달 시간과 좋은 고객 서비스

- **Competitor**(경쟁자)

직접 경쟁자

- 다른 음식배달 서비스: 배달의 민족, 요기요, 쿠팡이츠 등
- 레스토랑 자체 배달: 레스토랑에서 직접 제공하는 배달 서비스

간접 경쟁자

- 포장 및 테이크아웃: 음식점을 방문하여 직접 포장해가는 고객
- 대형마트 및 슈퍼마켓: 간편하게 조리할 수 있는 반조리 식품 판매

경쟁 전략

- 차별화: 다양한 메뉴 제공, 빠른 배달 시간, 우수한 고객 서비스
- 가격 경쟁: 프로모션 및 할인 혜택 제공
- 브랜드 인지도: 강력한 마케팅 캠페인을 통해 브랜드 인지도 강화

- **Company**(회사)

  핵심 역량
  - 기술력: 사용자 친화적인 앱과 웹사이트 개발 능력
  - 네트워크: 광범위한 배달 지역 커버리지와 파트너 레스토랑 네트워크
  - 운영 효율성: 효과적인 배달 인프라와 물류 관리

  성장 전략
  - 서비스 확장: 새로운 지역으로 서비스 확대
  - 파트너십 강화: 더 많은 레스토랑과 협력
  - 고객 경험 개선: 고객 피드백을 반영한 서비스 개선

  도전 과제
  - 경쟁 심화: 많은 경쟁자들 속에서의 차별화 어려움
  - 고객 유지: 고객 충성도 확보의 어려움
  - 비용 관리: 배달 인프라와 마케팅 비용 관리

- **Context**(환경)

  시장 트렌드
  - 스마트폰 보급 증가: 스마트폰 사용자의 증가로 인해 배달 앱 사용이 보편화됨
  - 생활 패턴 변화: 바쁜 현대인의 생활 패턴 변화로 인해 배달 서비스 수요 증가
  - 건강 및 웰빙: 건강에 대한 관심 증가로 인해 건강식 옵션의 중요성 대두

  경제적 환경
  - 소득 수준: 경제 성장과 함께 증가하는 가처분 소득
  - 고용률: 직장인의 증가로 인한 배달 서비스 수요 증가

  기술적 환경
  - 모바일 기술 발전: 모바일 결제 시스템과 GPS 추적 기술 발전
  - 데이터 분석: 빅데이터와 AI를 통한 고객 행동 분석 및 맞춤형 서비스 제공

  법적 환경
  - 위생 규제: 음식배달 서비스에 대한 엄격한 위생 규제
  - 노동 법규: 배달 인력에 대한 노동 법규와 보호 조치

정보구조도

정보구조도는 시스템이나 웹사이트의 구조를 시각적으로 표현하는 도구이다. 각 페이지나 기능 간의 관계와 계층 구조를 보여준다. 여기에서는 음식배달 서비스에서 필요한 아주 기본적인 기능들만을 텍스트로 정리해 보았다.

- **홈페이지**

  로그인/가입 버튼

  음식 카테고리(한식, 중식, 양식 등)

  특별 할인 혹은 이벤트 안내

  주문하기 버튼

- **메뉴 페이지**

  음식 카테고리 별로 나열된 메뉴 목록

  음식 이름, 가격, 이미지

  상세 설명이 있는 제품 카드

- **주문 페이지**

  장바구니 아이콘

  선택한 음식의 목록 및 가격

  수량 선택 옵션

  주문하기 버튼

- **결제 페이지**

  결제 수단 선택(신용카드, 페이팔, 현금 등)

  배송 정보 입력란(주소, 연락처)

  할인 쿠폰 입력란

  총 주문 가격 및 결제 버튼

- **주문 확인 페이지**

  주문 내역 요약(음식 목록, 가격 등)

  주문 번호 및 주문 상태 표시

  주문 완료 메시지 및 예상 배송 시간

- 마이 페이지

  주문 내역 조회

  개인 정보 수정(비밀번호 변경, 주소 변경 등)

  로그아웃 버튼

- 고객센터 페이지

  자주 묻는 질문(FAQ) 목록

  문의하기 양식

  고객센터 연락처 및 이메일 주소

MVP개발 주의점

- **초기 단계의 핵심 기능만 포함하기**

  MVP에는 제품의 가장 기본적이고 필수적인 기능만 포함시킨다. 사용자의 핵심 요구 사항에 집중하여 최소한으로 개발해 본다.

- **프로토타입 또는 와이어프레임 작성**

  MVP를 개발하기 전에 프로토타입 또는 와이어프레임을 작성하여 제품의 기본적인 모습을 시각화하고 개념을 검증해 본다.

- **최소한의 기술 스택 사용**

  MVP를 개발할 때는 가능한 최소한의 기술 스택을 사용하여 개발 시간과 비용을 절약한다. 빠르게 개발하고 시장에 빨리 출시하는 것이 목적이다. 때로는 작동하지는 않지만 개념을 확실히 느끼게 해주면서도 실제 작동은 하지 않는 목업(mockup)이 MVP일 수도 있다.

- **사용자 테스트 및 피드백 수집**

  MVP를 개발한 후에는 사용자들에게 테스트하고 피드백을 수집해야 한다. 이를 통해 제품의 잠재적인 문제점을 발견하고 개선한다.

- **적극적인 반복 및 개선**

  MVP를 출시한 후에는 지속적으로 사용자의 피드백을 수집하고 제품을 개선해야 한다. 지속적으로 발전시키고 사용자들의 요구에 부합하는 제품을 제공하기 위한 것이 MVP임을 잊지 말자.

- **다양한 프로토타이핑 도구 활용**

  MVP를 개발하기 위해 다양한 프로토타이핑 도구를 활용할 수 있다. 예를 들어, Figma, Sketch, 또는 Adobe XD와 같은 도구를 사용하여 프로토타입을 작성하고 시각화할 수 있다.

- **간단한 UI/UX 디자인 적용**

  간단하지만 직관적인 UI/UX 디자인을 적용하여 사용자 경험을 향상시킬 수 있다. 복잡하고 보기 좋게 만드는 것이 목적이 아니고 사용자가 제품을 쉽게 이해하고 사용할 수 있도록 해주는 것이 목적이다.

저자 약력

이정우(IT응용연구자)

저자는 1980년대부터 비즈니스에 IT가 도입되면서 일어나는 변화를 지켜보아 온 IT 응용연구자이다. 실무 경험을 바탕으로 90년대에는 연구를 하면서 박사 학위를 취득했다. 2001년도부터는 연세대 정보대학원에서 IT가 이끌어온 변화를 지켜보며 관련 교육과 연구, 컨설팅에 전념해왔다. 2022년에 은퇴하고 현재는 명예교수로 재직 중이며, 최근의 디지털 트랜스포메이션과 업무 방식 변화에 깊은 관심을 가지고 있다. 특히 정보시스템 개발 방법론의 발전 과정과 미래형 방법론들에 관하여 연구하고 있다. 또한 새로운 질적 연구 방법들을 활용하여 IT가 형성하고 있는 미래 사회를 설명하는 이론과 사례를 발굴하고 개발하는 데 주력하고 있다. 은퇴 후에 한글 캘리그라피에도 관심을 가지고 연마하고 있다.

이제는 IT서비스 기획이다

초판발행	2024년 8월 13일
지은이	이정우
펴낸이	안종만·안상준
편 집	소다인
기획/마케팅	장규식
표지디자인	BEN STORY
제 작	고철민·김원표
펴낸곳	(주) **박영사**
	서울특별시 금천구 가산디지털2로 53, 210호(가산동, 한라시그마밸리)
	등록 1959. 3. 11. 제300-1959-1호(倫)
전 화	02)733-6771
f a x	02)736-4818
e-mail	pys@pybook.co.kr
homepage	www.pybook.co.kr
ISBN	979-11-303-2033-5 93320

copyright©이정우, 2024, Printed in Korea

* 파본은 구입하신 곳에서 교환해 드립니다. 본서의 무단복제행위를 금합니다.

정 가	20,000원